Principles of Accounting
会計学原理

友岡 賛
susumu tomooka

税務経理協会

緒　言

　『会計学原理』などという少し古臭いタイトルの本書は，テキストとして書かれてはいるが，たとえば「会計学」とか「財務会計論」などといった講義のテキストとして用いられることはあまり考えられていない。本書のテーマは，要は，**会計とは何か**，であって，そうしたテーマに特化した講義があれば，むろん，テキストに用いられようが，そうしたマニアックな講義は，あるとしても，決して多くはないだろう。

　というわけで，むしろ，本書には，ゼミナールや大学院の授業における輪読等のテキスト，としての利用がまずは意図されている。そうした少人数で議論を戦わすような場において，会計とは何か，について云々するための材料となることが期待されている。

　なお，『会計学原理』と題する本書はた**だ　し**，しばしば監査のことにも言及しているが，これは筆者が，**会計と監査は相即不離[切っても切れない]の関係にある**，と考えているためである。また，本書は歴史，すなわち会計史にも言及しているが，これは，〇〇とは何か，の答えは〇〇の歴史を通してこそみえてくる（会計とは何か，の答えは会計の歴史を通してこそみえてくる），と考えるからである。

　2012年5月1日，三田山上にて

友岡　賛

謝　辞

　毎々のことながら，税務経理協会の大坪克行氏と峯村英治氏には洵にお世話になりました。
　また，慶應義塾大学大学院後期博士課程の平野智久氏には原稿に目を通していただき，有意義なコメントをいただきました。
　お三方に万謝します。

目　　次

緒　言

第Ⅰ章　会計の定義と分類を考える……………………………………11

　　プロローグ——会計の定義と会計学者の憂い……………………11
　　第1節　会計の定義……………………………………………………12
　　第2節　会計の対象……………………………………………………21
　　第3節　経済主体………………………………………………………24
　　第4節　会計の目的・機能による分類………………………………25
　　第5節　非営利組織の財務会計・管理会計…………………………26
　　第6節　会計の対象による分類………………………………………27
　　第7節　財務会計の相手………………………………………………29
　　第8節　利害調整と意思決定…………………………………………31
　　第9節　企業の利害関係者……………………………………………33
　　第10節　外部報告会計と内部報告会計………………………………36
　　第11節　制度会計と情報会計…………………………………………38

第Ⅱ章　会計の目的・機能を考える……………………………………45

　　第1節　事業の言語……………………………………………………45
　　第2節　会計の目的・機能……………………………………………48
　　第3節　説明責任の履行という目的・機能…………………………49
　　第4節　説明責任………………………………………………………51
　　第5節　会計責任と受託責任…………………………………………52
　　第6節　会計責任と受託責任（続）…………………………………54

第 7 節	二重の受託責任…………………………………………	59
第 8 節	機関投資家の台頭と会計不正………………………………	62
第 9 節	会計責任における「会計」…………………………………	64
第10節	所有者の受託責任……………………………………………	67
第11節	そもそも責任はあるのか……………………………………	70
第12節	経営者のための監査…………………………………………	71
第13節	被監査責任……………………………………………………	73
第14節	会計の機能……………………………………………………	73
第15節	計算する，と，知らせる……………………………………	77
第16節	利害調整機能 vs. 意思決定支援機能と利害調整機能 vs. 情報提供機能………………………………………………………	79
第17節	利害調整機能の後退と計算機能の後退……………………	80
第18節	利益の機能……………………………………………………	82
第19節	計算する，は操作的機能か…………………………………	85
第20節	財務会計と管理会計と簿記…………………………………	89

補遺　本体と写体…………………………………………………92

第 1 節	会計は写像なのか……………………………………………	92
第 2 節	実態と利益額…………………………………………………	94
第 3 節	会計と行動選択………………………………………………	95
第 4 節	時価会計の凍結は会計軽視なのか…………………………	96
第 5 節	会計と行動選択（その２）…………………………………	99
第 6 節	短期と長期……………………………………………………	100

第Ⅲ章　会計の前提を考える……………………………………… 103

第 1 節	会計公準………………………………………………………	103
第 2 節	近代会計と会計公準…………………………………………	105

　　　　　　　　　　　　　　　　　　　　　　　　　　　目　次

　　第 3 節　要請的公準……………………………………………… 107
　　第 4 節　会計主体………………………………………………… 109
　　第 5 節　会計主体論の諸説……………………………………… 111
　　第 6 節　企業観と会計上の判断………………………………… 115

第Ⅳ章　会計における認識と測定の原則を考える……………… 119

　　第 1 節　会計における認識の原則……………………………… 119
　　第 2 節　発生主義会計の意義…………………………………… 120
　　第 3 節　現金主義………………………………………………… 122
　　第 4 節　「実現」概念 …………………………………………… 125
　　第 5 節　現金および現金等価物と貨幣性資産………………… 128
　　第 6 節　「実現」概念の拡大 …………………………………… 132
　　第 7 節　「決定的な事象」の意味 ……………………………… 134
　　第 8 節　「実現」概念のその後 ………………………………… 136
　　第 9 節　発生原則，実現原則，対応原則……………………… 139
　　第10節　対応原則………………………………………………… 142
　　第11節　「認識」の捉え方 ……………………………………… 146
　　第12節　「認識」の捉え方と会計の基礎概念 ………………… 149
　　第13節　会計における測定の原則と取得原価主義会計……… 159
　　第14節　取得原価 vs. 時価 ……………………………………… 162
　　第15節　取得原価主義会計の支持根拠………………………… 166
　　第16節　取得原価 vs. 時価と種々の会計システム …………… 168
　　第17節　割引現在価値の台頭…………………………………… 170

第Ⅴ章　会計プロフェッションと監査の意義を考える………… 177

　　第 1 節　会計プロフェッション………………………………… 177

第2節	「公益」の「公」	178
第3節	公益と私利	181
第4節	プロフェッショナリズム	183
第5節	プロフェッショナリズムと倫理と判断	184
第6節	規則主義 vs. 原則主義	185
第7節	二重責任の原則	188
第8節	二重責任の原則が不要の場合（外部者が会計をおこなう場合 ＝ 監査が不要の場合）	192
第9節	重視か軽視か	194
第10節	プロフェッションの特徴	196
第11節	投資者保護のための公的規制なのか	197
第12節	監査業務は特殊か	199
第13節	プロフェッションの堕落と名ばかりのプロフェッション	200
第14節	独立性	201
第15節	株主という存在	204
第16節	インセンティブのねじれ	208
第17節	外観的独立性	212
第18節	精神的独立性と外観的独立性	216
第19節	外観的独立性と身分的・経済的独立性	219
第20節	独立監査の意味	221

第Ⅵ章　会計の歴史に学ぶ　223

第1節	歴史に学ぶ	223
第2節	「会計史」という学問領域	224
第3節	「会計史」の確立	226
第4節	会計史の論点	231
第5節	記録機能の重要性	231

　　　　　　　　　　　　　　　　　　　　　　　　　目　　次

　　第 6 節　記録の意味……………………………………………　233
　　第 7 節　備忘と証拠……………………………………………　235
　　第 8 節　名目勘定の意味………………………………………　237
　　第 9 節　資本主義経済の発展と複式簿記……………………　238
　　第10節　基準の生成……………………………………………　243
　　第11節　規制や課税の影響……………………………………　251
　　第12節　広範な原則の存在……………………………………　255
　　第13節　進化の断続性…………………………………………　258

文献リスト……………………………………………………………　265

凡 例

　本書は，テキストであるにもかかわらず，引用がとても多い。しかし，テキストであって学術研究書の類いではない本書はしたがって，引用について下記のような簡略化を図っている。

・原文における色文字・太文字表記，圏点，ルビの類いは，原則として，これを省略し，当該箇所におけるその旨の断り書きも省略した。
・原文における誤植の類いは，原則として，これを訂正し，当該箇所におけるその旨の断り書きは省略した。
・引用文における下線，圏点，「……」，「〇〇」，［　］書きの類いはすべて筆者によるが，当該箇所におけるその旨の断り書きは省略した。

会計学原理

友岡　賛

PRINCIPLES OF ACCOUNTING

Susumu Tomooka

第Ⅰ章
会計の定義と分類を考える

プロローグ ── 会計の定義と会計学者の憂い

　あれよあれよという間に会計が大きく様変わりした。近年における会計の変化はまさに，ドラスティックな大変化，といえるだろう。ただしまた，この変化は会計の歴史において，ターニング・ポイント，となるようなものかどうか。むろん，これは後世の歴史自身が判断することであって，渦中のわれわれには分からない。

　そうしたなか，会計学者のなかには昨今の状況を憂える者も少なくない。
　国際財務報告基準（IFRS：International Financial Reporting Standards）の適用によって，やがて自分たちのメシのタネが減ってしまう，といった心配をしている人もいる。この基準の適用については色々な誤解もあろうが，制度間の異同が減ることによって論点（＝メシのタネ）が減るのではないか，といったことらしい。また，いまこそ書店の棚にはこの基準の解説本があふれ，これから暫くはそうした解説の需要が続くだろうが，やがては……，といった心配らしい。
　閑話休題。もっと高尚な憂いは，近い将来，会計は会計でなくなってしまう，といったものである。すなわち，第Ⅱ章に述べられるような，利益から企業価値へ，利益の計算から企業価値の測定へ，といった昨今の動きについて，**企業価値の測定へとシフトした会計はもはや会計ではない**，などともされる。

会計学者は，会計学者だから，「会計」を定義し，定義するからこそ，定義にそぐわないものを，会計ではない，とし，定義にそぐわなくなったものを，もはや会計ではない，などとする。

　しかし，それが会計かどうか，を問題にするのは会計学者だけで，他の人々にとっては，おこなわれているそれが会計かどうか，などといったことはどうでもよいことである。

　さらにまた，様変わりしてしまった会計について，会計学者が「もはや会計ではない」といってみたとて，それを会計に戻せるわけもなく，「もはや会計ではない」ということによって，会計学者は対象（会計）を失い，すなわちメシのタネを失う。

　「会計ではない」などというのも会計学者だけなら，そういうことをいって困るのも会計学者だけ，ということである。

第1節　会計の定義

　閑話休題。会計とは何か，については，むろん，色々な立場から色々な理解ができようが，たとえば会計学のテキストの類は「会計」をどのように定義しているのだろうか。

　まずは近年の代表的なテキストのなかで，会計とは何か，や「会計」の定義について述べているもの[1]をいくつか選び，当該箇所および「企業会計」や「財務会計」の定義を示している部分を以下に紹介してみよう（初版の刊行順）。

○武田隆二『会計学一般教程』（1986年初版刊行，引用は2008年版）

　「会計とは，企業の経済活動を通じて変化する貨幣資本の変動過程を追跡し，その結果としての貨幣資本利益を算定する行為を指す」[2]。

---

1 「企業会計」や「財務会計」の定義しか示していないテキストは除く。
2 武田隆二『会計学一般教程（第7版）』2008年，3頁。

第Ⅰ章　会計の定義と分類を考える

「財務会計は，企業外部の利害関係者とりわけ企業に直接的利害関係のある出資者に対する報告の為の会計である[3]」。
「財務会計は外部利害関係者（株主等）に対する報告のための会計であるから外部報告会計といわれ，そこで用いられる報告書は計算書類または財務諸表の形式をとる[4]」。

○伊藤邦雄『ゼミナール現代会計入門』（1994年初版刊行，引用は2010年版）

「「会計とは何か」と問われれば「それは"事業の言語"である」と答えたい[5]」。

○桜井久勝『財務会計講義』（1994年初版刊行，引用は2010年版）

「会計（accounting）は，ある特定の経済主体の経済活動を，貨幣額などを用いて計数的に測定し，その結果を報告書にまとめて利害関係者に伝達するためのシステムである[6]」。
「企業の経済活動を対象とする会計を企業会計という[7]」。
「財務会計は企業外部の利害関係者を会計報告書の受け手として行う会計である。したがって財務会計は外部報告会計ともよばれる[8]」。

○広瀬義州『財務会計』（1998年初版刊行，引用は2009年版）

「ここでは，さしあたり，「会計」とは経済主体が営む経済活動およびこれに関連する経済事象を測定・報告する行為をいうと定義しておくことにし

---

[3] 同上，10頁。
[4] 同上，11頁。
[5] 伊藤邦雄『ゼミナール現代会計入門（第8版）』2010年，ⅳ頁。
[6] 桜井久勝『財務会計講義（第11版）』2010年，1頁。
[7] 同上，2頁。
[8] 同上，3頁。

よう[9]」。
「株式会社などの企業……を前提にしている会計を企業会計といい……[10]」。
「財務会計は株主などの投資者，銀行などの債権者，仕入先・得意先などの取引先，税務当局などの企業外部の利害関係者……に対して，当該企業の経済活動および経済事象を財務諸表などの財務情報……を用いて報告することを目的とする会計である。したがって，財務会計はその報告対象が外部の利害関係者であるところから外部報告会計ともよばれる[11]」。

これらの近年の代表的なテキストにおける説明から「会計」の定義だけを抜き出すと以下のようになるが，まずは武田『会計学一般教程』の定義が経済主体を企業に限定していること，すなわち桜井『財務会計講義』や広瀬『財務会計』の定義における「経済主体」を「企業」としていることが注目される。

会計とは，企業の経済活動を通じて変化する貨幣資本の変動過程を追跡し，その結果としての貨幣資本利益を算定する行為，である。——武田『会計学一般教程』

会計とは，事業の言語，である。——伊藤『ゼミナール現代会計入門』

会計とは，ある特定の経済主体の経済活動を，貨幣額などを用いて計数的に測定し，その結果を報告書にまとめて利害関係者に伝達するためのシステム，である。——桜井『財務会計講義』

会計とは，経済主体が営む経済活動およびこれに関連する経済事象を測定・報告する行為，である。——広瀬『財務会計』

---

9 広瀬義州『財務会計（第9版）』2009年，2頁。
10 同上，3頁。
11 同上，4頁。

第Ⅰ章　会計の定義と分類を考える

他方，往年の定番テキストはどうだろうか。

○飯野利夫『財務会計論』（1977年初版刊行，引用も初版）

「広く会計といえば，「情報を提供された者が適切な判断と意思決定ができるように，経済主体の経済活動を記録・測定して伝達する手続」をいう[12]」。
「企業の経済活動を対象とするものが企業会計とよばれ……[13]」。
「財務会計とは，通常，複式簿記の手法によって，企業の資本および利益を正確に測定するとともに，企業の経営成績および財政状態を明らかにし，これを企業の外部利害関係者に報告する会計をいう[14]」。

　　会計とは，情報を提供された者が適切な判断と意思決定ができるように，経済主体の経済活動を記録・測定して伝達する手続，である。── 飯野『財務会計論』

また，往年の定番といえば，もう一冊，「飯野君のあれ［『財務会計論』のこと］が出るまでは受験参考書のベスト・セラーだったのに……[15]」と著者（山桝忠恕）本人がぼやいていた次のテキストも挙げられよう。

○山桝忠恕，嶌村剛雄『体系財務諸表論　理論篇』（1973年初版刊行，引用も初版）

「会計学は企業会計のしくみを研究対象とする学問である。会計学の研究

12　飯野利夫『財務会計論』1977年，5頁。
13　同上，5頁。
14　同上，6頁。
15　友岡賛「三田の会計学」『三田商学研究』第50巻第1号，2007年，5頁。

対象をなす企業会計は，企業の経済活動つまり企業の資本運動を貨幣計数でもって統一的・有機的に把握するための計算報告機構である」[16]。

このテキストの場合には「会計」の定義はなく，また，会計の対象は企業の経済活動，と明言はしないものの，会計学の対象は企業会計，とすることによって，会計の対象は企業の経済活動，とする捉え方を示している。

> 会計（企業会計）とは，企業の経済活動つまり企業の資本運動を貨幣計数でもって統一的・有機的に把握するための計算報告機構，である。——山桝，嶌村『体系財務諸表論　理論篇』

さらにまた，長年にわたって広く読まれた次のテキストもみてみよう。

○中村忠『現代会計学』（1964年初版刊行，引用は1995年版）

「会計とは，一経済主体に関する経済的データを貨幣額をもって一定方式により継続的に記録計算し，その結果を報告する手続である」[17]。
「この表現をもう少し変えて「一経済主体」を「企業」，「経済的データ」を「取引」，「一定方式」を「複式簿記」とすれば，その内容がさらに明確になる。と同時に狭くなる」[18]。
「企業会計は，企業の取引を複式簿記により記録計算し，その結果を報告する手続である」[19]。

---

16 山桝忠恕，嶌村剛雄『体系財務諸表論　理論篇』1973年，3頁。
17 中村忠『新稿　現代会計学』1995年，4頁。
18 同上，4頁。
19 同上，5頁。

第Ⅰ章　会計の定義と分類を考える

> 　会計とは，一経済主体に関する経済的データを貨幣額をもって一定方式により継続的に記録計算し，その結果を報告する手続，である。── 中村『現代会計学』

　ここでの引用は『現代会計学』の比較的近年の版（1995年版）からのものだが，こうした自前の定義にかかわる記述はもっと古い版でもほとんど同じである。

　ただし，古い版（たとえば1970年版）はまずは「現在でも広く引用されている[20]」という1941年のアメリカ会計士協会（AIA：American Institute of Accountants）の述語委員会（Committee on Terminology）の会計述語公報（*Accounting Terminology Bulletin*）における定義を紹介し，「この定義を基礎にして[21]」こうした自前の定義を示しており，他方，比較的近年の版（1995年版）は「長いあいだ多くの書物で引用されてきた[22]」古い定義として1941年の定義を紹介するとともに，「古い定義にとって代わるようになった[23]」新しい定義として1966年のアメリカ会計学会（AAA：American Accounting Association）の基礎的会計理論に関するステートメント作成委員会（Committee to Prepare a Statement of Basic Accounting Theory）のステートメント（*ASOBAT*：*A Statement of Basic Accounting Theory*）における定義も紹介，「しかし新しい定義は，あまりに広すぎて，これで会計を限定できるかという疑問が生じないではない[24][25]」として自前の定義を示している。

20　中村忠『新版　現代会計学』1970年，3頁。
21　同上，3頁。
22　中村『新稿　現代会計学』3頁。
23　同上，3頁。
24　このステートメントについてはのちに詳述される。
25　中村『新稿　現代会計学』4頁。

> 　会計とは，少なくとも一部には財務的な性質をもつ取引や事象を，意味のある方法で，また貨幣的な表現でもって，記録，分類，要約するとともに，その結果を解釈する技術，である。── アメリカ会計士協会（1941年）
>
> 　会計とは，情報の利用者が十分な情報にもとづいた判断や意思決定をおこなうことができるように，経済的な情報を識別，測定，伝達するプロセス，である。── アメリカ会計学会（1966年）

　アメリカといえば，彼国のテキストはどうだろうか。

　邦訳者によれば，「30年以上アメリカでのプロフェッショナル・アカウンティングの定番のテキストとして標準書とされてきた[26]」という次のテキストは，会計の特質，という言い方で説明している。

○Donald E. Kiesoほか，*Intermediate Accounting*（1974年初版刊行）

>「［会計に関する］定義はどれもが会計に固有の3特質，すなわち，(1)情報の伝達であること，(2)経済主体に関する情報であること，(3)利害関係者が伝達先であること，を含んでいる[27]」。
>
>「財務会計とは，企業の内部者と外部者の両方の利用のための全体としての企業に関する財務報告書の作成にいたるまでの過程，である[28]」。

　上の引用は初版からのもので，これが最近の版（2004年版）では次のように

---

[26] D. E. キエソほか／平野皓正，鉄燿造（訳）『アメリカ会計セミナー　本編（本文完訳版）』2004年，ⅴ頁。
[27] Donald E. Kieso and Jerry J. Weygandt, *Intermediate Accounting*, 1974, p. 3.
[28] Ibid., p. 4.

第Ⅰ章　会計の定義と分類を考える

改変されている。

「会計の基本的な特質は，(1)財務情報の識別，測定，伝達であること，(2)経済主体に関する財務情報であること，(3)利害関係者が伝達先であること，である」[29]。

「財務会計とは，内部者と外部者の両方の利用のための全体としての企業に関する財務報告書の作成にいたるまでの過程，である」[30]。

> 会計とは，経済主体に関する財務情報を識別，測定し，利害関係者に伝達すること，である。── Kiesoほか, *Intermediate Accounting*

また，定番テキストの著者といえば，R. N. アンソニーやC. T. ホーングレンの名前が挙げられよう。

Anthonyのテキストといえば，まずは *Essentials of Accounting*（1964年初版刊行）が挙げられようが，「会計」の定義はその姉妹書 *A Review of Essentials of Accouting* の巻末の用語集に示されている。

○Robert N. Anthony, *A Review of Essentials of Accouting*（1985年初版刊行，引用は1993年版）

「会計：会計主体に対する財務的事象の影響を分析，記録，要約するためのシステム」[31]。

---

[29] Donald E. Kieso, Jerry J. Weygandt, and Terry D. Warfield, *Intermediate Accounting*, 11th ed., 2004, p. 2.
[30] *Ibid.,* p. 4.
[31] Robert N. Anthony, *A Review of Essentials of Accouting*, 5th ed., 1993, p. 153.

> 会計とは，会計主体に対する財務的事象の影響を分析，記録，要約するためのシステム，である。── Anthony, *A Review of Essentials of Accouting*

○Charles T. Horngren, *Introduction to Financial Accounting*（1981年初版刊行，引用は共著の2011年版）

「会計：経済的情報を識別，記録，要約し，それを意思決定者に報告するプロセス[32]」。
「財務会計：株主，仕入先，銀行，官庁のような外部の意思決定者のための会計領域[33]」。
「会計は意思決定者がそれを利用できるように経済的情報をまとめ，要約する。会計担当者はこの情報を財務諸表と呼ばれる報告書において示す。この諸表を作成するために，会計担当者は経済事象とそれが組織に及ぼす財務的影響を分析，記録，定量化，蓄積，要約，分類，報告，解釈する[34]」。

> 会計とは，経済的情報を識別，記録，要約し，それを意思決定者に報告するプロセス，である。── Horngren, *Introduction to Financial Accounting*

ちなみに，たとえば初版にはこうした「会計」の定義は示されていない。

---

[32] Charles T. Horngren, Gary L. Sundem, John A. Elliott, and Donna R. Philbrick, *Introduction to Financial Accounting*, 10th ed., 2011, p. 4.
[33] *Ibid.*, p. 4.
[34] *Ibid.*, p. 5.

第2節　会計の対象

　如上のさまざまな会計の定義については論点がいくつもあるが，その一つは，**会計の対象は出来事なのか，それとも情報なのか**，という点である。

　この点は，具体的には，1941年のアメリカ会計士協会による定義，すなわち「会計とは……**取引や事象を**……記録，分類，要約するとともに，その結果を解釈する技術，である」と，1966年のアメリカ会計学会による定義，すなわち「会計とは……**経済的な情報を**識別，測定，伝達するプロセス，である」という定義を較べた際に注目され，これについてはたとえば次のような指摘がある。

　「［1966年のアメリカ会計学会の定義においては］「取引および事象の記録・分類・要約」というAIAの表現から，「経済的情報の識別・測定・伝達」と変化している。……「会計」（会計記録ではない）という行為の対象を「経済的情報」としているが……「取引および事象」には，少なくとも，その主体（記録の対象の観察者であり記録者）がとりおこなった（あるいは関係した）出来事だけを含意していたと思われる。これに対して……「経済的情報」には，主体が自らとりおこなった出来事のほかに，**種々の環境変化などによる現象までもが含まれている**ように思われる。じじつ，「会計情報が必ず取引資料のみにもとづかなければならないということはない。」……といっている。さらには，**対象となるものがすでに「情報」とされている**点にも留意すべきである」[35]。

　「記録は「情報の貯蔵」であると述べてきた。人や組織の営みがすなわち経験が記録されることではじめて情報となると考えてきた。しかし，AAA……の定義では，入手可能な「情報」としてすでに存在するものを識別することからはじまっている。記録の重要性の後退である。記録の後退は，極端にいうなら，過去との決別，つまり，歴史的な叙述としての会

---

[35] 工藤栄一郎『会計記録の基礎』2011年，18頁。

計記録の変質となる可能性もある」[36]。

「会計とは，情報の利用者が十分な情報にもとづいた判断や意思決定をおこなうことができるように，経済的な情報を識別，測定，伝達するプロセス，である」という定義を示した1966年のアメリカ会計学会のステートメントはときに$ASOBAT$(アソバット)と略称されるもので，のちに「制度会計と情報会計」と題する第11節でも述べられるように，会計を一つの情報システムとして構築しようとする斬新なゆき方を提示した画期的なステートメントとして知られるが，確かにこの定義については「対象となるものがすでに「情報」とされている点」が注目される。ただし，この定義の「経済的な情報」には「種々の環境変化などによる現象までもが含まれている」とみるべきかどうかは定かでなく，これは「情報」という概念ないし言葉の用法にも左右されよう。すなわち，これは「出来事を記録する」とか「出来事を識別する」とかいった言い方をするか，それとも「出来事に関する情報を記録する」とか「出来事に関する情報を識別する」とかいった言い方をするかの問題でもあり，上掲の引用文の執筆者自身は「人や組織の営みがすなわち経験が記録されることではじめて情報となると考えてきた」としても，それは一つの解釈にしか過ぎず，$ASOBAT$においては「情報を記録する」といった表現もありうるかもしれない。

敷衍すれば，たとえば

会計の対象　当該経済主体が直接的に関与した経済事象（取引）	—— 出来事
↓　拡大	
会計の対象　当該経済主体が直接的に関与した経済事象	—— 出来事
その他の経済事象（経済環境）に関する情報	—— 情報

---

36 同上，18〜19頁。

といったように，従来は出来事だけが対象だったものが，出来事に加えて情報も対象とする，というのであれば，対象の拡大が意味されていることになろうが，しかし，ASOBATは対象を「出来事に加えて情報」ではなく，専ら「情報」としており，ここには「出来事」と「情報」の区別はなく，その場合には，当該経済主体が直接的に関与した経済事象（取引）についても，「出来事を識別する」ではなく，「出来事に関する情報を識別する」ということになる。すなわち，定義をみる限り，「情報」が対象とされる場合には次の①，②のどちらが意味されているのか，対象の拡大が意味されているのかどうかが判然としない。

①

会計の対象　当該経済主体が直接的に関与した経済事象	── 出来事
↓　拡大	
会計の対象　当該経済主体が直接的に関与した経済事象に関する情報	── 情報

②

会計の対象　当該経済主体が直接的に関与した経済事象	── 出来事
↓　拡大	
会計の対象　当該経済主体が直接的に関与した経済事象に関する情報	── 情報
その他の経済事象に関する情報	── 情報

とはいえ，むろん，「会計情報は必ず取引資料のみにもとづかなければならないということはまったくなく，取引とは関係のないさまざまな種類の資料が

会計情報の基準を満たすことが示されよう[37]」とするASOBATにおいてはしたがって、②が意図されているとされようが、「情報とは、それをとおしてなにかを知ることができるようなもの、だから、いわばなんだって情報にはちがいない。……しかしながら、そうだからといって、なんでもかんでも「情報」という言葉でもって言い表してしまってよいのだろうか[38]」。

第3節　経済主体

　第2節の議論はさておき、会計の対象はまずは、経済主体の経済〇〇、といえよう。なお、この「経済〇〇」については「経済活動」とするのが一般的だろうが、筆者とすれば、これを「経済事象・経済状態」として、会計の対象は経済主体の経済事象・経済状態、としたい。ただし、ここでは「経済〇〇」のことはさておき、「経済主体」のことが問題にされる。

　さて、会計の対象について云々する場合の「経済主体」にも色々なものが考えられようが、まずは企業が挙げられ、企業を経済主体とする会計を「企業会計」という。また、この場合の企業は営利組織を意味する。すなわち、「企業」という概念は一般には営利目的のものを意味するとはいえ、ときに「営利企業」や「非営利企業」といった言い方もみられるように、広義の企業は営利組織に限られないが、「企業会計」という場合の企業は営利組織を意味する。

　このような企業と vs. の関係にあるのが、したがって、非営利組織ということになるが、この非営利組織にも広義のものと狭義のものがあり、狭義の非営利組織は民間非営利組織だけを意味し、政府組織の類いは含まない。そのため、民間非営利組織についておこなわれる会計を「非営利組織会計」などという場合、政府組織についておこなわれる会計はこれと分けて「公会計」ないし「官庁会計」という。

---

37 American Accounting Association, Committee to Prepare a Statement of Basic Accounting Theory, *A Statement of Basic Accounting Theory*, 1966, p. 1.
38 友岡賛『株式会社とは何か』1998年、78頁。

経済主体		会計	
狭義の企業 ＝ 営利組織		企業会計	
広義の非営利組織	狭義の非営利組織 ＝ 民間非営利組織	狭義の非営利組織会計	広義の非営利組織会計
	政府組織	公会計ないし官庁会計 （ただし，公営企業の 会計を含む）	

　以上のほか，個人ないし家という経済主体についておこなわれる会計を「家計」といい，国という経済主体についておこなわれる会計を「社会会計」などという。

　なお，まずは「会計の対象は経済主体の……」とした本書ではあるが，やがて特に断ることもなく，専ら狭義の企業についておこなわれる会計について述べることとなる。

第4節　会計の目的・機能による分類

　会計の分類方法には色々なものがあるが，最も一般的なものとしては会計を財務会計（financial accounting）と管理会計（management accounting；managerial accounting）に区別する方法が挙げられよう。

　ところで，この分類方法はよく「会計の報告書を受取る利害関係者が……内部者であるか外部者であるか[39]」による分類ともされ，また，「報告対象別分類[40]」などとも呼ばれ，すなわち，報告先の違い，情報の伝達先の違いによる分類，として説明されることも少なくないが，そうした点に着目した分類方法としては別に外部報告会計（external accounting）と内部報告会計（internal accounting）という分け方がある。ただしまた，厳密にいえば，［報告先の違

---

[39] 桜井『財務会計講義（第11版）』2頁。
[40] 広瀬『財務会計（第9版）』3頁。

いによる分類 ＝ 外部報告会計と内部報告会計の分類］というわけではなく，［外部報告会計と内部報告会計の分類 ＝ 報告先が外部者か内部者かによる分類］ということである。それはさておき，したがって，この財務会計と管理会計という分類は，伝達先の違いによる分類としてではなく，会計の目的・機能の違いによる分類，として捉えたほうがよかろう。

要するに，この分類は，何のための会計か，という点に着目した分類ということで，したがって，この分類における「財務会計」，「管理会計」という名称を文字通りに解釈すれば，財務会計は財務のための会計，管理会計は管理のための会計ということになる。詳細は後述することとして，ここでは簡略に述べるが，この場合の財務（finance）は資本の調達を意味し，調達とは必要なものを集めて用意することだから，財務会計は，必要な資本を集めて用意するための会計，ということになり，また，この場合の管理は資本の運用を意味し，運用とはものをうまく働かせて用いることだから，管理会計は，資本をうまく働かせて用いるための会計，ということになる。

第5節　非営利組織の財務会計・管理会計

第4節に述べられた分類については，まずは会計を企業会計と非営利組織会計に分けた上で，企業会計には財務会計と管理会計がある，といった説明がよくみられ，たとえば「企業会計の領域は，会計の報告書を受取る利害関係者が，企業の内部者であるか外部者であるかにより，さらに財務会計（financial accounting）と管理会計（management accounting）に分けられる[41]」とか，あるいは「企業会計はその報告する対象の違いによって，財務会計と管理会計に大別することができる[42]」とされる。

---

41 桜井『財務会計講義（第11版）』2頁。
42 広瀬『財務会計（第9版）』4頁。

第Ⅰ章 会計の定義と分類を考える

会計	企業会計	財務会計
		管理会計
	非営利組織会計	

　むろん，こうした説明については，企業会計を扱ったテキスト（あるいは企業会計における財務会計 and/or 管理会計を扱ったテキスト）における説明だから，と解すべきだろうし，また，こうした説明自体についても，あくまでも企業会計の中身についてだけの記述であって，非営利組織会計の中身については何も言及していないといえよう。そこで，会計が扱う経済主体による分類と会計の目的・機能による分類という2種類の分類方法を単純に組み合わせれば，下図のようになり，すなわち，非営利組織会計にも財務会計と管理会計がある，あるいは，非営利組織会計も財務のための会計と管理のための会計に分けられる，ということになる。

会計	企業会計	財務会計
		管理会計
	非営利組織会計	財務会計
		管理会計

第6節　会計の対象による分類

　第4節では財務会計と管理会計という分類を会計の目的・機能による分類として捉えたが，これを会計の対象による分類として捉えることもできる。ただし，ここにいう会計の対象は，第3節に述べられた会計の対象（たとえば，経済主体の経済活動，や，経済主体の経済事象・経済状態）とは意味が異なり，ここにいう会計の対象による分類とは，何についての会計なのか，何についての報告なのか，何についての情報なのか，といったことによる分類のことであ

る。そうした捉え方をもって「財務会計」,「管理会計」という名称を文字通りに解釈すれば,財務会計は財務についての会計,管理会計は管理についての会計ということになり,これはたとえば,財務会計は財務の状態について報告する,とか,管理会計は管理の状態について報告する,といったような意味である。

ちなみに,こうした二通りの捉え方については次のような説明もある。

> 「これ[「財務会計」という呼称]についてはふたつの解釈が可能である。そのひとつは,報告の内容が企業の財政状態ないし財務状態であることゆえに財務会計とよぶのだとする解釈であり,他のひとつは,単純に財政状態の公開という意味だけでなく,そのことによって積極的・直接的に企業の財務活動(ファイナンス)に役立てること,つまりファイナンスの維持・確保をはかることが意図されているという意味で財務会計とよばれているのだとする解釈である」[43]。

要は,財務についての会計,財務のための会計,という「ふたつの解釈」があるということである。

第4節に述べられたような捉え方の場合,財務会計は資本調達のための会計であって,すなわち,現在の出資者に出資をし続けてもらい,将来の出資者に出資をしてもらうための会計,ということになり,したがって,この会計の予定された相手は現在・将来の出資者ということになるが,他方,財務会計は財務についての会計,財務の状態について報告する,財務の状態を知らせる,といった捉え方の場合には,たとえば経営者も,財務の状態を知るために財務諸表を利用する,といった意味において,この会計の予定された相手に含まれよう。

---

[43] 山桝,嶌村『体系財務諸表論 理論篇』7頁。

第7節　財務会計の相手

　会計の目的・機能の面からみた場合，財務会計は資本調達のための会計，出資をしてもらうための会計としたが，ここでの資本ないしその調達方法には，大別二通りのものが考えられる。一つは，たとえば株式会社形態の企業についていえば，人々に株式を購入してもらうという形の調達方法，もう一つは銀行等から借金をするという形の調達方法である。ここで，前者の方法で調達したものは返さなくてよいが，他方，後者の方法で調達したものは，借りたものだから，返さなければならないということになり，この2種類のものをどのような性格のものとして捉えるべきかが問題となる。

　すなわち，一方には，株主から調達したものでも借金によって調達したものでも，事業の元手，という意味では同じ，とする見方があるが，他方には［返さなくてよいもの ＝ 自分のもの］，［返さなくてはならないもの ≠ 自分のもの］という意味において，自分のものとそうではないものは根本的に性格を異にし，したがって，狭義には，前者の返さなくてよいものだけを資本とすべきとする見方がある。

広義の資本	自己資本 ＝ 自分のもの	狭義の資本
	他人資本	負債

　とすると，財務のための会計という意味の財務会計は，広義には，株式を購入してもらい，借金をさせてもらうための会計，株主でいてもらい，債権者でいてもらうための会計，ということになるが，狭義には，株式を購入してもらうための会計，株主でいてもらうための会計，ということになる。

広義の財務会計の相手 ＝ 広義の出資者	自己資本の提供者 ＝ 株主	狭義の財務会計の相手 ＝ 狭義の出資者
	他人資本の提供者 ＝ 債権者	

　しかしながら，次の説明からも分かるように，財務会計の相手は，歴史的には［債権者 → 債権者 ＋ 株主］というように移行してきている。

> 「もともと財務会計つまりファイナンシャル・アカウンティングという呼称がアメリカにおいて用いられるようになったのは，まさしく資本の調達との関連においてであった。すなわち信用経済の発達を媒介として企業の資本調達がはかられるばあい，そこでは債務の弁済能力の判定のための情報提供つまり債権者的見地からの会計報告が要請されたわけであるが，そのような会計報告は，まさにファイナンスのための会計であるという意味で財務会計の名に相応しいものであった。
> 　このことは，企業資本の調達におけるその後の事情の変化，つまり株式資本への依存度の増大にともない，債権者のための会計から株主のための会計へと移行をみたのちにおいても，異なるところはない。なぜならば，株主の見地からの会計報告の要請にしたところで，そのような会計報告は資本調達の必要と不可分に結びついた会計であるという意味で，まさしく財務会計とよばれうるものだからである」[44]。

　ただし，財務会計の相手が［他人資本の提供者 → 他人資本の提供者 ＋ 自己資本の提供者］というように移行してきたということは，むろん，他人資本が先にあって，のちに自己資本が出てきたということを意味するものではなく，むろん，先にあったのは自己資本である。先にあったのは自己資本だが，資本

---

[44] 同上，7頁。

第Ⅰ章　会計の定義と分類を考える

と経営の分離はまだなく，したがって，財務会計の必要はまだなかった。

すなわち，会計の移行は次のようにまとめられるかもしれない。

資本の状況	会計の目的	**おこなわれる会計**
自己資本だけ	資本の運用	管理会計
他人資本の生成	資本の運用 他人資本の調達	管理会計 債権者相手の財務会計
資本（自己資本）と経営の分離	資本の運用 他人資本の調達 自己資本の調達	管理会計 債権者相手の財務会計 株主相手の財務会計

すなわち，借金がなく，資本と経営の分離もない状況においては，会計の目的は資本の運用だけ，したがって，おこなわれる会計は管理会計だけ，ということになるが，借金という資本調達方法が出てくると，借金のための会計，他人資本調達目的の会計がおこなわれるようになり，さらに，資本と経営の分離という状況が出てくると，自己資本調達目的の会計がおこなわれるようになるということである[45]。

第8節　利害調整と意思決定

閑話休題。会計の目的・機能による分類といえば，財務のための会計と管理のための会計という分類のほかにも，たとえば利害調整のための会計と意思決定のための会計という分類がある。

この分類は1971年にアメリカ会計学会の会計測定の基礎に関する委員会（Committee on Foundations of Accounting Measurement）の報告書（Report of the Committee on Foundations of Accounting Measurement）において示さ

---

[45] 財務会計と管理会計の関係や異同については，以上のほか，第Ⅱ章には「財務会計と管理会計と簿記」と題する節があり，また，「基準の生成」と題する第Ⅵ章第10節はベスト・プラクティスや原価計算にかかわる問題を述べている。

されたもので，この報告書では会計がエクイティ・アカウンティング（equity accounting）とオペレーショナル・アカウンティング（operational accounting）に大別され，エクイティ・アカウンティングは，企業の経済活動から生ずる成果の公正な配分のために，株主をはじめとする各種利害関係者間の持分関係を調整することを目的とする会計，とされ，また，オペレーショナル・アカウンティングは，企業の利害関係者による意思決定，たとえば投資者による投資意思決定，経営者による経営意思決定などにとって有用な情報を提供することを目的とする会計，とされる。

さらに，オペレーショナル・アカウンティングについては，投資者や経営者による意思決定は主として資源配分のための意思決定であることから，資源配分のための会計（accounting for resource allocation）や経済的意思決定のための会計（accounting for economic decisions）としても捉えられ，そこでは適正な資源配分を結果しうるような情報の提供が中心的な課題になるとされる。また，エクイティ・アカウンティングについては，ともすれば財務会計（ないし外部報告会計）と同義のものとも解されようが，そこには，たとえば料金設定のための会計，内部的な業績評価のための会計，労働組合との交渉のための会計などといったものも含まれ，いわば社会的・組織的な持分関係調整のための会計（accounting for social and organizational equity）として捉えられるとされる。

したがって，この分類は財務会計と管理会計（ないし外部報告会計と内部報告会計）という分類と軌を一にするものではない。敷衍すれば，オペレーショナル・アカウンティング，すなわち意思決定のための会計においては，その意思決定の主体が内部者であるか外部者であるかは問われず，また，エクイティ・アカウンティング，すなわち利害調整のための会計においても，そこで問題になるのは，株主，投資者，債権者，経営者，従業員，消費者，行政府当局など，すべての利害関係者の持分関係とされるからである。

第9節　企業の利害関係者

　会計の目的・機能を利害調整に置き，すなわち企業の経済活動の成果の分配をおこなうべく，出資者をはじめとする企業のさまざまな利害関係者の間の持分関係を調整することを会計（企業会計）の目的とするにせよ，あるいはまた，会計の目的・機能を意思決定支援に置き，すなわち企業のさまざまな利害関係者によるさまざまな意思決定のよりどころとなる情報を提供し，もってそうした意思決定を支援することを会計の目的とするにせよ，ここでは，そうしたさまざまな利害関係者のうち，会計においてはどこまでを考慮に入れるべきか，という選択の問題がきわめて重要な問題となろうが，そうした問題をとりあえずさておけば，ここには，企業の多様な利害関係者の存在，がまずは（選択肢として）前提されているのであって，また，具体的には株主，経営者，債権者，投資者，従業員，消費者，行政府当局などの存在を挙げることができる。

　こうした利害関係者[46]はそれぞれが企業に対して独自の利害関係をもち，また，企業に対してそれぞれの立場なりの関心を抱いている。

　株主にとって企業は現在の投資対象であって，その関心は出資による持分（出資によって権利を有する部分）にかかわる報酬（配当）の額およびその適正性，ならびに自己の持分の保全状態にある。

　（簡単にいえば，「株主はその企業の株を買ってもっている。ということは，その企業に資金を提供している，ということである。そこで株主にとっては，資金を提供した見返りとしてどれだけの配当がもらえるか，ちゃんとした額の配当がもらえるか，そしてまた，自分の株の価値が下がってしまったりしないかどうか，などといったことが問題になる」ということである。）

　経営者は企業の経営の責任者であって，その関心は最終的には自己の責任に帰されることになる経営成績，そしてまた，自己の得る報酬に直結する経営成

46　なお，この「利害関係者」はこれを「ステークホルダー」と呼ぶのが近頃の流行（はやり）のようである。蛇足ながら説明すれば，この「ステーク（stake）」という語には，出資金，出資金による権益，利害関係，関係，などといった意味がある。

績，その向上にある。

（簡単にいえば，「経営者はその企業の事業を営んでいる。事業をちゃんとやる，ちゃんともうけを出すという責任がある。ちゃんとやらなければクビになる（はずである）し，もうけが増えれば自分の報酬も増える。そこで経営者にとっては，自分の経営がうまくいっているかどうか，どうしたらもっとうまくゆくか，などといったことが問題になる」ということである。）

債権者にとって企業は融資対象であって，その関心は貸し付けた資金の回収の確実性，あるいは将来における資金の融通の是非ないし金額の決定にある。

（簡単にいえば，「債権者（たとえば銀行など）はその企業にカネを貸している。そこで債権者にとっては，貸したカネがちゃんと返ってくるかどうか，ということが問題になる。さらにまた，（これからカネを貸そうか，という場合にはまだ債権者ではないが）これからその企業にカネを貸そうかどうしようか，いくらくらいなら貸しても大丈夫そうか，などといったことが問題になる」ということである。）

投資者，すなわち潜在的な株主にとって企業は将来の投資対象であって，その関心はその企業の将来における収益性，あるいはほかの企業と比較した場合におけるその企業の将来性にある。

（簡単にいえば，「投資者は，これからその企業の株主になろうかどうしようか，つまり，その企業の株を買おうかどうしようか，を考えている。そこで投資者にとっては，その企業に資金を提供するのとほかの企業に資金を提供するのとではどちらが得か，それとも，ほかのもの，たとえば不動産などを買っておいたほうが得か，などといったことが問題になる」ということである。）

従業員にとって企業は自己の労働に対する報酬を得ることによって生計を立てるための基盤であって，その関心は報酬の額，ならびに企業の負担能力および自己の労働に鑑みたその適正性にある。

（簡単にいえば，「従業員はその企業で働いている。給料をもらって生活している。給料は多いに越したことはないが，働いた見返りとしての給料である。そこで従業員にとっては，自分の働きに見合った給料がもらえているかどうか，

安く扱き使われていないかどうか，（よく耳にする言い方だが）「会社だけがもうけている」といったことになっていないかどうか，などといったことが問題になる」ということである。）

消費者にとって企業は生活に要する財および用役の供給源であって，その関心は財および用役の安定的かつ継続的な供給の維持，ならびに価格の適正性にある。

（簡単にいえば，「消費者は企業から色々なものを買っている。そこで消費者にとっては，いつでもちゃんとしたものが手に入るかどうか，相応しい値段で手に入るかどうか，などといったことが問題になる」ということである。）

行政府当局にとって企業は国家ないし地方財政に不可欠の財源であって，その関心はその企業の課税所得（利益）の算定ないし担税能力の適正な判定にある。

（簡単にいえば，「行政府当局は企業から（個人からも，だが）税金を取って，その金でもって国や地方自治体を運営している。そこで行政府当局にとっては，その企業からどれだけ税金が取れるか，ということが問題になる」ということである。）

このほかにも，たとえば取引先であるとか，あるいは地域住民であるとかいったように，まだまだ多様な利害関係者を（とりあえずは）挙げることができる。

ただしまた，いずれにしても，こうしたさまざまな利害関係者の存在を認めるということと，こうしたさまざまな利害関係者を同格の存在として認めるということは，むろん，まったく別のことである。[47]

---

[47] ちなみに，筆者の立場からすれば，株主と経営者は「関係者」などではなく，「当事者」と呼ばれるべき存在であって，また，その他の利害関係者のうち，債権者だけは別格で，直接的な利害関係者として捉えられる。詳しくは，友岡『株式会社とは何か』第6章，をみよ。

第10節　外部報告会計と内部報告会計

　会計の分類は，むろん，会計の目的・機能によるものばかりではなく，たとえば既に少し言及された外部報告会計と内部報告会計という分類などもある。この分類については，財務会計の定義において「内部者と外部者の両方の利用のため」とする前出のKiesoほか，*Intermediate Accounting* のような立場もあるものの，一般には［財務会計　=　外部報告会計］，［管理会計　=　内部報告会計］といった捉え方がされているが，既述のように，財務会計と管理会計という分類は会計の目的・機能の違いに分類の視点が置かれているのに対して，外部報告会計と内部報告会計という分類は，これも既述のように，会計における報告先の違い，情報の伝達先の違いに分類の視点が置かれている。

　要は，報告先ないし情報の伝達先は外部者か，それとも内部者か，という視点によるこの分類については，ただし，一つ確認しておくべきことがある。ここにいう「外部」，「内部」は何の外部なのか，何の内部なのか，ということである。

　ときに「会社の外部」，「会社の内部」といった記述も目にするが，債権者は会社の外部者であるものの，株主が会社の内部者であることを考えれば，これが不適切であることは明白である。他方，一般にいう管理会計ないし内部報告会計は経営管理者，すなわち経営者や管理者を相手にしているが，このうち，経営者は会社の内部者であるものの，管理者はそうとはいえず，この点からみても「会社の」は不適切である。また，最も一般的なものとしては「企業の外部」，「企業の内部」が挙げられ，一般に，株主は企業の外部者，とされていようが，これの適否は「企業」の概念規定によるだろうし，株主を企業の構成要素，すなわち内部者とする捉え方もありえよう。そうしたことを考えた筆者はかつて「経営の外部」，「経営の内部」としたことがあり，この捉え方において資本と経営の分離ないし所有と経営の分離を前提とした場合，ここにいう資本ないし所有に該当する株主は，したがって，経営の外部者として捉えられることになろうが，「経営」という概念が漠然に過ぎることは否定できない。

第Ⅰ章　会計の定義と分類を考える

　いずれにしても，一般にいう財務会計ないし外部報告会計は株主や債権者を相手にしており，これを「外部報告会計」と称して「外部者に報告する会計」といったように説明するのであれば，「何の外部なのか」という問いに対しては，会社の内部者である株主も会社の外部者である債権者も外部者となるような「何」かを用意しなければならず，他方，「内部者に報告する会計」と説明される会計における「何の内部なのか」という問いに対しては，会社の内部者である経営者も会社の外部者である管理者も内部者となるような「何」かを用意しなければならない。

　それはさておき，まずは最も一般的な説明にしたがえば，財務会計は，そこからもたらされる情報の伝達先が企業の外部者であることから，イコール外部報告会計とされ，管理会計は，そこからもたらされる情報の伝達先が企業の内部者であることから，イコール内部報告会計とされ，この二つの分類は，視点は異なるものの，結果としては［財務会計　＝　外部報告会計］，［管理会計　＝　内部報告会計］といったように重なると捉えるのが一般的だろうが，たとえばアメリカの財務会計基準審議会（FASB：Financial Accounting Standards Board）の1978年のステートメント（Statement of Financial Accounting Concepts No.1, *Objectives of Financial Reporting by Business Enterprises*）においては，次のように，財務会計と管理会計という分類よりも外部報告会計と内部報告会計という分類のほうが適切，とされている。

　　「経営者と一部の取締役を除き……潜在的な情報利用者は一般に「外部情報利用者（external users）」として説明され，また，ときに会計と報告は慣習的に内部と外部に区別される。こうした大まかな区別は，もう一つの一般に用いられる慣習的な区別，すなわち管理会計（企業のさまざまな管理レベルにおける経営者の意思決定，計画，および統制を支援することが予定されている）と財務会計（企業の資産，負債，収益，費用，利益等に関する報告にかかわる）の区別よりも，このステートメントの趣旨に適っている。というのは，経営者は管理会計と財務会計の両方から提供される

37

情報を用いるからである」。[48]

　このように，経営者は管理会計からもたらされる情報と財務会計からもたらされる情報の両方を用いる，ということは，別言すれば，前出のKiesoほか，*Intermediate Accounting* の説明のように，財務会計は外部者と内部者の両方によって用いられる，ということである。

第11節　制度会計と情報会計

　これまで述べてきたものとは観点をかなり異にするが，制度会計と情報会計という分類もある。ただし，今日では制度会計と非制度会計という分類としたほうが一般的といえ，これについては，後述のように，かつては制度会計vs. 情報会計として捉えられていたものが，いつしか「情報会計」という名称ないし概念が一般には用いられなくなり，そのため，「制度会計」の vs. の相手が「情報会計」から「非制度会計」に代わった，という経緯があり，また，これらの名称ないし概念が登場した順番は［「情報会計」→「制度会計」→「非制度会計」］だった。いずれにしても，この分類は実は諸外国にはみられない分類であって，この三つの名称ないし概念は日本独特のものといってよい。

　この分類については，まずは「情報会計」という名称ないし概念が1960年代末ないし1970年代初頭頃に登場し，それを受けて，この「情報会計」の vs. の相手として，「制度会計」という名称ないし概念が用いられるようになった，という事情がある。ただし，どちらの会計が先にあったのか，という観点からは，まずは制度会計があった，として捉えるべきであって，すなわち，その当時，会計の新しいゆき方を模索する議論のなか，会計の新しい目的観を強調す

48　Financial Accounting Standards Board, Statement of Financial Accounting Concepts No.1, *Objectives of Financial Reporting by Business Enterprises*, 1978, par. 27（平松一夫，広瀬義州（訳）『FASB財務会計の諸概念（増補版）』2002年，22〜23頁）。

るために採用された名称ないし概念が「情報会計」であって，それと従来の会計を対比・対照するために，それまでは特に呼び名もなかった従来の会計を「制度会計」と称するようになったということである。

　蛇足ながら，一般的な例を挙げてこれを説明すれば，カラー写真の登場によって，それと従来の写真を区別するために，それまでは単に「写真」と呼ばれていた白黒写真を「白黒写真」と呼ぶようになった，といったようなことであり，また，会計学において同様の例を挙げれば，会計の新しい考え方について「動態論」という名称ないし概念が採用され，それと従来の考え方を対比・対照するために，それまでは特に呼び名もなかった従来の考え方を「静態論」と称するようになった，といったことである。すなわち，以前から存在していた会計は制度会計だったが，「制度会計」という名称ないし概念の登場は情報会計ないし「情報会計」の登場を待って，ということであり，ちなみに，悉皆調査をしたわけではないので漏れもありうるが，タイトルに「情報会計」のある本と「制度会計」のある本，それぞれの嚆矢を探してみたところ，前者の『情報会計論』（武田隆二著）が1971年の刊行，後者の『制度会計論の基礎』（浅羽二郎著）は1975年の刊行だった。

　さて，次に名称ないし概念の意味内容について述べれば，まず「制度会計」に関しては，逐語的には，あるいは広義には，制度にのっとっておこなわれる会計，などとして解釈されることになろうが，実際には，この「制度会計」は，より狭義に，法制度の枠内でおこなわれる会計，といったものを意味するものとして一般に用いられているようである。制度とは何か，についての深い議論はさておき，簡単にいえば，制度とは社会的な約束であって，法律の類いだけでなく，慣習の類いも，むろん，これに含まれるが，「制度会計」の「制度」は一般に法律の類いを意味するものとして，すなわち法制度という意味でもって用いられている。ちなみに，前述のように，日本独特のものといえるこの「制度会計」には，したがって，これに該当するような英語の名称はそもそも存在しなかったが，そうした「制度会計」について，その英訳は何かといえば，直訳的に「institutional accounting」などとする向きもなくはないも

のの,「legal financial accounting」と意訳したほうが適当とされる。そしてまた,逆にこれをまた訳しもどしてみれば,「法的な財務会計」ということになる。すなわち,制度会計,情報会計という分類を前出の財務会計,管理会計という分類に重ね合わせてみれば,［財務会計のなかで法制度の枠内でおこなわれる部分 ＝ 制度会計］ということになる。

　まわりくどい説明はさておき,具体的に,この「制度会計」という名称に含意される法律は何かといえば,かつての日本については商法,証券取引法,税法の三つが挙げられ,また,現在の日本については会社法,金融商品取引法,税法の三つが挙げられる。そして,これらによる法制度の枠内でおこなわれる会計,あるいはまた,より積極的な言い方をすれば,こうした法律の目的を果たすためにおこなわれる会計を「制度会計」という。敷衍すれば,そうした会計はかつてはそれぞれ「商法会計」,「証券取引法会計」,「税法会計」ないし「税務会計」と称され,また,現在ではそれぞれ「会社法会計」,「金融商品取引法会計」,「税法会計」ないし「税務会計」と称されており,これらの総称が「制度会計」ということになる。なお,蛇足ながら補足すれば,「日本独特のもの」と前述したのは,あくまでも,「制度会計」などといった名称ないし概念であって,もちろん,諸外国にも日本でいうところの制度会計は存在する。

　他方,「情報会計」は,前述のように,かつての会計の新しいゆき方を模索する議論のなか,会計の新しい目的観を強調するために採用された名称ないし概念だったが,そこにおける一大契機となったのは前出の1966年のアメリカ会計学会のステートメントだった。

　既述のように ASOBAT と略称されるこの『基礎的会計理論に関するステートメント』では,これも既述のように,次のような定義が示された。「会計とは,情報の利用者が十分な情報にもとづいた判断や意思決定をおこなうことができるように,経済的な情報を識別,測定,伝達するプロセス,である」。会計に関するこのような定義は或る意味において画期的なものだった。この定義からも看取されるこのステートメントの立場は,意思決定のための情報提供,をもって会計の目的とするというものだった。

第Ⅰ章　会計の定義と分類を考える

　このゆき方は，敷衍すれば，企業の利害関係者による意思決定にとって有用な情報を提供すること，をもって会計の目的とし，そうした立場から，会計を一つの情報システムとして構築しようとするものだった。そして，爾来，「情報」，「意思決定」，「有用性」とか，あるいは「有用な情報」，「情報の有用性」，「意思決定有用性」とかいった言葉が盛んに用いられるようになり，これらをキー・ワードとして会計を考えるゆき方が殷盛を誇るようになったのである。

　そこで登場した「情報会計」という名称ないし概念はそうした立場にくみした人々の旗印のようなものだった。すなわち，そこには，制度的な拘束を受けることなく有用な情報を自在に提供する，といったニュアンスが看取され，そうした意味からすれば，制度的な制約を受ける会計が制度会計，そういった制約を受けない会計が情報会計として捉えられよう。なお，「情報会計」の英訳には直訳的な「information accounting」のほかに「user-oriented accounting」があり，これを訳しもどしてみれば，「情報利用者本位の会計」ないし「意思決定者本位の会計」ということになろう。

　ただし，既述のように，近年は「情報会計」という名称ないし概念が一般には用いられなくなってきている。その理由としては，「情報」という概念がもはや会計において当たり前のものになって，ことさら強調すべきものでもなくなり，また，情報会計と vs. の関係にあった制度会計においても用いられる概念になった，ということ，すなわち，会計一般を説明する概念になった，ということが考えられようが，いずれにしても，したがって，近年は「制度会計」の vs. の相手が「情報会計」と呼ばれることは少ない。

　ところで，テキストの類いは「制度会計」や「情報会計」をどのように定義しているのだろうか。既出の近年の代表的なテキストのなかで「制度会計」等の定義について述べているものの当該箇所を挙げれば以下の通りである。

〇武田『会計学一般教程』

　「会計は，制度会計と情報会計とに区分される。制度会計とは法律制度の

枠組みのなかで営まれる会計一般を意味し……これに対し，情報会計とは利用者の利用者の情報要求に従い意思決定に有用な情報を提供することを課題とした会計であって，一般に利用者指向的会計として特徴づけられている」[49]。

このテキストは近年のものながら，情報会計について述べているが，これについては，著者の武田隆二が，前述のように，1971年に『情報会計論』を上梓した情報会計の先駆的・代表的な論者だった，という特殊な事情がある。いずれにしても，制度会計と情報会計という分類と財務会計と管理会計という分類は下図のような関係にあるとしている[50]。

財務会計	制度会計
管理会計	情報会計

○桜井『財務会計講義』

「財務会計には……法律の規制に従って行われる会計と，それ以外の会計が存在する。法律制度の一環として，法規制に準拠して行われる会計を，とくに制度会計という」[51]。
「他方，制度会計以外の財務会計は，法規制を受けずに企業が自発的に実施する会計領域である。……これらの会計領域は，企業が経営管理の必要から実施することもあれば，法律の枠組みを超えた積極的な情報提供を通

---

49 武田『会計学一般教程（第7版）』8頁。
50 同上，12頁。
51 桜井『財務会計講義（第11版）』12頁。

第Ⅰ章　会計の定義と分類を考える

じて利害関係者との良好な関係を樹立する目的で行われることもある」[52]。

　これは財務会計を制度会計と制度会計以外の財務会計に分けており，会計を制度会計と非制度会計に分けているわけではないが，ここではあくまでも財務会計について述べていることから，著者が管理会計に「非制度会計」という概念を用いるかどうかは分からない。なお，財務会計について述べながら，「企業が経営管理の必要から」としていることが注目される。
　前出の近年の代表的なテキストのうち，伊藤『ゼミナール現代会計入門』と広瀬『財務会計』には「制度会計」という概念が出てこないが，少し古めの定番テキスト等には次のような説明がある。

○飯野『財務会計論』

「財務会計には，法律制度の一環として，その規制のもとに行われる会計とそれ以外の会計とがある。前者は一般に制度会計とよばれる」[53]。

○中村『現代会計学』

「制度会計という用語が近年一般に用いられているが，確立された定義はない。通常は法律制度と結びついた会計，つまり法律の規定に組込まれた会計と理解されている。したがって，制度会計は財務会計の一部である」[54]。
「財務会計は，(1)財務会計と(2)非制度財務会計の二つの領域から成る」[55]。

飯野『財務会計論』も中村『現代会計学』も会計を制度会計と非制度会計に

---

[52] 同上，13頁。
[53] 飯野『財務会計論』13頁。
[54] 中村『新稿　現代会計学』22～23頁。
[55] 同上，23頁。

分けているわけではないが，前出の桜井『財務会計講義』の場合と同様，あくまでも財務会計について述べている部分であることから，これ以上のことは分からない。

さらに，これは初出のテキストだが，次のものは制度会計と情報会計という分類を前出のアメリカ会計学会による分類と重ね合わせている。

○森川八洲男ほか『会計学』(1989年初版刊行，引用も初版)

「比較的多くの見解によると，制度会計とは，制度的拘束を受ける会計であるととらえられ」[56]るが，「これに対して，制度会計と情報会計の区分は，会計の基本的な枠組ないし目的のとらえ方の相違にもとづくものであるという見解によると，制度会計は，各種利害関係者の利害調整のための会計であり，したがって「受託責任会計」の枠組をもつものであるととらえられる」[57]。

「この意味での制度会計は，アメリカ会計学会（AAA）の1971年『報告書』にいう「エクィティ・アカウンティング」(equity accounting,「利害調整会計」と訳される）に相当するものであるとみられる」[58]。

「情報会計は，前出のAAAの1971年『報告書』にいう「オペレーショナル・アカウンティング」(operational accounting,「意思決定会計」と訳される）に相当するものであると考えられる」[59]。

---

56 森川八洲男，佐藤紘光，千葉準一『会計学』1989年，60頁。
57 同上，61頁。
58 同上，61頁。
59 同上，62頁。

第Ⅱ章
会計の目的・機能を考える

第1節　事業の言語

　第Ⅰ章の冒頭において「近年の代表的なテキストのなかで，会計とは何か，や「会計」の定義について述べているもの」の一つとして紹介しておきながら，その後，ほとんど言及せずにきてしまったのが伊藤『ゼミナール現代会計入門』だが，このテキストのように，会計を，事業の言語，として捉える向きは少なくなく，確かに会計は，言語，という行為の一つとして捉えられよう。

　すなわち，言語とは，音声ないし文字によって何かを表現して人に伝える行為，であって，会計もまた，そうした行為の一つである。

　われわれは何かを表現しようとする場合に言葉というものを用いるが，会計には会計固有の言葉がある。われわれは会計固有の言葉によって，経済主体における経済事象・経済状態，を表現する。会計は経済主体における経済事象・経済状態を表現して人に伝える行為である。

　言葉は情報の伝達手段である。会計の場合は経済主体における経済事象・経済状態に関する情報が会計固有の言葉で表現された形でもって伝えられる。この情報のことを一般に「会計情報」という。したがって，会計という言語行為は会計情報の作成，伝達行為として捉えられる。

　さて，そうした会計情報はどのようにして作成されるのか。

　会計という言語行為を会計情報の作成，伝達行為として捉え，第Ⅰ章に紹介された「会計」の定義のうち，この捉え方にそぐうような形のものをみてみると，以下の下線を附した部分が会計情報の作成プロセスということになろう。

> 　会計とは，経済主体が営む経済活動およびこれに関連する経済事象を<u>測定</u>・報告する行為，である。──広瀬『財務会計』
>
> 　会計とは，情報を提供された者が適切な判断と意思決定ができるように，経済主体の経済活動を<u>記録・測定</u>して伝達する手続，である。──飯野『財務会計論』
>
> 　会計とは，少なくとも一部には財務的な性質をもつ取引や事象を，意味のある方法で，また貨幣的な表現でもって，<u>記録，分類，要約</u>するとともに，その結果を解釈する技術，である。──アメリカ会計士協会（AIA）（1941年）

　すなわち，広瀬『財務会計』の定義においては，会計情報は「経済事象を測定……する」ことによって作成され，飯野『財務会計論』の定義においては，会計情報は「経済活動を記録・測定……する」ことによって作成され，また，1941年のアメリカ会計士協会の定義においては，会計情報は「取引や事象を……記録，分類，要約……する」ことによって作成される，ということになるが，この辺りの捉え方には観点・視点によってかなりの多様性が認められ，そうした状況は「操作的機能」という概念との関係において第17節に取り上げられる。

　ただし，ここで少しだけ附言すれば，「かなりの多様性が認められ」るとはいえ，上記のうち，広瀬『財務会計』の定義のように，［会計情報の作成＝測定］といったようにして捉える考え方は或る時期以降，或る程度の一般化をみて今日にいたっている。敷衍すれば，既述のように，日本において「情報会計」が台頭をみた1960年代末以降の時期，「情報会計」とともに台頭をみたのが「測定」という概念，そして会計測定論という領域だったし，ちなみにまた，これも既述のように，そこには「情報会計」という概念はないもの

第Ⅱ章　会計の目的・機能を考える

の，ASOBATによって日本に「情報会計」をもたらしたアメリカにおいても，ASOBAT前夜の時期，すなわち会計を情報システムとして捉えようとする立場が台頭をみる準備段階の時期以降に台頭をみたのが会計測定論という領域であって，如上の立場においては会計のプロセスが［測定　→　伝達］として捉えられ，すなわち，［会計情報の作成　＝　測定］といったように捉えられ，そうした捉え方を採る向きは爾来，今日にいるまでかなり見受けられる。

　しかしまた，これに対して，会計情報の作成プロセスを［認識　→　測定］とし，すなわち会計のプロセスを［認識　→　測定　→　伝達］として捉える向きも少なくないが，上記の立場からすると，そもそも会計における認識は数値的な認識だから，とか，会計においては測定可能なものだけが認識対象となるから，といった意味において，認識はすなわち測定である，といったように捉えられ，認識を測定と区別することは不要ともされよう。ただし，こうした議論は「認識」という概念自体の捉え方にも左右され，たとえば「会計における認識は，会計対象を把握する知覚行為であり……」といったようにまずはかなり抽象的に捉えるものもあれば，「ここに認識（recognition）とは，特定の収益および費用がどの期間に帰属するかを定めることをいい……」といったようにすこぶる具体的に捉えるものもあり，ちなみに，後者は「測定（measurement）とは，認識された収益および費用の金額を決定すること，すなわち評価をいう」と続く。なおまた，広瀬『財務会計』は測定を「経済活動および経済事象を貨幣額で計算すること」とした上で，認識を「測定された経済活動および経済事象を資産，負債，資本，収益および費用などの財務諸表の構成要素として財務諸表に記載すること」，あるいは「ある項目を資産，負債，収益，費用などとして財務諸表に正式に記録するか記載すること」として捉えており，すなわち［認

60　山桝忠恕（編著）『文献学説による会計学原理の研究』1984年，128頁。
61　飯野『財務会計論』298頁。
62　同上，298頁。
63　広瀬『財務会計（第9版）』19頁。
64　同上，19頁。
65　同上，54頁。

47

識 → 測定］ではなくして［測定 → 認識］として捉えている点が注目されようが，この場合の「認識」はかなり異色であるため，まずはさておく。

とりあえず以上のことをまとめてみると，まずは次のような定義を得ることができる。

> 会計とは，経済主体における経済事象・経済状態を測定し，もって作成された情報を伝達する行為，である。
>
> 会計とは，経済主体における経済事象・経済状態を認識し，測定し，もって作成された情報を伝達する行為，である。

ただし，上記の定義はかなり抽象度が高く，また，会計の目的・機能の類いには言及していないことに留意しなければならない。すなわち，たとえば，何のために情報を伝達するのか，とか，だれに情報を伝達するのか，などといったことは述べられていない。

第2節　会計の目的・機能

会計の目的・機能は何か，についても，むろん，色々な立場から色々な理解ができようが，まずは一般に，会計の目的，とされているものとしては，説明責任を果たす，利害調整が果たされるようにする，意思決定を支援する，を挙げることができる。

説明責任とは何か，は第4節に述べられるが，この，説明責任を果たす，ということを会計の目的とする場合，会計の機能は次のように捉えることができる。

> 会計には，経済主体の経営者が，財産管理行為の受託者として課された説明責任を果たすために，自分のおこなった経営の顛末をこの行為の委託者に説明する，という機能がある。

また，利害調整が果たされるようにする，という目的を考える場合，会計の機能は次のように捉えることができる。

> 会計には，経済主体の種々の利害関係者の間の種々の利害調整が果たされるようにするために，利害調整の指標となるような情報を提供する，という機能がある。

さらにまた，意思決定を支援する，という目的を考える場合，会計の機能は次のように捉えることができる。

> 会計には，経済主体の種々の利害関係者による種々の意思決定を支援するために，意思決定に役立つような情報を提供する，という機能がある。

第3節　説明責任の履行という目的・機能

「利害調整と意思決定」と題する第Ⅰ章第8節では会計の目的・機能による分類の例として利害調整のための会計と意思決定のための会計という分類が示されたが，ここでそうした会計の分類との関係において第2節に挙げられた会計の目的・機能について少し附言しておきたい。

第2節に挙げられた目的・機能のうち，利害調整と意思決定については次のような捉え方をすることができる。

会計には，利害調整が果たされるようにする，という目的・機能があり，換言すれば，これを目的とする会計の領域，すなわち利害調整のための会計という領域があり，また，会計には，意思決定を支援する，という目的・機能があり，換言すれば，これを目的とする会計の領域，すなわち意思決定のための会計という領域があり，会計は利害調整が果たされるようにする会計と意思決定を支援する会計に分類することができる。

　しかし，もう一つの説明責任の履行については，会計には，説明責任を履行する，という目的・機能があり，換言すれば，これを目的とする会計の領域，すなわち説明責任履行のための会計という領域がある，といったように捉えることができるかどうか，少し微妙なところがある。

　すなわち，説明責任の履行という目的・機能の場合は，ほかの二つの目的・機能の場合とは違い，説明責任履行のための会計とか，説明責任を履行する会計といった捉え方には少し違和感があるが，それは，会計がおこなわれるコンテクストでは説明責任と会計責任は同義であって，要は［説明責任を履行する　＝　会計責任を履行する　＝　会計をする］ということになるため，説明責任履行のための会計は，会計をするための会計，説明責任を履行する会計は，会計をする会計，ということになってしまうからである。

　敷衍すれば，説明責任の履行を会計の目的・機能として捉えるとすると，たとえば「会計には説明責任を果たすという役割がある」[66]といったように述べられるかもしれないが，しかし，これは**「会計には会計をする責任を果たすという役割がある」**ということにほかならず，ナンセンスといわざるをえない。

　また，説明責任の履行の場合は，説明責任を負っている者は経営者であって，［会計をおこなう者　＝　説明責任の履行者］という関係にあるが，利害調整の場合，利害調整をするのはだれか，意思決定の場合，意思決定をするのはだれか，という問題がある。［会計をおこなう者　＝　利害調整が果たされるように

---

66 ここで「目的・機能」と表記されているものはのちに第12節で「目的的機能」と称されることになるが，そこで述べられるように，会計の目的的機能とは，要は，会計の役割のことである。

する者］や［会計をおこなう者 ＝ 意思決定を支援する者］といった捉え方にはあまり問題がなさそうだが，利害調整者や意思決定者の位置づけをどうするか，については色々な考え方がありうる。

第4節　説明責任

　閑話休題。ときに「会計は説明である」ともいわれる。たとえば英語では会計を「accounting」というが，これは，説明する，という意味の動詞「account」から派生している。

　ただし，会計は説明である，としても，むろん，説明は必ずしも会計ではない。「会計」と称される説明は或る特定の状況においておこなわれる説明である。

　その特定の状況とは，財産の持ち主が，だれかほかの人に頼んで，自分の代わりに財産を管理してもらっている，という状況である。すなわち，それは，財産の管理という行為について委託・受託の関係が存在している，という状況であって，こうした状況において，財産の持ち主は財産管理という行為の委託者，また，財産の管理者はその受託者ということになる。[67]

　以上を企業についていえば，［財産の持ち主 ＝ 出資者 ＝ 財産管理行為の委託者］，［財産の管理者 ＝ 経営者 ＝ 財産管理行為の受託者］となり，また，株式会社形態の企業についていえば，株主が委託者ということになる。

　いずれにしても，会計はこうした状況においておこなわれる説明として捉えられる。すなわち，ここにおける受託者がその委託者に対しておこなう説明として捉えられるのである。

---

[67] ここにいう，財産の管理，とは，財産を維持して，その利用を図る行為，のことである。すなわち，この，管理，は保存と運用からなっている。保存とは，ものの元の状態を保って失わないこと，そして，運用とは，ものの機能をうまく働かせて用いることである。
　よく耳にする言い方に「財産の管理・運用」などといったものがあるが，けだし，「管理」という概念には，用いる（利用，運用），という意味が含まれている。

では，一体，何を説明するのか，といえば，ここにおける受託者は自分が引き受けた行為の顚末，すなわち，どのようにして財産管理をおこなってきたのか，について説明するということである。

　とどのつまり，会計は，財産管理行為の受託者が自分のおこなった財産管理の顚末を委託者に説明すること，として捉えられるのである。

　さて，それでは，そうした会計の目的ないし機能は何か，といえば，一般には「説明責任（accountability）」という概念をもって理解されている。

　すなわち，それは，ここに述べられたような委託・受託の関係において，受託者には説明責任というものが課されている，という理解である。

　説明責任とは，受託した行為をどのようにおこなってきたか，を委託者に説明する責任のことである。

　そして，このような一般的理解においては，説明責任を果たす，ということが会計の目的とされ，したがって，既述のように，会計の機能が次のように捉えられる。

　会計には，経済主体の経営者が，財産管理行為の受託者として課された説明責任を果たすために，自分のおこなった経営の顚末をこの行為の委託者に説明する，という機能がある。

第5節　会計責任と受託責任

　叙上のような説明責任はただし，会計ないし会計学においては「会計責任」と呼ばれることが多い。

　このことについては，会計を説明の一種（或る特定の状況においておこなわれる説明）として捉えるならば，会計責任は説明責任の一種（或る特定の状況において課される説明責任）として捉えられる，といった理解もありえよう。

　敷衍すれば，受託者には一般に説明責任（説明をする責任）が課せられ，財

産管理行為の受託者には会計責任という説明責任（会計という説明をする責任）が課せられている，ということである。

このような会計責任はまた，受託責任というものと関係づけて捉えられることが多く，また，この受託責任と会計責任の関係についてはいくつかの捉え方，少なくとも次の二通りの理解がある。

> ① 受託責任 ＝ 財産管理責任 ＋ 会計責任
>   すなわち，**会計責任は受託責任に含まれる。**
> ② 受託責任 ＝ 財産管理責任
>   すなわち，**会計責任は受託責任とは別にある。**

受託責任を，受託者としてしなければならないこと，といったような意味に捉えた場合には①の理解になるかもしれないが，受託責任を，受託したことをする責任[68]，として捉えるならば，受託したのは財産管理だから，受託責任はあくまでも，財産管理をする責任[69]，であって，ここに会計責任は含まれず，別言すれば，受託者には，受託責任のほかに，会計責任がある，という②の理解になる。

ただし，他方また，次のような理解もありえよう。

> ③ **会計責任は財産管理責任を含む。**

---

[68] なお，この場合の責任は，受託したことを（単に）する（だけの）責任，ではなく，受託したことを・ちゃんと・する責任，ではないかとも思われるが，この「ちゃんと」はやはり不要かもしれない。そもそも受託したのは，単なる財産管理ではなく，・ちゃんとした財産管理であるはずだからである。

[69] 注記68に述べられたように，厳密には，ちゃんとした財産管理をする責任，とすべきかもしれない。

これは，或る行為について説明しなければならない立場にある（説明責任がある）ということはその行為について責任があるということを含意し，すなわち，財産管理について説明しなければならない立場にある（説明責任がある）ということは財産管理について責任があるということを含意し，すなわち，会計しなければならない立場にある（会計責任がある）ということは財産管理について責任があるということを含意する，ということである。

　そもそも「accountability」には，説明責任，という意味だけでなく，責任（liability；responsibility），という意味もあり，このことからも，或る行為について説明する責任があるということは取りも直さずその行為について責任があるということである，として捉えられるかもしれない。

　なお，「accountability」には，責任，という意味も，説明責任，という意味もあり，また，会計ないし会計学の文脈では，会計責任，という意味もあるが，[70]このことが［「責任」＝「説明責任」＝「会計責任」］を意味しないことはいうまでもなく，まずは［「責任」⊃「説明責任」⊃「会計責任」］として捉えられよう。

第6節　会計責任と受託責任（続）

　こうした関係についてテキストの類いはどのように解説しているのだろうか。近年のテキストはそれぞれ次のように述べている（順不同）。

○田中弘『新財務諸表論』（2005年初版刊行，引用は2006年版）

> 「株式会社は，多数の投資者から資金を集め，その運用を受託し，定期的に資金の運用状況と運用成果を報告する。こうした資金運用の委託（投資

---

[70]　他方，「accountability」には，説明可能性，という意味もある。すなわち，「accountable」という形容詞には，説明すべき，という意味と，説明できる，という意味がある。

第Ⅱ章　会計の目的・機能を考える

者）と受託（会社）の関係を「スチュワードシップ[71]」あるいは「受託責任」といい，受託責任を果たすことを，「会計責任」あるいは「アカウンタビリティ」という[72]」。

このテキストについては「委託と受託の関係を受託責任といい」ということの意味がまずは分かりにくいが，それよりも「受託責任を果たすことを会計責任という」ということの意味がおよそ分からない。

○醍醐聰『会計学講義』（1998年初版刊行，引用は2008年版）

「会計報告は，経営者が株主から受託した財産の管理・運用の顛末を定期的に所定の形式に従って委託者に「説明」することで自らの財産受託責任（stewardship）を履行するという会計の本源的機能の具体例といえる。……こうした受託財産の管理・運用に関する説明責任を履行する手段としての会計の役割は……[73]」。
「以上を要約すると，会計には，財産の受託者が受託財産の管理・運用の顛末を委託者に報告して，財産受託責任の履行の結果を説明するという機能が本源的に備わっているのである[74]」。

このテキストは「説明することで受託責任を履行する」とする一方で，「受

---

[71] こうした場合の「スチュワードシップ（stewardship）」における「スチュワード（steward）」とは，執事（中世において領主に荘園の経営を委ねられた役人（荘園経営の受託者）），ないし，財産管理人，のことであって，また，状態・職・技倆などを表わす「シップ（ship）」という接尾語は，この場合は，（stewardの）dutyないしobligation，を意味している。
　　したがって，執事の職務，ないし，財産管理人の職務，を意味するこの「stewardship」はただし，一般には「受託責任」と訳されている。
[72] 田中弘『新財務諸表論（第2版）』2006年，54頁。
[73] 醍醐聰『会計学講義（第4版）』2008年，5頁。
[74] 同上，6頁。

託責任の履行の結果を説明する」としている。

　最初の引用文における捉え方は，会計責任（説明責任）は受託責任に含まれる，という前出の①の理解ということになり，あとの文における捉え方は，会計責任は受託責任とは別にある，という前出の②の理解ということになる。

○伊藤『ゼミナール現代会計入門』

「一般に資源の運用を委ねられた者は，その資源をどう運用し，どれだけの成果をあげたかについて説明する義務を負う。これを「説明責任」あるいは「会計責任」（accountability）という。……一定の資源の運用・管理を委託された者は，その委託者に対して自分のとった行動（運用・管理）の結果（成果）を示し，そうなった原因を説明し，それが承認されて初めて，その責任を解除されるのである。……株式会社では，株主は一定の資金を会社に投資し，会社の経営者はその資金を利益獲得のために運用する。そして一定期間を経た後に，その運用の成果と財産の状況を株主に報告しなければならない。そして株主がそれを承認すれば，経営者は受託者としての責任を解除される。……この点で，会計は受託責任を解明するメカニズムとして機能している」[75]。

　このテキストは「説明する義務を会計責任という」とする一方で，「説明し，それが承認されて初めて，その責任を解除される」としている。

　あとの文の「その責任」は「受託責任」を意味し，「受託責任」は「受託者としての責任」を意味しており，すなわち，会計責任を果たさなければ，受託責任を果たすことはできない，ということになるため，ここでの捉え方は，会計責任は受託責任に含まれる，という前出の①の理解ということになろう。

---

[75] 伊藤『ゼミナール現代会計入門（第8版）』46～47頁。

第Ⅱ章　会計の目的・機能を考える

○広瀬『財務会計』

「"accounting"（会計）という用語の語源は，"account for"であるといわれているように，もともと「説明する」または「弁明する」という意味をもっており，"accountability"という用語が説明する責任から派生する会計責任を表すものとして広く用いられている。このことから明らかなように，<u>会計は財産を受託された者がこれを委託した者に対して財務諸表等の会計数値を用いてその会計責任を明らかにする役割をもっている</u>といえる。この<u>会計責任の同義として，また場合によっては会計責任を包摂する広い意味で，受託責任</u>（stewardship）<u>という用語が用いられる</u>」[76]。

このテキストについては「会計は会計責任を明らかにする役割をもっている」ということの意味がよく分からない。

「会計責任を明らかにする」ということの意味がよく分からないし，会計が「会計責任を明らかにする」ということの意味もよく分からない。

また，「会計責任の同義として受託責任という用語が用いられる」としつつ，「場合によっては会計責任を包摂する広い意味で受託責任という用語が用いられる」としている。

あとの文は［会計責任 ＋ ？ ＝ 受託責任］ということで，これは恐らくは［受託責任 ＝ 財産管理責任 ＋ 会計責任］という前出の①の理解ということになろうが，他方，前の文は［会計責任 ＝ 受託責任］ということで，これは少し分かりにくい。もしも，①［受託責任 ＝ 財産管理責任 ＋ 会計責任］か，そうでなければ，②［受託責任 ＝ 財産管理責任］ということであれば，受託責任は必ず財産管理責任を含むことになるため，［会計責任 ＝ 受託責任］という捉え方は，会計責任は財産管理責任を含む，という前出の③の理解に近いのかもしれないが，ニュアンスはかなり異なる。

---

[76] 広瀬『財務会計（第9版）』111頁。

○桜井『財務会計講義』

「株主と経営者は，資金の委託者と受託者の関係にある。……この関係において，経営者は受託者であるから，株主から委託された資金を誠実に管理するだけでなく，株主の最大利益に合致するよう自己の<u>全能力を投入して経営活動を行うべき責任</u>を負うことになる。この責任は一般に<u>受託責任</u>（stewardship）とよばれている」[77]。

「<u>しかし経営者が受託責任を常に誠実に遂行するとは限らないことから</u>，株主との間で利害が対立する可能性がある。……対立の解消を促進するためには，何らかの人為的なメカニズムが必要になる。そのようなメカニズムの1つとして生まれてきたのが，経営者から株主への会計報告である」[78]。

「株主は経営者による資金管理の誠実性と資金運用能力に注目しており，その判断のための基礎として，会計報告を要求することになる。……経営者が株主に対してこのような<u>会計報告を行うべき責任</u>を<u>会計責任</u>（accountability）という」[79]。

このテキストは「全能力を投入して経営活動を行うべき責任」を「受託責任」とした上で，「経営者が受託責任を常に誠実に遂行するとは限らないことから」「会計報告を行うべき責任」，すなわち「会計責任」が課されるとしている。

この解説は明快で，ここでの捉え方は，会計責任は受託責任とは別にある，という前出の②の理解ということになる。

---

77 桜井『財務会計講義（第11版）』7頁。
78 同上，7頁。
79 同上，8頁。

第7節　二重の受託責任

　受託責任といえば，昨今における投資ファンドのような機関投資家の台頭は二重の受託責任をもたらした，ともされる。

　すなわち，たとえば「株主総会は，受託責任を負う，所有と経営が分離した株式会社の経営者と，他人の財産を運用する機関投資家の対面の場だ」[80]とか，「経営者は株主以外にも社会に貢献する企業の使命を果たし，機関投資家は受益者の生活にも目配りするのが真の受託責任だろう」[81]とかいった記述にもみられるように，投資者・機関投資家・企業（投資先）の経営者，という三者の関係においては二重の委託・受託関係が存在し，したがって，経営者の負う受託責任と機関投資家の負う受託責任，という二重の受託責任が存在するというわけである。[82]

　ただし，この三者の関係等については種々の捉え方がありえよう。たとえば，投資者と機関投資家の関係は機関投資家と経営者の関係と同様の関係なのだろうか，とか，前者は後者よりも近い関係なのだろうか，とかいったことが問題になろうし，したがってまた，機関投資家の投資者に対する説明責任は経営者の株主に対する会計責任と同様の責任なのだろうか，という点も問題になろう。

　なお，この機関投資家というものについては英米でその捉え方が異なるともされ，たとえば以下のように解説される。[83]

　イギリスでは，コーポレート・ガバナンスにおける株主の役割の問題はこれすなわち機関投資家の問題，とされており，［大株主たる機関投資家 ＝ 株主の代表］とされる機関投資家は，株主を含む種々の利害関係者に対する情報仲

---

[80] 末村篤「一目均衡　株主総会で受託責任を考える」『日本経済新聞』第44331号，2009年，17面。
[81] 同上，17面。
[82] ただし，たとえば投資信託（投資ファンドの一形態）においては，投資者を「受益者」と称した上で，資金の運用方法を決めて運用を指示する投資信託委託会社（投資信託会社）を「委託者」，また，実際に資金を管理（運用）する信託会社（信託銀行）を「受託者」と呼んでいる。
[83] 以下は，今福愛志『企業統治の会計学』2009年，による。

介機関，としてみられるが，他方，アメリカでは［機関投資家 ＝ 個人の代理人として行動する役割を担う者］とされ，この，個人の代理人として行動する役割を担う者，については「フィデュシャリー，すなわち信認者」[84][85]ともされ，機関投資家が資金の委託者に負っている責任は，フィデュシャリー（fiduciary）責任，として捉えられる[86]。また，この，フィデュシャリー責任，については「経営者は……株主との契約によって責任が生ずるのではなく，契約に縛られない広い責任 —— それをフィデュシャリー（信認）責任という —— を負っている[87]」とされ，したがって，ニュアンスは異なるものの，「受託責任」と換言することもできよう。

「フィデュシャリー機関（fiduciary institutions）あるいはフィデュシャリー・インベスターズ（fiduciary investors）と呼ばれる[88]」機関投資家は「一国の大企業の株式の数パーセントを保有し……この意味で，フィデュシャリー機関は一企業への投資からのリターンが重要であるのではなく，ポートフォリオ投資全体からのリスクとリターンこそ重大な関心事となっている。それゆえ，フィデュシャリー機関は多くの企業にあまねく投資している所有者であるという意味で，ユニバーサル・オーナー（universal owners）であると呼ぶことができ……株式を所有する企業の行動を評価するとき，ユニバーサル・オーナーにとって重要な次元は……各企業が経済全体にどのような影響を及ぼすかにあ[89]」るとされる。

また，資金の委託者・受託者たる投資家・経営者の三者間の「二重のエージェンシー関係[90]」は「フィデュシャリー・キャピタリズムのもとでは，場合に

---

[84] なお，「fiduciary」（名詞）には一般の辞書では「受託者」や「被信託者」という訳が当てられる。
[85] 今福『企業統治の会計学』33頁。
[86] 同上，31～33頁。
[87] 同上，2頁。
[88] 同上，107頁。
[89] 同上，108～109頁。
[90] 同上，112頁。

第Ⅱ章　会計の目的・機能を考える

よればその関係は五重の関係ということになる。一般の市民がマネーを委託する際のファンド——たとえば，年金基金——の運営者が第1のエージェント，つぎにファンド理事会が選ぶ投資顧問会社が第2のエージェント，第3のエージェントは投資顧問会社が投資するミューチュアル・ファンド，そしてミューチュアル・ファンドのポートフォリオ・マネージャーが第4のエージェントとなり，最後の第5エージェントがポートフォリオが依拠しているアナリストである」とされ，「これらのエージェンシー関係の連鎖をつなぐために……説明責任の輪も，輪を結ぶ個々の代理人が，1つ前の代理人……に対して誠実に説明責任を果たすかぎり機能しうる」とされる。

かくして「フィデュシャリー・キャピタリズムの下では，財務報告は投資先企業の問題であると同時に，投資家自身の財務報告問題でもある。投資家自身の投資行動の透明性を高めることがマネーの受託者としてのフィデュシャリー責任の遂行を意味し，それが今度は投資先企業の透明性の質を高める要因となる」とされる。

如上の解説における，エージェンシー関係，は一般に「委託・受託関係」と換言することができ，したがって，二重のエージェンシー関係，や，五重のエージェンシー関係，はそれぞれ「二重の委託・受託関係」，「五重の委託・受託関係」と換言できようが，そうした委託・受託関係（ないし受託責任（フィデュシャリー責任））の「連鎖をつなぐため」の「説明責任の輪」については少し注意する必要がある。すなわち，この，説明責任の輪，は（［資金の委託者 → 投資家 → 経営者］という）二重の委託・受託関係においては「会計責任の輪」といえようが，（［資金の委託者 → ファンドの運営者 → 投資顧問会社 → ミューチュアル・ファンド → ポートフォリオ・マネージャー → アナリスト］という）五重の委託・受託関係においては必ずしも「会計責任の輪」とはいえない。前述のように，［財産管理行為の受託者に課せられる説明責任

91　同上，112頁。
92　同上，112頁。
93　同上，113頁。

＝会計責任］と捉えることができようが，五重の委託・受託関係における，委託・受託関係，は必ずしも，財産管理行為の委託・受託関係，ではないからである。

第8節　機関投資家の台頭と会計不正

　他方，叙上のような機関投資家の台頭は昨今の会計不正を特徴づけているともされ，すなわち，株価を高くするための会計不正，という昨今のそれは，ますます重要性が高まった機関投資家の存在，によってもたらされているともされる。

　企業支配の状況の変遷は，大雑把には，［資本家（個人大株主）による支配　→　経営者による支配　→　機関投資家による影響力行使］といったように捉えられようが，これは以下のように敷衍される[94]。

　19世紀末〜20世紀初頭に巨大な企業が株式会社形態をもって出現，その当時は資本家が大株主として企業を支配し，また，ときに会社を利用して自身の利益を追求していたが，その後，株式の分散によって，株式をもたざる経営者が企業を支配する，という状況が生じ，そうした経営者もときに会社を利用して自身の利益を追求するようになった。これについては「［かつての］資本家はまだ大株主として会社を「所有」していたが，現代の経営者はそうではない。それは会社，すなわち「他人のもの」を利用し，それを食い物にしている[95]」ともいわれる。

　他方，株式所有の機関化現象（機関投資家の増加）が生じ，機関投資家は経営者に株価が高くなるような経営を要求するようになるが，その際，株主の利益と経営者の利益を一致させるべく，経営者にストック・オプションを与えるというやり方がアメリカでは1980年代から一般化をみ，これが叙上のような会計不正に繋がる。すなわち，昨今の会計不正は，株価を高くするために利益を

---

[94] 以下は，奥村宏『粉飾資本主義』2006年，13，24，28頁，による。
[95] 同上，13頁。

第Ⅱ章　会計の目的・機能を考える

過大計上する会計不正，であって，株価を高くすることの直接的な私利は，ストック・オプションで大きな利益を得ることができる，ということにある。[96]

わが国でも[97]，かつて企業の支配者は資本家（個人大株主）だったが，財閥が解体されたのち，支配の主体は経営者に移行，また，1980年代には株式所有の機関化現象が起こり，1990年代以降，機関投資家は，ものいう株主，として注目されるようになる。もっとも，かつて国内の機関投資家は決して，ものいう株主，ではなく，投資の利益よりも企業間の関係を重視していたが，「外国人投資家は，機関投資家として投資利益を獲得するという委託者への責任を果たすために，ROEを高め，株価を向上させる経営を求めるようにな」り[98]，「こうした動きに国内の機関投資家も同調するようになった。その背景には，「コーポレート・ガバナンス」や委託者に確実に収益を還元するという「受託者責任」の考えがある」[99]。

かつて機関投資家は利益率の低い投資先については株式を売却するという行動をとっていたが，「機関投資家の資金規模の拡大，所有株式数の増大により従来のように投資収益率の悪い企業の株式を売却することが容易にできない状況となった」[100]ため，「機関投資家は議決権を行使し，業績が低迷している企業に対し経営の改善を求め，場合によっては経営者を交替させるということを行うようになった。……これは，委託者また受益者のために，それらに代わって議決権を行使することが受託者としての機関投資家における責任の一部であるという欧米の考えに基づいたものである」[101]。「しかし，機関投資家と企業の関係は，永続的なものではなく，他の所有主体と比べ流動的である。したがって，機関投資家は，直接企業を支配するのではなく，ガバナンスをすることにより

---

96 その他，株価を高くすることの目的には，株式交換による他社の買収を有利にする，といったことがある。
97 以下は，坂本恒夫，松村勝弘（編著）『現代の財務経営〈8〉　日本的財務経営』40～44頁，による。
98 同上，39頁。
99 同上，43頁。
100 同上，44頁。
101 同上，44頁。

企業に影響力を行使しているのである」[102]。

第9節　会計責任における「会計」

　なお，第7節に改めて示された，説明責任と会計責任の関係，はまた，これをもって，会計責任における会計，の意味を確認することができる。すなわち，既述のように，会計は一般に財務会計と管理会計に大別され，まずは文字通りに解すれば，［財務会計　＝　財務のための会計］，［管理会計　＝　管理のための会計］ということになろうが，このそれぞれと会計責任や財産管理責任の関係については次のような理解がありえよう。

> ○会計責任は財務会計の責任である。
> ○管理会計の責任は財産管理責任のな̇か̇にある。

　財務会計は，いま述べられたように，財務のための会計，であって，これは「資金調達（財務）のための説明（会計）」，「資金提供者に対する説明」などと換言することができ[103]，他方，会計責任は財産管理行為の受託者（資金調達者）に課せられた説明責任であるため，会計責任は財務会計の責任，ということになる。
　敷衍すれば，このような理解において，**会計責任は管理会計の責任を含まず**，管理会計は管理のツール，といったような意味において，**管理会計の責任は財**

102　同上，44頁。
103　財務会計を「文字通りに解すれば，……財̇務̇のための会計」ではなく，財̇務̇に関する会計，ではないか，ともされるかもしれない。すなわち，資金調達（財務）のための説明，ではなく，資金繰り（財務）に関する説明，ではないか，ということだが，これはどちらでも同じともいえよう。
　資金調達のために資金繰り（資金の調達・運用）に関して説明する，すなわち，資金を出してもらうために資金の状態に関して説明する，ということである。

第Ⅱ章　会計の目的・機能を考える

産管理責任のなかにある。管理会計は財産管理責任を果たすためにおこなわれる，ということである。[104]

　ちなみに，会計責任と「内部的な管理義務[105]」を果たすための会計（≒管理会計？）の関係については或るテキストによる次のような理解もある。

> 「経営者は……管理という義務を負うことになる。なぜなら，経営者が資金提供者に対して会計責任を負っているいじょう，受託の趣旨（つまり，資金の効率的運用）に沿って資金が実際に運用されるように，従業員の経済活動を管理しなければならないからである。……これまで，いわゆる財務会計においては，もっぱら資金提供者に対する報告職能が重視され，管理職能はまったく閑却されてきた。しかし，資金提供者に対する会計責任が，受託の趣旨に適った資金の効率的な運用にかかわる責任であるかぎり，報告義務とこの管理義務とは表裏の関係にあると言ってよいであろう。すなわち，報告義務の履行はおのずから管理義務を要請し，この管理義務の達成によって報告義務が十全に履行される，という筋合いにあるのである。そして，そのいずれの職能も，企業会計という記録機構を不可欠としている。かくして，記録機構としての企業会計には，（資金提供者に対する）報告義務と（従業員に対する）管理義務というふたつの職能が期待されるのである。……報告義務と内部的な管理義務とが表裏の関係にあるいじょう，会計責任概念にしても，この両者を包摂したものとして再構成する必要があると思われる」。[106][107]

104　このようなことを考えていると，管理会計は会計なのか，とかいった問題にも言及したくなるが，まずはさておく。
105　笠井昭次『現代会計論』2005年，20頁。
106　同上，18〜20頁。
107　この理解も，テキストによる会計責任の解説，として「会計責任と受託責任（続）」と題した第6節で紹介すべきかとも考えたが，この理解では「受託責任」という概念は用いられないことなどを理由に別扱いすることにした。

ただし，「会計責任を負っているいじょう……管理しなければならない」や「報告義務の履行はおのずから管理義務を要請し，この管理義務の達成によって報告義務が十全に履行される」といった捉え方はよく分からない。筆者とすれば，管理と報告はまったく次元を異にしており，すなわち，報告義務の履行と管理義務の達成・未達成はおよそ無関係で，要は，管理がちゃんとしていなくても，報告さえちゃんとしていれば，報告義務は履行されたことになる，はずだからである。[108]

　他方，たとえば或る管理会計の専門家は，会計（財務会計）における「利益」概念に否定的な立場から，[109]財務会計と管理会計の相違について次のように述べている。

　　「利益と現金は別物です。利益が増えても経営に行き詰ることがあります。しかし，赤字でも現金がたっぷりあれば会社はつぶれません。現金を増やしたければ，経営を改善しなければならない。そのために必要な会計は，財務会計ではなく，……管理会計であることを理解する必要があります」[110]。

　のちに補遺に述べられるように，利益は会計（財務会計）のやり方によって増やせるかもしれないが，現金はそうではない。

　財務会計と管理会計は［財務会計 ＝ 資金調達のための会計］，［管理会計 ＝ 資金管理のための会計］とも捉えられ，財務会計において示された利益は，真実である必要はなく，それで資金提供者が納得すればよい，ともいえようが，[111]「管理会計は正直でなければならない」[112]とされる。

---

108 なお，このテキストの著者による「会計責任」概念の詳細については，田口聡志「笠井学説におけるメタ理論と会計機能論」笠井昭次先生古稀記念論作集編集委員会（編）『笠井昭次先生古稀記念論作集　第3巻　笠井昭次先生の人と学問』2009年，をみよ。

109　利益をめぐる問題については補遺において詳論される。

110　林總『世界一わかりやすい会計の授業』2010年，85頁。

111　たとえば，友岡賛『会計の時代だ』2006年，13〜16頁，をみよ。

112　林『世界一わかりやすい会計の授業』86頁。

第Ⅱ章　会計の目的・機能を考える

　財務会計は正直でなくとも（資金提供者が納得すれば）資金は調達できるかもしれないが，管理会計は（経営者が納得しても）正直でなければ資金を管理できない，ということだろうか。

第10節　所有者の受託責任

　閑話休題。2006年にアメリカの財務会計基準審議会（FASB）が公表した『概念フレームワークに関する予備的見解——財務報告の目的と意思決定に有用な財務報告情報の質的特徴』[113]（『予備的見解』と略記）というものがあるが，これ「を手厳しく論評したコメント」[114]を出したのはアメリカ会計学会（AAA）の財務会計基準委員会（Financial Accounting Standards Committee）だった。

　「財務会計基準審議会の財務報告に関する概念フレームワーク——批判的分析」と題するこのアメリカ会計学会の委員会のコメントによれば，財務会計基準審議会が国際会計基準審議会（IASB：International Accounting Standards Board）と共同でまとめたこの『予備的見解』は会計をますます，損益計算書よりも貸借対照表を重視する方向，へと向かわせ，また，企業への投資を重視し，会計の受託責任機能（stewardship role）を軽視する状況をもたらすものだった。

　すなわち，財務会計基準審議会の『予備的見解』に対して「われわれには四つの批判点がある」[115]とするこのアメリカ会計学会の委員会はこの『予備的見解』が「会計の投資機能（investment role）を過度に重視し，より重要な受託責任機能を看過している」[116]ことを第一の批判点に挙げ，ちなみに，『予備的見

---

113 Preliminary View: Conceptual Framework for Financial Reporting: Objective of Financial Reporting and Qualitative Characteristics of Decision-Useful Financial Reporting Information.

114 斎藤静樹『会計基準の研究』2009年，354頁。

115 American Accounting Association's Financial Accounting Standards Committee, The FASB's Conceptual Framework for Financial Reporting: A Critical Analysis, *Accounting Horizons*, Vol. 21, No. 2, 2007, p. 230.

116 Ibid., p. 230.

解』が「実際の市場取引にもとづくものではないため，多くの場合に信頼性を欠く公正価値……に依拠している[117]」ことを第二の批判点として挙げている[118]。

　敷衍すれば，『予備的見解』は財務報告における情報の主たる利用目的として投資意思決定を挙げ，受託責任はこれをほとんど重視していないが，このアメリカ会計学会の委員会は「受託責任は重要であるばかりか，多くの企業にとって投資よりも重要である[119]」として次のように述べている。

　　「すべての企業にとって会計の第一のベネフィットは，経営者に委ねられた資源の利用・処分に関する管理および所有者への報告，である。定期的な報告は資源の流入・流出に関する情報をもたらすが，その情報は貨幣数値で示され，また，市場取引および，所定のルールにしたがっておこなわれる産出物と期間への配分に依拠している。そのような報告は企業経営者による受託責任の果たし方について有用な（しかし，不完全な）情報をもたらす。そのような報告にはまた，経営者に所有者のために企業を経営する動機を与える，という機能があるが，それは経営者の行動が測定され，報告されるためである[120]」。

　しかし，この委員会によれば，『予備的見解』において考えられている情報の目的適合性には「投資意思決定への強いバイアスと受託責任に関する意思決定の無視[121]」が看取され，そこでは「経営者によるキャッシュおよびその他の企業の資産の利用および（起こりうる）乱用に関する情報や，経営者と企業の所有者の間の利益相反の影響に関する分析・報告はほとんど無視されている[122]」。

117 　*Ibid.*, p. 230.
118 　なお，公正価値については「こうした「軟らかい」数値をもたらす会計報告は会計数値一般の目的適合性と有用性を害する」（*Ibid.*, p. 230）としている。
119 　*Ibid.*, p. 231.
120 　*Ibid.*, pp. 231-232.
121 　*Ibid.*, p. 232.
122 　*Ibid.*, p. 232.

第Ⅱ章　会計の目的・機能を考える

　ところで，財務報告書の利用者について，『予備的見解』は現在の投資者・潜在的な投資者・債権者をもって主な利用者としているが，このアメリカ会計学会の委員会は「第一の利用者は企業の所有者のはずである」[123]として，その理由等を次のように挙げている。

1. かれら［所有者たち］が財務記録と財務諸表を作成し，監査人を雇っている。
2. 所有者が他の利用者（債権者や潜在的な投資者ばかりか，取引先や従業員をも含む）を満足させられないかぎり，他の利用者はその企業にかかわる知識や不確実性のコスト（モラル・ハザードのコスト）を所有者に負担させる。そのため，所有者には他の利用者のニーズを充足するような財務報告をおこなう強い動機がある。
3. 約490万社の企業のうち，株式を公開し，証券取引委員会［SEC：Securities and Exchange Commission］に報告しているのは1万7,000社にしか過ぎない。アメリカ公認会計士協会［AICPA：American Institute of Certified Public Accountants］の規則203は財務諸表の監査証明に際して一般に認められた会計原則［GAAP：Generally Accepted Accounting Principles］にしたがうことを独立の公認会計士に要求している。とはいえ，株式を公開していない何百万社もの企業が自身のニーズに合わないか，自身のニーズを超えた財務諸表の作成と監査のコストを負担しなければならないはずがない。したがって，一般に認められた会計原則は株式を公開している会社だけに適用されるか，すべての会社に有用な最低限のものとされるべきである。
4. 『予備的見解』は報告主体が公開会社か非公開会社かということに敏感であるべきである。会計基準が問題にするのは数値ではなく，数値によって伝えられる情報である。基準は望ましい情報の作成と配分が達成

123　*Ibid.*, pp. 231-232.

されるように設けられるべきである。[124]

　そうしたこの委員会は「財務報告の目的を企業所有者の受託責任という観点でとらえ，それに必要な情報の要件として信頼性を強調し，現実の市場取引に基づかない監査不能な数字の有用性を信頼性の観点から否定」しているとされる。[125]

　所有者の受託責任とはなんだろうか。

第11節　そもそも責任はあるのか

　本書では以上，まずは通説にしたがって，「説明責任」や「会計責任」や「受託責任」などといった概念が用いられてきたが，実は，筆者の従来の立場からすると，会計を論ずる際にこうした「責任」という概念が用いられることはない。[126]筆者の普段の論じ方によれば，会計や監査は（株主や投資者などのためにではなく）経営者のためにおこなわれる，とされ，経営者は自分のために（自分の地位を守るために）会計をおこない，自分のために（自分の地位を守るために）監査を受ける，とされる。

　すなわち，自分のために会計をする，というのであれば，「会計責任（会計をする責任）」などといった概念が用いられることにはならないということである。

　ただしまた，自分の地位を守るために会計をする，ということは，会計をしなければ経営者ではいられなくなる，ということであって，[127]別言すれば，経営者は会計をしなければならない，ということになる。

---

124 Ibid., p. 231.
125 斎藤『会計基準の研究』358頁。
126 たとえば，友岡『会計の時代だ』13～19頁，をみよ。
127 もっとも，会計は地位を守るためにする，としても，会計をしないと必ず地位を失う，ということにはならない。

第Ⅱ章　会計の目的・機能を考える

　会計をしなければならない，ということと，会計をする責任がある，ということが同義かどうかは微妙なところだが，捉え方によっては同義かもしれず，すなわち，経営者にはやはり会計責任がある，のかもしれない。

　ただし，いずれにしても，筆者の従来の主張は，経営者は自分のために会計をする，という点を強調したいがために，「責任」という概念を用いることはない。

第12節　経営者のための監査

　ちなみに，叙上のような，経営者のための監査，については，対象は，或る時期のアメリカ，に限られているが，次のような理解も示されている。

　「当時，会社で会計士による監査が行なわれたばあいは，会社経営者の自発的意思によって，会計士に監査を依頼したのである。そこで，会計士の提出した監査報告書を，経営者がどのように利用しようとも自由であり，都合が悪ければ，監査報告書を株主総会に提出しないことも可能であり，監査としては大きな限界をもつものであった。……大企業のうちには，今世紀［20世紀］はじめごろから，しだいに，監査報告書を，自発的に株主総会に提出するものがあらわれはじめたが，これは，大企業の経営者の会社支配および市場支配の自信のあらわれであり，かつまた，大企業の活動およびその影響の範囲が，広く社会的なものになったことを反映し，経営者が，自己の責任を社会的に表明しようと考えたものである」[128]。

　「米国では，会社の経営者によって自発的に会計監査が利用された。……そして，生命保険とか信託会社のように，企業の性格が社会的信頼を必要とする業種では，企業の運営の公正性および安全性を社会に示すために，

128　森實『会計士監査論（増補版）』1975年，9〜11頁。

早くから会計監査を自発的に採用した[129]」。

「そこで，当時［20世紀初頭］の米国の経済社会では，会計監査は主として経営者目的に利用された。すなわち，経営者が，会社の経営における監督が不十分であるところを補強し，あるいは経営者の会計知識が不十分であるところを補うために，会計士が，従業員の不正および誤謬の摘発のために会計監査を行った[130]」。

「鉄道経営者は1890年代に生じるストライキや国有化といった労働者・農民側の運動に対処する手段として，自らコントロールできる範囲内において会計士監査を導入した。そうすることによって適正な経理を実施していることを証明し，経営者としての責任を遂行していることをアピールし，一般大衆を鉄道に味方させることを狙ったのである。……投資家保護のための監査というものも20世紀初頭から株主宛年次報告書が提出されていたとはいえ，実質的には1930年代以降に強調されたものと考えられる。それ以前の監査は経営者にとってのある意味での大衆へのアピール，あるいは自己正当化として用いられており，良く言えば，投資家保護といった監査制度が1930年代以降に成立する前に大企業では積極的に導入していた[131]」。

　もっとも，ここに述べられた19世紀末〜20世紀初頭のアメリカにおける監査は，対社会の，すなわち，社会へのアピールの手段，としての監査（それに加えて内部的な経営管理の手段としての監査）であって，筆者の念頭にあるような，対株主の，すなわち，株主へのアピールの手段，としての監査とは異なるが，ここでのアメリカは経営者が会社を支配している状況にあり，そうした状況の経営者が，自分のために（自分の地位を守るために）監査を受ける，という場合には，アピールの相手は社会，ということになろうか。

129　森實『監査要論（改訂版）』1984年，17頁。
130　同上，17頁。
131　桑原正行『アメリカ会計理論発達史』2008年，163〜166頁。

第13節　被監査責任

　叙上のように，筆者の通常の立場は，監査についても，経営者は自分のために監査を受ける，としているが，「会計責任」という概念を用いる通説にしたがえば，監査についても「責任」という概念が用いられるべきことになりそうな気もする。

　しかしながら，「被監査責任（監査を受ける責任）」といった概念や，経営者には被監査責任がある，といった言い方は寡聞にして知らない。

　これについては，会計と監査は一体，といったように捉え，被監査責任は会計責任に含まれる，と捉えるべきかもしれず，たとえば「監査は……一連の会計行為の，いわばフィニッシング・タッチを意味し，そのゴールを形成する筋合いにある」などといわれるように，監査を受けなければ会計は終わらず，したがって，監査を受けなければ会計責任を果たしたことにならない，ということかもしれない。

　いずれにしても，被監査責任と会計責任の関係は，前述の会計責任と受託責任の関係に似て，少なくとも二通りに解釈することができるのかもしれない。すなわち，一つは，被監査責任は会計責任に含まれる，という解釈，もう一つは，被監査責任は会計責任とは別にあり，会計責任を負う者は被監査責任をも負う，という解釈である。

第14節　会計の機能

　ここで「会計の機能」という概念ないし言い方について少し確認しておきたい。

　「会計の機能」という言い方はさまざまなコンテクストで用いられるが，同様に「会計の機能」と呼ばれるもののなかにも，次元を異にする2種類の機能

---

[132]　山桝忠恕『近代監査論』1971年，46頁。

がある。それは操作的機能（operational function）と目的的機能（purposive function）で，これまで本書で「会計の目的・機能」と表記してきたものは目的的機能に該当する。

　ここに会計の操作的機能とは会計という行為の構造ないしプロセスを構成する機能のことで，具体的に何をもって会計の機能（操作的機能）とするかは会計の構造ないしプロセスの捉え方によって決まる。すなわち，既述のように，たとえば「会計とは経済主体における経済事象・経済状態を測定し，もって作成された情報を伝達する行為である」という定義においては会計のプロセスが［測定 → 伝達］として捉えられており，その場合には測定機能と伝達機能が会計の機能（操作的機能）とされることになり，また，これも既述のように，「会計とは経済主体における経済事象・経済状態を認識し，測定し，もって作成された情報を伝達する行為である」という定義においては会計のプロセスが［認識 → 測定 → 伝達］として捉えられており，その場合には認識機能，測定機能，伝達機能が会計のプロセスを構成する機能，すなわち操作的機能とされることになる。

　ここで操作的機能の意味についてさらに理解すべく，たとえば後者の捉え方にしたがって，すなわち認識機能，測定機能，伝達機能の意味を確認しておこう。

　認識とは，物事をはっきりと見分けること，であって，これをそのまま前出の定義に当てはめてみれば，認識の対象は経済主体における経済事象・経済状態だから，経済主体における経済事象・経済状態をはっきりと見分けること，となるが，ここにいう認識については，経済主体における経済事象・経済状態のなかで会計の対象となるものをはっきりと見分けること，としたほうが適当である。

　すなわち，この認識という段階は経済主体における経済事象・経済状態という対象を会計のなかに取り込む段階であって，ここでは，会計のなかに取り込まれるものと取り込まれないものをはっきりと見分ける，という作業がおこなわれる。

第Ⅱ章　会計の目的・機能を考える

　この段階においては「取引」という概念が用いられる。ここにいう取引，すなわち会計においていう取引とは，資産・負債・資本の増加・減少をもたらす事象，のことである。認識という段階においてはこの「取引」という概念がフィルターの役割を果たすものとして用いられる。すなわち，経済主体における経済事象のなかでこの取引に該当するもの，すなわち資産・負債・資本の増加・減少をもたらす事象が会計のなかに取り込まれ，また，そうした事象によってもたらされる経済状態が会計のなかに取り込まれる。

　測定とはまずは，事物に数を割り当てること，であって，これもまた，そのまま前出の定義に当てはめてみれば，測定の対象は経済主体における経済事象・経済状態だから，経済主体における経済事象・経済状態に数を割り当てること，となるが，ここにいう測定についてはその前の認識の段階において会計のなかに取り込まれたものがその対象となる。

　ただしまた，測定にはルールがある。すなわち，より正しくいえば，測定とは，一定のルールにしたがって事物に数を割り当てること，である。会計には会計固有の測定ルールがある。

　伝達とは，むろん，伝えること，であって，伝えられるものは会計情報である。この会計情報は会計の測定ルールにしたがってもたらされた数値によって構成される。

　ここで重要な問題は，だれに伝えるのか，相手はだれか，という選択の問題であって，この問題は，会計の目的をどこにおくか，に直結する。

　ただしまた，伝える相手はだれか，の問題は大別して二通りの意味合いをこの「伝達」という概念に与える。伝達は一つには報告（reporting）という意味合いをもって捉えられ，もう一つには公表（disclosure）といった意味合いをもって捉えられ，［伝達 ＝ 報告］といった理解の場合にそれは，或る特定のだれかに告げ知らせる，といった意味をもち，また，［伝達 ＝ 公表］といった理解の場合にそれは，広く一般に知れわたらせる，といった意味をもつこととなる。

　そして，こうした「伝達」の解釈は会計の目的的機能によって左右される。

ここに会計の目的的機能とは，要は，会計の役割のことで，具体的には利害調整機能，意思決定支援機能，情報提供機能，説明責任履行機能などといったものが挙げられる。

こうした目的的機能は会計に実質的な内容を与えるものにほかならず，叙上のような操作的機能を通じて目的的機能が果たされるという関係にある。敷衍すれば，この目的的機能を考慮することによってこそ，前にとりあえず示された「会計とは経済主体における経済事象・経済状態を認識し，測定し，もって作成された情報を伝達する行為である」といった類いの定義に実質的な内容が与えられ，たとえば「会計とは，○○するために，経済主体における経済事象・経済状態を認識し，測定し，もって作成された情報を○○に伝達する行為である」といった定義が得られることになる。

さて，ここでは目的的機能の例として利害調整機能，意思決定支援機能，情報提供機能，説明責任履行機能が挙げられた。むろん，何をもって会計の機能（目的的機能）とするかはテキストの類いでも区々，立場によってさまざまだが，この四つの例についていえば，①利害調整機能と意思決定支援機能を挙げる立場と，②利害調整機能と情報提供機能を挙げる立場と，③利害調整機能，意思決定支援機能，説明責任履行機能を挙げる立場と，④利害調整機能，情報提供機能，説明責任履行機能を挙げる立場があるように思う。

	①	②	③	④
利害調整機能	①	②	③	④
意思決定支援機能	①		③	
情報提供機能		②		④
説明責任履行機能			③	④

①〜④の違いは，意思決定支援機能と情報提供機能のどちらを挙げるか，と，説明責任履行機能を挙げるか，だが，説明責任履行機能については「説明責任の履行という目的・機能」と題する第3節に述べられたように，これを会計の目的・機能（目的的機能）と捉えることに違和感がないでもなく，また，意思決定支援機能と情報提供機能の問題は次節以降に取り上げる。

第Ⅱ章　会計の目的・機能を考える

第15節　計算する，と，知らせる

　第14節の①の立場，すなわち会計の目的・機能として利害調整と意思決定支援を挙げる立場はかなり一般的なものといえようが，ときにこの二つはそれぞれ次のように捉えられる。

　会計には，経済主体の種々の利害関係者の間の種々の利害調整が果たされるようにするために，利害調整の指標となるような情報を提供する，という機能がある。

　会計には，経済主体の種々の利害関係者による種々の意思決定を支援するために，意思決定に役立つような情報を提供する，という機能がある。

　以上のうち，ここで少し考察すべきは「利害調整が果たされるようにするために，利害調整の指標となるような情報を提供する」という部分についてである。

　利害調整の指標となるような情報，とはどういうものか，といえば，その代表的な例としては利益の情報が挙げられようし，ここでは「意思決定を支援するために，意思決定に役立つような情報を提供する」と同様，情報提供，として捉えてはみたが，この捉え方には異論もありうる。

　すなわち，会計という行為には二つの面があり，一つは，計算する，という面，もう一つは，知らせる（情報を提供する）[133]，という面である，といった捉え方をすることもでき，したがって，「意思決定を支援するために……情報を

---

[133] なお，知らせる，と，情報を提供する，はまずは，同義，といってよい。情報とは，それをとおして何かを知ることができるもの，だから，会計についていえば，経済主体における経済事象・経済状態について知らせる，と，経済主体における経済事象・経済状態について情報を提供する，は同義，ということである。

77

提供する」は，知らせる，だが，「利害調整が果たされるようにするために」については「利害調整が果たされるようにするために，利益の情報を提供する」ではなく，「利害調整が果たされるようにするために，利益を計算する」という，計算する，ではないか，ということである。

このように，意思決定を支援する，については，知らせる，で，利害調整が果たされるようにする，については，計算する，として捉えるべきか。それとも，計算した利益を，知らせる，のだから，すべて，知らせる，でよいのか。「利害調整が果たされるようにするために……情報を提供する」でよいのか。

どの目的についても，知らせる，でよいとするならば，よく用いられる「会計は事業の言語である」という言い方が普遍性をもつ。既述のように，言語とは，音声ないし文字によって何かを表現して人に伝える行為，だから，［知らせるという行為 ≒ 言語という行為］とも捉えられ，会計についていえば，［経済主体における経済事象・経済状態について知らせる ≒ 経済主体における経済事象・経済状態を表現して人に伝える］とも捉えられるからである。

なお，このように，経済主体における経済事象・経済状態を表現して人に伝える行為，として捉えられる会計における「表現」はまた，「写像」という概念でも捉えられる。すなわち，「会計は写像である」ともよくいわれる。

↘　また，情報とは，それをとおして何かを知ることができるもの，だから，たとえば，reporting，も，disclosure，も，情報提供，である。ただし，第14節に述べられたように，［情報提供 ＝ 報告（reporting）］の場合は，或る特定のだれかに告げ知らせる，といった意味になり，［情報提供 ＝ 公表（情報公開）（disclosure）］の場合は，広く一般に知れわたらせる，といった意味になる。この，報告 vs. 公表，の選択は当該経済主体の捉え方，たとえば企業という経済主体についていえば，企業というものの捉え方，に依拠し，したがってまた，会計というものの捉え方，に依拠する。

第16節　利害調整機能 vs. 意思決定支援機能と利害調整機能 vs. 情報提供機能

　第15節に示された捉え方は，まずは［会計 ＝ 情報提供］とした上で，その機能には，利害調整機能，や，意思決定支援機能，がある，とするもので，また，ときに，利害調整機能 vs. 意思決定支援機能，ともするものだったが，他方，次のように，情報提供，と，利害調整，を並べて挙げる向きもある。

> 「財務会計の機能には，大別して，利害調整機能または契約支援機能……と情報提供機能または意思決定支援機能……とがある。……利害調整とは企業の利害関係者または利害関係者相互間の利害すなわち利益をめぐる対立または綱引きを調整することであり，情報提供とは企業の経済活動および経済事象に関する情報を利害関係者に対して知らせることである」[134]。

　すなわち，この場合には［情報提供機能 ＝ 意思決定支援機能］とされ，利害調整機能は情報提供によって果たされるのではない，ということになり，また，ときに，利害調整機能 vs. 情報提供機能，とも捉えられることになる。
　ただし，この向きは「配当可能利益および課税可能利益からなる処分可能利益の算定は，従来，財務会計からアウトプットされる外部財務情報を通じて行われていた。その限りにおいては，財務会計には利害調整機能があるといえた」[135]ともしており，この部分の意味はよく分からないが，いずれにしても，ここでの一つの問題は，既述のように，会計を，計算する，と，知らせる，に分けて捉えた場合，利害調整は，意思決定支援と同様，知らせる，なのか，それとも，計算する，なのか，という点である。
　筆者とすれば，（利害調整機能 vs. 情報提供機能，といったように）利害調整と情報提供を同次元のものとして扱うことには違和感があるが，他方また，

134　広瀬『財務会計（第9版）』12頁。
135　同上，14頁。

利害調整を，計算する，と捉え，意思決定支援を，知らせる，と捉えることには意義を認める。

第17節　利害調整機能の後退と計算機能の後退

　利害調整のために，計算する，のは利益だが，この計算については次のようにもいわれる。

　　「現代経済社会において会計は，企業の利益を計算するという仕事を担っている。この仕事は，現在のところ，会計以外にうまくできる仕組みはない。利益の計算は会計の専売特許といえるであろう」[136]。

　ただし，「利益の計算は会計の専売特許」ということは，むろん，利益の計算は会計の重要課題，ということを必ずしも意味しないし，これまたむろん，従来は，会計の最重要課題は利益の計算，とされていたものが，昨今は利益の重要性が低下をみ，たとえば企業価値が利益に取って代わろうとしているともされる。
　この，利益の重要性の低下，という問題は会計の機能の問題でもある。
　最近は「利害調整機能が必ずしも会計に求められなくなった」[137]ともいわれる。
　この場合の，利害調整，は，第14節に示されたような，情報提供，と並べて挙げられるものであって，すなわち，ときに，利害調整機能 vs. 情報提供機能，といった形で示されるものである[138]。
　また，「今日，会計の基本機能というとき，資本市場（証券市場）への情報提供機能が最も重視されていることに疑いの余地はない」[139]などともいわれ，こ

136　田中『新財務諸表論（第2版）』25頁。
137　広瀬義州『IFRS財務会計入門』2010年，230頁。
138　たとえば，同上，9～10頁，をみよ。
139　松本敏史「今，もう一度会計の本質を考える」『會計』第177巻第5号，2010年，2頁。

の場合の，情報提供機能のようには重視されていない機能，は「配当計算や課税所得計算など，経営成果の分配や所得の再配分に適合する損益計算」[140]であって，要は，利害調整機能，ということである。

こうした，利害調整機能の後退，は，利益というものの重要性の低下，と結びつけて捉えられ，他方，「近年は企業価値が利益に取って代わり，企業価値評価が利益計算に取って代わり」[141]ともいわれるように，［利益 → 企業価値］の移行，すなわち［利益計算 → 企業価値評価］の移行をみることができる。

そしてまた，利害調整機能の後退，は，利益の重要性の低下，を通じて，計算機能の後退，を意味する，といった捉え方をすることもできる。

```
利害調整という目的的機能の後退
          |
     利益の重要性の低下
          ↓
  計算という操作的機能の後退
```

こうした計算機能の後退は［利益計算 → 企業価値評価］の移行と重なるが，この移行は［利益 → 企業価値］の移行であるとともに，［計算 → 評価］の移行でもある，ともいえるかもしれない。

ただし，一般には「企業価値評価」と呼ばれているものの[142]，そもそも「評価」とは，或るものの価値を決めること，だから，「企業価値評価」では，企業価値の価値を決めること，になってしまうため，「企業価値測定」と呼ぶほうが適当ではないか。

「測定」とは，広義には，事物に数を割り当てること，だが，もう少し限定的にいえば，測定の対象は，或るものの或る量，であって，すなわち，「測

---

140 同上，4頁。
141 友岡賛『会計学はこう考える』2009年，177頁。
142 「企業評価」という言い方もあるが，「企業評価」と呼ばれているものと「企業価値評価」と呼ばれているものは意味が少し違う。

定」とは，或るものの或る量に数を割り当てること，である。また，ここにいう，或るものの或る量，とはたとえば，椅子というものの高さという量，や，椅子というものの重さという量，などといったもので，企業価値測定の場合は，企業というものの価値という量，ということになる。なおまた，「量」とは，測って決められる属性，のことである。

というわけで，以上をまとめていえば，「企業価値測定」とは，企業というものの価値という属性に数を割り当てること，である。

さて，というわけで，［利益計算 → 企業価値測定］の移行は［利益 → 企業価値］の移行であるとともに，［計算 → 測定］の移行でもある，ともいえるかもしれない，ということになる。

もっとも，むろん，利益についても「利益測定」という言い方をする向きも決して少なくないが，ここではあえて，**利益は計算するものであって測定するものではない**，としておきたい。[143]

企業価値については，まず企業価値というものがあって，それに数を割り当ててその大きさが決められる，といったように捉えられようが，利益は，まず利益というものがあって，それに数を割り当ててその大きさが決められる，といったものではない。

利益があってそれが測定される，というのではなく，計算して得られたものが利益，というべきかもしれない。「計算」とは，数式にしたがって処理し，数値を導き出すこと，であって，そうした計算によってもたらされた数値が利益なのである。

第18節 利益の機能

以上は「会計の機能」という概念でもって利害調整や情報提供を捉えていたが，これを「利益が果たす役割」，つまり「利益の機能」という概念でもって[144]

---

143 他方また，「企業価値計算」という言い方をする向きもある。
144 伊藤『ゼミナール現代会計入門（第8版）』54頁。

第Ⅱ章　会計の目的・機能を考える

捉える向きもある。

　すなわち，この向きは「会計利益は何を表し，どのような機能を持っているのだろうか……の問いかけに対する2つの代表的な見解[145]」として利害調整機能と情報提供機能を挙げた上で，次のように述べている。

「利害調整機能は，会計の伝統的な役割のなかで与えられた機能である。……経営者は，株主に過大な配当金を分配することを快く思うだろうか。……答えは「ノー」である。……一般的に配当金を増額することを株主は歓迎するが，債権者はそれを快く思わないだろう。……会計利益は，利害関係者間の「利害の線引き」という重要な役割を果たしているのである[146]」。
「このような伝統的な利益の機能に対して，ここ数十年のあいだに急速に勢力を増してきている考え方が，情報提供機能である[147]」。
「会計利益に対して情報提供機能を期待する動きは1960年代中頃から急速に高まった……しかし，複雑化した今日の企業を，利益というわずか1行の数字によって映し出すことは到底不可能である。そのため，利害調整という役割が重視されていた時代に比べ，利益の地位は相対的に低下してきているともいわれる[148]」。

　ただし，この，利益の利害調整機能，と，利益の情報提供機能，は，ともに「利益の機能」とはいえ，前者は，利益を計算することの機能，で，後者は，利益を知らせることの機能，ではなかろうか。

145　同上，54〜55頁。
146　同上，55〜56頁。
147　同上，56頁。
148　同上，56頁。

> ○ 利益の利害調整機能
>   利益を計算することによって利害を調整する。
> ○ 利益の情報提供機能
>   利益を知らせることによって情報を提供する。

そしてまた，[利益の利害調整機能重視 → 利益の情報提供機能重視] の移行は [利益を計算することによる利害調整の重視 → 利益を知らせることによる情報提供の重視] として捉えられようが，ここでの「利益」は決して同じものではなく，いわば [利害調整用の利益を計算することによる利害調整の重視 → 情報提供用の利益を知らせることによる情報提供の重視] といったように捉えられる。

ただし，利益を知らせることによる情報提供，には，たとえその利益が情報提供用の利益であっても，限界があるため，結局は次のようになる。

> 利害調整用の利益を計算することによる利害調整の重視
> ↓
> 情報提供用の利益を知らせることによる情報提供の重視
> |
> 利益の情報提供機能の限界
> ↓
> 利益の重要性の低下

また，ここでの情報提供の意味については次のように述べられる。

「情報提供とは，投資などの意思決定にあたって役に立つデータを提供するということである。言い換えれば，企業の業績を評価するうえで有用な情報を提供することである」[149]。

---

[149] 同上，56頁。

第Ⅱ章　会計の目的・機能を考える

　単純に［企業の目的 ＝ 利益］とするならば，［企業の業績 ＝ 利益］として捉えられようし，［企業の価値 ＝ 利益］とも捉えられようが，既に引用したように，次のように述べられる。

　「しかし，複雑化した今日の企業を，利益というわずか1行の数字によって映し出すことは到底不可能である。そのため，利害調整という役割が重視されていた時代に比べ，利益の地位は相対的に低下してきているともいわれる」[150]。

　「複雑化した今日の企業」においては単純に［企業の目的 ＝ 利益］とすることはできず，したがって，［企業の業績 ＝ 利益］や［企業の価値 ＝ 利益］といった捉え方にも問題が生ずる，といったことであれば，まずは理解しえようが，ただし，この件は次のように続けられている。

　「しかし，複雑化した今日の企業を，利益というわずか1行の数字によって映し出すことは到底不可能である。そのため，利害調整という役割が重視されていた時代に比べ，利益の地位は相対的に低下してきているともいわれる。利益を補完するために，セグメント情報や金融商品の時価情報などの情報開示が進められているのもそのためである」[151]。

第19節　計算する，は操作的機能か

　本章では前に「会計という行為には二つの面があり，一つは，計算する，という面，もう一つは，知らせる（情報を提供する），という面である，といった捉え方」を示したが，他方，この，計算する，と，知らせる，については前

150　同上，56頁。
151　同上，56～57頁。

出の「操作的機能」という概念を用いる捉え方，すなわち，［計算する ― 知らせる］を会計のプロセスの構成要素（操作的機能）とする捉え方もありえよう。

そうした操作的機能は次のような，会計のプロセスについて述べた会計の定義，のなかにみることができる。

第Ⅰ章に紹介され，本章第1節に取り上げられた定義

会計とは，経済主体が営む経済活動およびこれに関連する経済事象を測定・報告する行為，である。―― 広瀬『財務会計』
［測定 ― 報告］

会計とは，情報を提供された者が適切な判断と意思決定ができるように，経済主体の経済活動を記録・測定して伝達する手続，である。―― 飯野『財務会計論』
［記録 ― 測定 ― 伝達］

会計とは，少なくとも一部には財務的な性質をもつ取引や事象を，意味のある方法で，また貨幣的な表現でもって，記録，分類，要約するとともに，その結果を解釈する技術，である。―― アメリカ会計士協会（1941年）
［記録 ― 分類 ― 要約 ― 解釈］

第1節に示された本書の定義

会計とは，経済主体における経済事象・経済状態を測定し，もって作成

された情報を伝達する行為，である。
［測定 ― 伝達］

　会計とは，経済主体における経済事象・経済状態を認識し，測定し，もって作成された情報を伝達する行為，である。
［認識 ― 測定 ― 伝達］

アメリカにおける公的な定義

　会計とは，少なくとも一部には財務的な性質をもつ取引や事象を，意味のある方法で，また貨幣的な表現でもって，記録，分類，要約するとともに，その結果を解釈する技術，である。――アメリカ会計士協会（1941年）
［記録 ― 分類 ― 要約 ― 解釈］

　会計とは，或る実体の管理と運営のために，そしてまた，受託責任やその他の責任を果たす上で提供すべき報告書の作成のために必要な情報（すなわち，少なくとも一部には財務的な性質をもつ取引や事象についての信頼性のある有意義な情報）を組織的に把握，承認，記録，分類，処理，要約，分析，解釈，供給することにかかわる知識体系と機能，である。――アメリカ公認会計士協会（1965年）
［把握 ― 承認 ― 記録 ― 分類 ― 処理 ― 要約 ― 分析 ― 解釈 ― 供給］

　会計とは，情報の利用者が十分な情報にもとづいた判断や意思決定をおこなうことができるように，経済的な情報を識別，測定，伝達するプロセス，である。――アメリカ会計学会（1966年）
［識別 ― 測定 ― 伝達］

さて，計算する，と，知らせる，はこのような，操作的機能，すなわち，会計のプロセスの構成要素，として捉えられるべきものなのだろうか。それとも，既述のように，会計の二つの面，とでもいったものなのだろうか。

　操作的機能は，前述のように，会計という行為の構造ないしプロセスを構成する機能，だが，敷衍すれば，「会計をおこなうことそれ自体によって果たされる機能」[152]，「すなわち，会計の構造ないしプロセスそれ自体につねに内在する機能のことであって，したがって，絶対的ないし普遍的な機能と性格づけることができるものである」[153]。そして，たとえば［認識 ― 測定 ― 伝達］と捉える場合には「その目的がなんであっても，会計がおこなわれるかぎり，そこでは，認識，測定，および伝達がおこなわれる，ということである」[154]。

　この「つねに」や「絶対的ないし普遍的」をどう捉えるべきだろうか。計算という行為は「絶対的ないし普遍的」なものだろうか。また，測定という行為はどうだろうか。

　既述のように，「会計は写像である」ともいわれる。写像とは，対象物を写し取って描き出すこと，だから，会計についていえば，企業における経済事象・経済状態を写し取って描き出すこと，である。こうした写像という行為において，対象物は「本体」と呼ばれ，また，写し取って描き出されたものは「写体」と呼ばれ，会計におけるそれは財務諸表に描き出される。測定はこうした写像行為において「つねに」「普遍的」におこなわれる。財務諸表に描き出すために，対象物に数を割り当てる。これが測定である。

　しかし，のちに本章の補遺に述べられるような捉え方によれば，**利益は写し取るものではなく，別言すれば，利益は写像行為の対象ではない**。また，前述のように，利益は計算するものであって測定するものではなく，したがって，計算は写像行為においておこなわれるものではない。利益の計算がおこなわれるかどうか，これは写像行為としての会計には関係がない。

---

[152] 友岡賛（編）『会計学の基礎』1998年，2頁。
[153] 同上，2頁。
[154] 同上，3頁。

第Ⅱ章　会計の目的・機能を考える

　他方，前述のように，「利益の計算は会計の専売特許」ともいわれる。しかし，むろん，論理的には［専売特許 ＝ 必要条件］というわけではなく，したがって，**利益の計算がおこなわれなければ会計ではない，というわけではない**。しかしまた，**専売特許をなくしたものに存在意義があるかどうかは別問題である**。

第20節　財務会計と管理会計と簿記

　［利益 → 企業価値］の移行はまた，簿記を不要とし，ひいては，会計を不要とする，といった次のような主張もみられる。

> 「新しい会計観によれば，会計が利害関係者に提供する情報の中身が当期純利益から包括利益に，時として企業価値へとシフトしてきた。もし会計の目的が企業価値を提供するのであれば，株価総額やフリー・キャッシュ・フローを基準にした計算構造のもとでは，もはや800年近くも会計の計算構造を支えてきた複式簿記は，不要になってしまう。なぜなら，企業価値計算には，必ずしも，継続的な記録が前提にされるわけではないからである。企業価値計算は，会計の枠組みを超えたいわばファイナンスの研究領域の問題である[155]」。

　［簿記（複式簿記）＝ 会計の要件］とすれば，簿記の要らない企業価値計算（測定）は会計ではない，ということになろうが，ただし，［簿記（複式簿記）＝ 会計の要件］には賛否があろうし，これを，否，とする場合には，簿記の要らない会計が残る，ということになろう。
　また，逆にいえば，（簿記の要らなくなった会計は依然として会計なのかどうか，という問題とは関係なく）要らなくなった簿記，は，簿記の本来の目的・機能に帰る，ということになるかもしれない。

155　渡邉泉「現代会計の落し穴」『会計史学会年報』第27号，2009年，2頁。

これまで長年にわたって簿記は会計（財務諸表の作成）に用いられてきたが，簿記の本来の目的・機能は財産の管理である。[156]

会計において要らなくなった簿記は財産の管理に戻る（特化する）。

ところで，これまで論じてきた，会計，は，むろん，財務会計，だが，ここで「会計」に代えて「財務会計」ないし「管理会計」を用いれば，「会計において要らなくなった簿記は財産の管理に戻る（特化する）」は，**財務会計において要らなくなった簿記は管理会計に戻る**（特化する），とも換言できよう。

ちなみに，或る管理会計の専門家は次のように述べている。

> 「会社の規模が小さいうちは，貸借対照表と損益計算書を見ていれば，会社の状態はだいたい見当がつきます。しかし，会社が巨大化し，複雑になると，簡単には実態をつかめなくなります。そこで，経営者が正しい経営判断をするための会計情報が必要になってきました。たとえば，20世紀初頭にGMやデュポンで考案された原価計算や事業制会計，経営分析などです」。[157]

> 「それから50年以上たち，ハイテク管理会計と呼ばれる活動基準原価計算，マテリアルフロー会計，スループット会計などが次々と登場しました。このような経営者のための会計（マネジメント・アカウンティング）を「管理会計」といいます」。[158]

しかしながら，このような，まずは財務会計，その後，管理会計，といった捉え方には疑問がある。資本と経営の分離がなければ財務会計はないが，管理会計はそうではないからである。

かつて資本と経営が一体だった頃，すなわち［資金提供者（財産の持ち主）

---

156 詳しくは以下をみよ。
友岡『会計の時代だ』23～26頁。
友岡『会計学はこう考える』67～69頁。
157 林『世界一わかりやすい会計の授業』20頁。
158 同上，20頁。

第Ⅱ章　会計の目的・機能を考える

　＝経営者（財産の管理者）］の場合にも，自分で自分の財産を管理するための管理会計，はあった。がしかし，財務会計はなかった[159]。

　これは，簿記（という，財産に関する記録）のそもそもの目的は，財務諸表の作成ではなく，財産の管理である，という叙上の理解にも繋がる。

　財務会計のない時代にも簿記や管理会計はあった，ということである。

　敷衍すれば，会計というものを複数の者を前提とした情報提供と捉える場合[160]には，次のような順序で登場することになる。

企業の規模	簿記・会計の登場
① ごく小規模な企業の段階	経営者が自分で自分の財産を管理するために自分でやる簿記
② 或る程度の規模の企業の段階	経営者が自分で自分の財産を管理するために従業員にやらせる管理会計
③ 資本と経営が分離した企業	経営者が他人の財産管理を受託するためにやる財務会計

159　もっとも，［資金提供者（財産の持ち主）＝経営者（財産の管理者）］の場合にも，経営者としての自分から出資者としての自分に情報提供（報告）する，といったように捉えれば，資本と経営が分離していない場合にも，財務会計は存在しうる。

160　すなわち，注記159のような捉え方はしない場合（自分でやるのは会計ではない，とする場合）。

補遺　本体と写体

第1節　会計は写像なのか

　既述のように,「会計は事業の言語である」とよくいわれ，こうした理解によれば，会計は企業における経済事象・経済状態を表現して人に伝える行為として捉えられ，その場合，会計において表現されたものは財務諸表にまとめられる，ということになるが，こうした会計における表現はまた,「写像」という概念でも捉えられる。すなわち，これも既述のように,「会計は写像である」ともよくいわれ，写像とは，対象物を写し取って描き出すこと，だから，会計についていえば，企業における経済事象・経済状態を写し取って描き出すこと，であって，写し取って描き出されたもの，すなわち写体は財務諸表に描き出される。

　すなわち，これは，企業における経済事象・経済状態を写し取って財務諸表に描き出す，ということで，たとえば，商品が売れた，とか，商品を売るために色々と掛かった，とかいった事象を，収益（売上）150万円，費用100万円，といったように写し取って財務諸表に描き出す，ということである。

　簡単にいえば，このような財務諸表には企業の経済状態が示され，すなわち，財務諸表は企業の経済状態について知るために用いられる，ということだが，財務諸表の利用者が知りたいのは，財務諸表に示されたもの，ではなく，実態，のはずである。「本体」・「写体」という概念を用いて敷衍すれば，［企業の実際の状態（実態）＝　本体］,［財務諸表に示された企業の状態　＝　写体］ということだから，写体を通じて本体を知る，すなわち，財務諸表に示された企業の状態を通じて企業の実態を知る，ということのはずである。

　ここでの［本体 ― 写像 → 写体］という写像行為は，実態を写し取って，財務諸表に描き出す，ということで，たとえば，商品が売れた，とか，商品を売るために色々と掛かった，とかいった実態を，収益150万円，費用100万円，

第Ⅱ章　会計の目的・機能を考える

といったように写し取って，財務諸表に描き出す，ということである。

　しかし，ここで留意すべきは，利益は違う，ということである。利益は写し取るものではない。利益は，写し取った収益，費用から，［収益150万円 － 費用100万円 ＝ 利益50万円］と導き出されるものなのである。

　要するに，**利益は実態のなかにはない**，利益には実態というものはない，ということである。

　実態とは，実際のありさま，実際の状態，のことだから，利益には，実際の利益，というものはない，ということである。実際の利益，というものがまずあって，それを写し取った，会計上の利益，がある，ということではなく，**利益は会計のなかにしかない**，利益には，会計上の利益，しかない，ということなのである。

　なお，既述のように，利益の計算は会計の専売特許，などともいわれるが，これは「現代経済社会において会計は，企業の利益を計算するという仕事を担っている。この仕事は，現在のところ，会計以外にうまくできる仕組みはない。利益の計算は会計の専売特許といえるであろう」[161]ということだから，意味が違う。

　ちなみにまた，これも既述のように，利益の計算は会計の専売特許，ということは，むろん，利益の計算は会計の重要課題，ということを必ずしも意味しないが，昨今は利益の重要性が低下をみ，たとえば企業価値が利益に取って代わろうとしているともされるなか，企業価値の計算も会計の専売特許なのだろうか，と問いたい。たとえば「投資ファンドやアナリストたちにとって，したがって彼らの予測を参考にする投資家とりわけ投機家にとって有用な情報は，過去1年間で獲得した配当可能実現利益よりも公正価値によって測定された未実現利益をも含めた包括利益や株価総額を基準にして求められる企業価値の方がより魅力的になってきたのである。……もし会計の目的が企業価値を提供するのであれば……もはや800年近くも会計の計算構造を支えてきた複式簿記は，

161　田中『新財務諸表論（第2版）』25頁。

不要になってしまう。……企業価値計算は，会計の枠組みを超えたいわばファイナンスの研究領域の問題である」ともいわれる。[162]

第2節　実態と利益額

　閑話休題。前述のように，財務諸表の利用者は写体を通じて本体を知る，すなわち，財務諸表に示された企業の状態を通じて企業の実態を知る，ということのはずだが，実態を知ってどうするのか，といえば，実態を知って，それにもとづいて行動を選択する，ということである。たとえば投資者であれば，財務諸表によって企業の実態を知って，それにもとづいて，その企業の株を買うか買わないか，の選択をする。

　たとえば財務諸表に多額の利益が示されている場合，たとえば投資者であれば，その企業の，うまくいっている，という実態を知って，それにもとづいて，その企業の株を買う，という選択をするし，また，財務諸表に示された利益が少ない場合には，うまくいっていない，という実態を知って，それにもとづいて，その企業の株を買わない，という選択をする。

　しかし，利益の多い少ない，は，うまくいっているかどうか，という実態だけで決まるものではない。

　商品がよく売れた（うまくいっている）という場合には，たとえば［収益300万円 － 費用200万円 ＝ 利益100万円］となり，これは，うまくいっている，という実態に応じて，利益は100万円もある，ということである。他方，商品があまり売れなかった（うまくいっていない）という場合には，たとえば［収益30万円 － 費用20万円 ＝ 利益10万円］となり，また，商品を売るために掛かり過ぎた（うまくいっていない）という場合には，たとえば［収益150万円 － 費用140万円 ＝ 利益10万円］となるが，このような場合には，うまくいっていない，という実態に応じて，利益は10万円しかない，ということに

162　渡邉「現代会計の落し穴」『会計史学会年報』第27号，2頁。

なる。

　以上は，実態が違うから利益も違う，という例だが，ここで留意すべきは，実態は同じでも利益は違う，ということがある，ということである。

　それは，実態は同じでも収益や費用の，写し取り方，が違えば，利益は違ってくる，ということで，実態は同じでも，たとえば費用の写し取り方が違えば，たとえば［収益150万円　−　費用110万円　＝　利益40万円］となったり，［収益150万円　−　費用90万円　＝　利益60万円］となったりするのである。

　そして，事実，会計には色々なやり方，色々な写し取り方があるのである。

第3節　会計と行動選択

　このように，実態は同じでも，写し取り方の違いによって，利益が40万円になったり60万円になったりする，というのであれば，実態を知るために財務諸表を読む人々はどうしたらよいのだろうか。

　もしかしたら，そもそも**財務諸表は実態を知るために読むものではない**のかもしれない。

　前述のような理解によれば，財務諸表の利用者は財務諸表によって企業の実態を知って，それにもとづいて行動を選択する，ということだったが，もしかしたら，実態が問題なのではない，実態にもとづいて行動を選択するのではない，のかもしれない。財務諸表に示された写体は，実態（本体）を写し取ったもの，として意味があるのではない，のかもしれない。それによって実態を知ることができる財務諸表に意味があるのではない，のかもしれない。財務諸表に示されたものこそに意味がある，財務諸表に示されたものそれ自体に意味がある，のかもしれない。

　これはつまり，財務諸表によって知った実態にもとづいて行動を選択する，のではなく，財務諸表それ自体にもとづいて行動を選択する，ということである。

　これについては，たとえば次のような例が挙げられる。

> 　或る費用の計算の仕方（写し取り方）について日本の会計ルールではＡ法というやり方をしていた。しかし，たとえばアメリカなどの諸外国の会計ルールではＢ法というやり方をしていた。国際化の進展などといった昨今の流れのなか，日本でもＢ法にしよう，ということになった。ただし，Ｂ法でやるほうがＡ法でやるよりも費用の額は大きくなる。

　この場合，企業は大慌てである。実態は何も変わらなくても，［Ａ法 → Ｂ法］という会計ルールの変更によって費用が増え，したがって，利益が減ってしまうからである。
　利益が減るのは，経営がうまくいっていないからではない，のに，企業は大慌てである。この会計ルールの変更は新聞などで報道され，投資者などにも知られているはずなのに，企業は大慌てである。投資者は，財務諸表によって知った実態にもとづいて行動を選択する，のではなく，財務諸表それ自体にもとづいて行動を選択する，かもしれない，からである。
　つまり，投資者は，実態は何も変わらなくても，財務諸表に示される利益が減った，ということにもとづいて，株を買わない，という行動を選択する，かもしれない，からである。会計で知る実態によって行動するのではなく，会計それ自体によって行動する，かもしれない，ということである。

第４節　時価会計の凍結は会計軽視なのか

　似たような話が近年，時価会計についてあった。
　リーマン・ブラザーズの破綻に端を発した金融市場の混乱が続く2008年10月，米欧，そして日本では企業が保有する金融商品を時価評価する時価会計基準の適用を部分的に凍結する方針が示された。アメリカでは金融安定化法が証券取引委員会に時価会計凍結の権限を与え，ＥＵは時価会計の対象外となるものの範囲を拡大するという方針を決め，日本でも，同月15日に金融界のトップと財

第Ⅱ章　会計の目的・機能を考える

務・金融担当大臣の会談において全国地方銀行協会の会長らが時価会計停止の検討を要請したことを切っ掛けに，企業会計基準委員会が時価会計の部分的凍結のための会計基準の見直しに着手したと報じられた。[163]

　これについては，むろん，「銀行業界はおおむね歓迎」とされ[164]，たとえば某紙の社説も「時と場合によっては，理外の理で，独自の政治判断での時価会計の一時停止もあり得る[165]」として肯定的だったが，他方，日本公認会計士協会の会長は「「金融商品の時価会計を凍結することには賛同できない」と述べ……「会計基準は経済の実態を表す物差し。基準の変更で（会計上の）自己資本比率を変えるのは本末転倒」と指摘し[166]」，また，某紙に識者のコメントを求められた会計学の某教授は「政治による緊急避難策は容認しないといけないかもしれないが，会計に携わる者としては不快感がある。結局，会計の議論はいつも最後にスケープゴートにされる[167]」としていた。

　なお金融市場の混乱が続くなか，翌2009年４月２日，アメリカの財務会計基準審議会は時価会計基準の緩和に踏み切った。金融機関や議会からの要求を受けて採られたこの措置は金融機関が保有する金融商品を対象とし，その評価について企業に裁量を認めることによって，不良資産の評価損を減らそうというものだった。こうした措置については，むろん，企業の実態が分からなくなる，といった批判の声が聞かれたが，まずは，時価会計が金融危機を増幅している，と考える議会等の圧力に屈してのことだった。連邦準備制度理事会（FRB：Board of Governors of the Federal Reserve System；Federal Reserve Board）の議長B. S. バーナンキは「時価会計の運用基準の緩和について「FRBは支持する」と述べ……財務会計基準審議会……の決定を歓迎する意向を示した[168]」。

163　たとえば，『日本経済新聞』第44089号，2008年，１面，をみよ。
164　『日本経済新聞』第44090号，2008年，４面。
165　『日本経済新聞』第44099号，2008年，２面。
166　『日本経済新聞』第44096号，2008年，７面。
167　『日本経済新聞』第44090号，４面。
168　『日本経済新聞』第44264号，2009年，夕刊２面。

不良資産を減らし，損失を減らすためにルールを変えてしまう，というこうしたゆき方は，まずは会計の専門家には，とんでもないこと，嘆かわしいこと，として受け止められた。すなわち，不良資産が増え，損失が増えると都合が悪い，ということから，会計のルールを変えてしまう，というゆき方は，会計というものが軽んぜられている，軽視されている，ということを意味し，したがって，嘆かわしい，ということである。

　前述のように，某教授いわく，「会計に携わる者としては不快感がある。結局，会計の議論はいつも最後にスケープゴートにされる」。

　しかし，これは会計軽視なのだろうか。むしろ，会計が重視されている，ということの証左ではないだろうか。

　筆者も一応は「会計に携わる者」だが，そうした筆者が抱いたのは決して「不快感」ではなかったし，「スケープゴートにされる」といった思いでもなかった。筆者が抱いた思いは，むしろ，**会計というものは意外と重視されている**，というものだった。

　このようなルールの変更がなされた場合，企業は少し息をつくことができる。実態は何も変わらなくても，資産の評価方法を［時価評価 → 原価評価］と変えることによって，赤字が減ったり，赤字が黒字になったりするからである。

　赤字が減ったり，赤字が黒字になったりするのは，状況が好転したからではない，のに，企業は少し息をつくことができる。こうした時価会計基準の緩和は投資者などにも知られているはずなのに，企業は少し息をつくことができる。投資者は，財務諸表によって知った実態にもとづいて行動を選択する，のではなく，財務諸表それ自体にもとづいて行動を選択する，かもしれない，からである。

　つまり，投資者は，実態は何も変わらなくても，そして，実態は何も変わらないことを知っていても，赤字が黒字になった，ということにもとづいて，株を買う，という行動を選択する，かもしれない，からである。人々は会計で知る実態によって行動するのではなく，会計それ自体によって行動する，かもしれない，ということである。

第Ⅱ章　会計の目的・機能を考える

　叙上のような時価会計基準の緩和は，人々は会計それ自体によって行動する，という理解にもとづくものであって，この理解はまた，会計はそれ自体が人々の行動を左右する，と捉えているという意味において会計を重視しているものにほかならない。

第5節　会計と行動選択（その2）

　これまで述べてきたことは，会計は写像のはずだが，しかし，実際には，会計は写像として意味をもっているのではないかもしれない，ということだった。

　敷衍すれば，会計は写像行為，すなわち，企業における経済事象・経済状態を写し取って描き出す行為，であって，人々は写体を通じて本体を知る，すなわち，財務諸表に示された企業の状態を通じて企業の実態を知る，という筋合いにあるはずだが，しかし，どうやら，会計は写像として意味をもつのではなく，財務諸表に示された企業の状態は写体として意味をもつのではないのかもしれない，ということだった。

　財務諸表に示された企業の状態は，写体としてではなく，それ自体として人々の行動選択を左右する。

　また，写像たる会計はその意味において事後的なもののはずだが，しかし，実際には，そうでもないのかもしれない。

　敷衍すれば，まずは経済事象があってそれを写像する，という意味において会計は事後的なもののはずだが，しかし，実際には，会計（写像）が事象に影響を及ぼし，行動選択を左右する。

　「会計処理が経済活動の妨げになってはいけない」とも，「会計が取引を規制してはいけない」[169]ともいわれるが，たとえば「戦後日本における株式所有は，法人中心の株式所有と株式の相互持ち合いによって特徴づけられるが，バブル

169　白石伸一『ドキュメント　会計監査12か月　PART 1（改訂増補版）』2009年，170頁。
170　同上，234頁。

崩壊以降，大きく様変わりした。……金融機関の中でもとりわけ減少が激しいのが都銀・地銀等であり，この間に10％以上の下落を示している……。これは，バブル崩壊後の不良債権処理や時価会計の導入への対応のために，所有株式を売却したことによる[171]」。

　さらにまた，前述のように，会計（という写像）には色々なやり方（色々な写し取り方）があって，会計のやり方を変えることによって利益額をはじめとする財務諸表の数値（写体）を変えることができるが，そのように写体（財務諸表の数値）を変えるために写像（会計）のやり方を変えるのではなく，写体（財務諸表の数値）を変えるために本体（企業の実態）を変えるということもある。

　たとえば日産自動車の2000年度におけるＶ字回復についてはいくつかの捉え方があるが[172]，もしかしたら，写体をＶ字にするために実態を変えた（前年度にリストラをした），と捉えることもできるかもしれない。

第6節　短期と長期

　これまで述べてきたようなこと，すなわち，人々は会計で知る実態によって行動しているのではなく，会計それ自体によって行動している，のかもしれない，ということはただし，もしかしたら，まずは短期的な行動選択の場合に妥当することかもしれず，他方，長期的な行動選択の場合には，やはり，財務諸表に示されたものは，あくまでも写体として，本体を知るために用いられているのかもしれない。

　長期的投資をもって成功を収めた知名の投資家W. バフェットいわく，「あなたは会計を理解するだけでなく，会計の行間に潜む機微を理解する必要がある。会計はビジネスの共通言語だ。言語として完全とは言いがたいものの，会計を

171 　細川孝，桜井徹（編著）『現代社会を読む経営学④　転換期の株式会社』2009年，6〜7頁。

172 　友岡賛『なぜ「会計」本が売れているのか？』2007年，116〜119頁。

学ぶ努力をしないかぎり，そして財務諸表を読んで理解する努力をしないかぎり，自分で株の銘柄を選択することなど夢のまた夢である」[173]。

「秀でた永続的競争優位性を持つ会社を発掘したいとき，ウォーレン［バフェット］は財務諸表を徹底的に調べる。いつまでもお粗末な業績を出しつづける凡庸な会社なのか，それとも，永続的競争優位性で自分を超リッチにしてくれる優良企業なのか……。この点を見きわめたいなら，財務諸表に聞いてみるしかないのだ」[174]。

たとえば「企業内で構築された無形資産を，貸借対照表に記載することは許されていない」[175]という状況下，「優良企業の永続的競争優位性は，企業名と密接に結びついているが，最大の資産とも言うべきブランド名の価値は，貸借対照表から読みとることはでき」[176]ず，「株主の財産を増やしてくれる永続的競争優位性の力が，長いあいだ投資家たちの目にとまらなかった理由のひとつは，この無形資産の評価にある。10年分の損益計算書を子細に比較してみなければ，永続的競争優位性の存在を探り当てたり，自分を超リッチにしてくれる潜在性を確認したりすることはむずかしい。ウォーレンはそうした努力を怠らなかった。だからこそ，〈コカ・コーラ〉のような世界のだれもが認める優良企業にたいして，ウォーレンは高い投資比率を保ってこられたのだ」[177]。

また，次のような指摘もある。

「会社の状況を正確に判断するために100の情報が必要だとしたら，決算書から読みとれる情報はおそらく40にも満たないでしょう。さらに，私たちが会社の業績を判断するうえでの切り札と思っている「利益」概念が，実

173　メアリー・バフェット，デビッド・クラーク／峯村利哉（訳）『史上最強の投資家バフェットの財務諸表を読む力——大不況でも投資で勝ち抜く58のルール』2009年，14頁。
174　同上，34頁。
175　同上，116〜117頁。すなわち，自己創設暖簾（ブランド）を貸借対照表に記載することは認められていない。
176　同上，117頁。
177　同上，117〜118頁。

はくせ者なのです」[178]。

「世界的に有名な投資家であるウォーレン・バフェットは，会社の内容を知りたいときは証券アナリストには聞かないそうです。なぜなら，彼らは利益を問題にするからだというのです。利益で会社の業績がわかると思っていると火傷を負うことになる。投資の神様はそういっているのです」[179]。

---

178 林『世界一わかりやすい会計の授業』91頁。
179 同上，91頁。

第Ⅲ章
会計の前提を考える

第1節　会計公準

　公準（postulate）というものは，難しくいえば，自明ではなく，また，証明は不可能だが，或る理論体系を演繹展開するための基礎として承認されている，あるいは承認を必要とする根本命題，などとして説明されようが，簡単にいってしまえば，基本的な前提のことである。したがって，会計の基本的な前提のことを「会計公準」という。

　会計の基本的な前提にはどのようなものがあるか，ということについては色々な立場から色々な理解ができようが，今日一般に会計公準とされているものには次の三つがある。

> 企業実体の公準
> 貨幣的測定の公準
> 継続企業の公準

　企業実体（business entity）の公準は，会計においては企業というものをその所有者とは切り離して考える，というものである（企業の所有者はだれか，企業はだれのものか，という問題は後述される）。

　この公準は企業を一つの実体として捉える。すなわち，所有者とは切り離されたもの，としての企業そのものの存在が前提される。そして，このように所

有者とは別箇の存在としての企業そのものの存在を前提する会計にあってはしたがって，たとえば財務諸表に記載される財産は企業そのものの財産だけであって，所有者の個人的な財産などは記載されないこととなる。

このような企業実体の公準はいわば会計の**範囲を限定する前提**として捉えられよう。

貨幣的測定（monetary measurement）の公準は，会計における測定は貨幣数値をもっておこなわれる，というものである。すなわち，たとえば第Ⅱ章の冒頭の「会計は経済主体における経済事象・経済状態を表現して人に伝える行為である」という言い方にしたがっていえば，会計の表現手段としては貨幣数値が用いられる，とするものである。

会計においては（測定，というからには）数的な表現がおこなわれるが，ものにはそれぞれ固有の表現方法（数え方）があるため，統一的な尺度として貨幣数値が用いられる。すなわち，この前提が設けられている理由は，企業の財産には色々なものがあって，それらを統一的に表現することのできる共通尺度が貨幣数値，ということである。貨幣数値を用いることによって企業の多様な財産について加算，減算などをすることができることとなる。

これも第Ⅱ章の冒頭の「会計には会計固有の言葉がある」という言い方にしたがっていえば，このような貨幣的測定の公準は会計における言葉の**語彙**(ボキャブラリー)**を限定する前提**として捉えられようし，また，この前提において会計情報は次のように捉えられることとなる。

```
情報 ┬ 定性的な情報（非数量情報）
     └ 定量的な情報（数量情報）┬ 非貨幣数値情報
                              └ 貨幣数値情報 ── 会計情報
```

なお，ときに「会計（情報）の拡大」などと称して，非貨幣数値情報，さらには非数量情報をも会計情報に含めようとする主張もみられるが，こうした主

張は，その是非はさておき，「会計」という概念自体を不要とすることにも繋がりかねない。

継続企業（going concern）の公準は，会計においては継続的な存在としての企業を念頭に置く，というものである。また，「会計期間の公準」とも呼ばれ，会計は期間ごとにおこなわれる，というものでもある。

ここにいう継続企業（ゴーイング・コンサーン）とは，逐語的にいえば，継続的な企業，継続性をもった企業，のことだが，もう少し具体的にいえば，終了というものが予定されていない企業，のことである。終了がない企業，という言い方は適当ではない。実際に終了があるかどうかは不明ながら，たとえば，○○年3月末日まで，とか，この事業プロジェクトが完了するまで，とかいったように予定されているわけではない，ということである。

今日の会計はこうした継続企業を念頭に置いておこなわれている。別言すれば，今日の会計は企業の終了を予定していない。もしもそうでなければ，（予定されている）終了を待って，企業のいわば全生涯について会計をおこなう（たとえば全生涯における成果，全生涯における利益を把握する）ということもできるが，終了が予定されていなければ，（予定されていない）終了を待つことはできず，したがって，企業の営みの流れを時間的に区切ること，すなわち期間を定めることが必要となる。期間を定め，期間について会計をおこなう（たとえば期間における成果，期間における利益を把握する）ということである。この期間のことを「会計期間」といい，したがって，この公準は「会計期間の公準」とも呼ばれるのである。

このような継続企業の公準は会計を**時間的に限定する前提**として捉えられよう。

第2節　近代会計と会計公準

第1節では三つの公準が説明されたが，これらのうち，継続企業の公準，すなわち会計期間の公準は，これこそが近代会計の直接的な前提，などともいわ

れる。期間を定め，期間について会計をおこなう，ということはけだし，これが近代会計，すなわち今日の会計の最大の特徴として捉えられるのである。

　第1節では「今日の会計はこうした継続企業を前提しておこなわれている。別言すれば，今日の会計は企業の終了を予定していない」と述べられたが，これは，かつての会計はそうではなかった，ということを意味している。

　今日の企業は一般に継続企業としておこなわれているが，かつての企業はそうではなかった。すなわち，終了が予定されていた。そうした企業は「当座企業」と呼ばれる。この，当座，は，その場限りの，という意味であって，したがって，その場限りの企業，ということである（そうした，当座企業，にあっては，終了を待って，全生涯における利益を把握する，ということができた）。そうした［当座企業 → 継続企業］の移行は会計史上，画期的な出来事，すなわち期間利益計算の成立をもたらす。

　また，近代会計，すなわち今日の会計の大きな特徴としてはもう一つ，発生主義，というものを挙げることができる（ただし，これは，最大の特徴，ではない。叙上のような，期間についておこなう，ということがあってこそ，この発生主義はある）。この発生主義は，現金主義，というものと対比されるものであって，［現金主義 → 発生主義］の移行（発生主義の成立）はこれも会計の歴史において（期間利益計算の成立の次に）画期的な出来事として捉えられ，この移行はこれをまずは，信用経済の発達および固定資産の増加がもたらす。

　継続企業が期間をもたらし，期間（利益計算）が発生主義をもたらし，近代会計は期間利益計算と発生主義をもって規定される[180]。

180　詳しくは以下をみよ。
　　友岡賛『歴史にふれる会計学』1996年，第1章，第3章，第5章。
　　友岡『会計の時代だ』第1章，第3章，第5章。
　　友岡『会計学はこう考える』第3章。

第3節　要請的公準

　既述のように，会計公準，すなわち会計の基本的な前提にはどのようなものがあるか，ということについては色々な立場から色々な理解ができ，そうした会計公準には，第2節に述べられたような類いのもののほか，会計の役割にかかわるものもある。これは会計に対する要請，すなわち会計の担うべき役割についての要請，別言すれば，会計の果たすべき目的を示すものであって，したがって，「要請的公準」ないし「目的的公準」などと称されるが，他方，会計の基本理念を示すものとして捉えることもできようし，また，この種の公準は企業のあり方や企業の営みの意義などに関する前提から演繹的にもたらされる規範的な性格のものといえよう。

　敷衍すれば，第2節に述べられたような類いの公準は**おこなわれている会計から帰納的にもたらされる前提**であって，したがって，その命題は「会計は企業を一つの実体と捉えておこなわれている」とか，「会計は貨幣数値による測定をもっておこなわれている」とか，「（今日の）会計は継続企業を念頭に置いておこなわれている」といったものになるのに対し，この要請的公準は**或る一定の企業観から演繹される前提**であって，その命題は「会計は……しておこなわれるべきである」といったものになる，ということである。

　そうした要請的公準の代表的な具体例としては次の二つが挙げられる。

> 公正性の公準
> 有用性の公準

　すなわち，この要請的公準は会計の基本理念を示すものであって，公正性（fairness）の公準の命題は「会計は公正性を基本理念としておこなわれるべきである」，また，有用性（usefulness）の公準の命題は「会計は有用性を基本理念としておこなわれるべきである」といったものになり，また，これらは

択一的な関係にある。基本理念とは，物事のあるべき状態についての根本の考え，のことだから，ここにいうそれは，会計はかくあるべし，という根本の考えであって，つまり，会計（情報）は公正なものであるべき，とするか，会計（情報）は有用なものであるべき，とするかの問題というわけである。

　敷衍すれば，第2節に述べられたような類いの公準の場合は「会計は企業を一つの実体と捉え，貨幣数値による測定をもって，継続企業を念頭に置いておこなわれている」といったように一つの命題に並存することもできようが，要請的公準の場合は，会計の基本理念として公正性を採るか，それとも有用性を採るか，といった公正性 vs. 有用性の関係にあるということで，それは，前述のように，この公準が企業のあり方や企業の営みの意義などに関する前提，別言すれば，或る一定の企業観にもとづくものだからである。すなわち，こういう企業観を前提とすれば公正性こそが会計の基本理念とされ，また，ああいう企業観を前提とすれば有用性こそが会計の基本理念とされる，といったことである。

　なお，このような公正性 vs. 有用性の問題は第Ⅰ章に述べられた利害調整のための会計（エクイティ・アカウンティング）と意思決定のための会計（オペレーショナル・アカウンティング）という分類や制度会計と情報会計という分類，あるいは第Ⅱ章に述べられた会計の目的的機能などと重ね合わせて捉えられるものといえよう。すなわち，会計においてたとえば利害調整機能を重視した場合，会計において提供される情報には公正性が求められようが，他方，意思決定支援機能を重視した場合に会計情報に求められるのは有用性ということになり，つまり，公正性と有用性の選択は会計の目的の優先順位，利害調整と意思決定支援のどちらを優先するかの選択にもとづいておこなわれるということである。

第4節　会計主体

　会計（企業会計）の対象は企業における経済事象・経済状態である。したがって，企業というものをどうみるか，という問題，すなわちいわゆる企業観の問題はこれも，会計の前提，の問題である。

　この企業観の問題はたとえば経営学など，さまざまな学問領域において論じられるが，これを会計学において扱う場合，これを論ずることを「会計主体論」といい，また，この会計主体論は，会計という行為においてなされる判断（たとえば，どのように認識，測定，伝達するか，といった判断）の最終的なよりどころ，について云々することとして捉えられる。

　ただし，この「会計主体」はこれを逐語的に解すれば，会計をおこなう者，とされようが，ここで云々されるのは，会計はだれによっておこなわれるのか，ということではなくして，会計はどのような（だれの）観点からおこなわれるのか，ということである。

　そしてまた，この，会計はどのような（だれの）観点からおこなわれるのか，は，会計の目的をどうみるか，という，**会計の目的観**，の問題に直結する。

　もっとも，会計の目的については既にいくつかのものが挙げられてきているが，ここでの，会計の目的をどうみるか，は既述の利害調整や意思決定支援という目的に前提されていた企業の多様な利害関係者の存在，これをどうみるか，という問題，すなわち，**株主をはじめとするさまざまな利害関係者をどのように位置づけるか**，という問題である。

　敷衍すれば，会計主体の問題は，会計をおこなう際のさまざまな判断，その最終的なよりどころを何に求めるか，ということだが，この問題は結局のところ，企業というものをどうみるか，という企業観の問題に帰着する。すなわち，会計上の判断は，会計がその経済事象・経済状態を対象とする企業，これをどのようなものとして捉えるか，によって最終的には規定される，ということであって，また，会計上の判断は会計の目的観に規定され，結局のところ，企業観が会計の目的観をもたらし，会計の目的観があって会計上の判断がある，と

いう筋合い，すなわち［企業観 → 会計の目的観 → 会計上の判断］といった関係にある。

　また，ここで出発点に位置する企業観の問題はまずは，企業はだれのものか（ないし企業はだれかのものか），の問題として扱われ，したがって，企業の多様な利害関係者の存在をどうみるか，株主をはじめとするさまざまな利害関係者をどのように位置づけるか，という問題に直結する。

　一方，ここにおいては本章の冒頭で述べられた企業実体の公準，すなわち企業を一つの実体として捉えるという前提がまずは承認されていなければならない。すなわち，所有者とは切り離されたもの，としての企業そのものの存在，所有者とは別箇の存在としての企業そのものの存在がまずは認められていなければならない。そして，企業を一つの実体として捉えるということが前提された上でもって，そのように捉えられた企業をどのように性格づけるか，の論こそが会計主体論である。また，ここでの性格づけ方が企業実体の公準の意味内容を決める，ともいえよう。

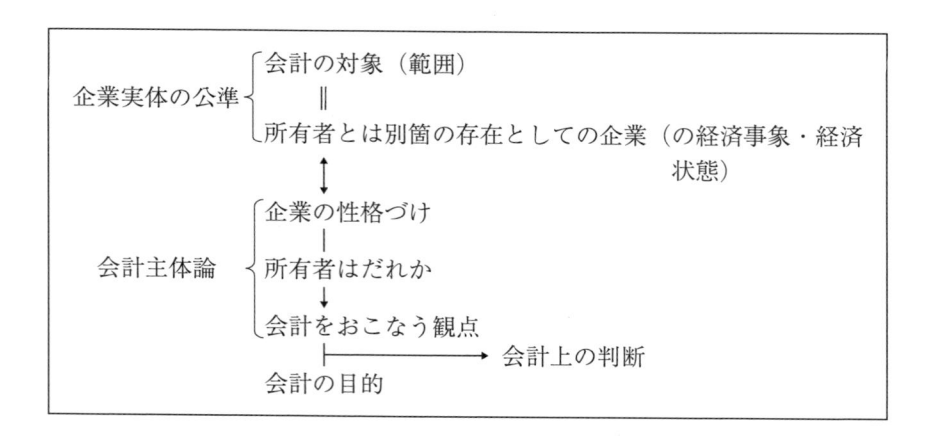

```
企業実体の公準 ┌ 会計の対象（範囲）
              │ ‖
              └ 所有者とは別箇の存在としての企業（の経済事象・経済
                                              状態）
                ↕
会計主体論    ┌ 企業の性格づけ
              │ │
              │ 所有者はだれか
              │ │
              └ 会計をおこなう観点
                └──────→ 会計上の判断
                会計の目的
```

第5節　会計主体論の諸説

　会計主体論においては色々な立場から色々な説が示されてきているが，代表的なものとしては次の四つを挙げることができる．

> 資本主説
> 代理人説
> 企業主体説
> 企業体説

　資本主とは企業の出資者，株式会社においていえば株主のことであって，資本主説（proprietorship theory）は会計をおこなう際のさまざまの判断，その最終的なよりどころをこの資本主の観点に求めようとするものである．

　このような説における企業観は，資本主の所有物としての企業，すなわち，企業は資本主のもの，というそれである（ただし，後出の企業体説との対比においては，企業は資本主だけのもの，としたほうが適当である）．したがって，たとえば，企業の財産は資本主の財産，企業の借金は資本主の借金，といったように捉えられ，企業の利益はそのままただちに，イコール資本主の利益，として捉えられる．

　代理人説（agency theory）はこれも，企業は資本主のもの（ただし，これも後出の企業体論との対比においては，企業は資本主だけのもの）とし，したがって，資本主説の一種ないし系譜に属するものとして捉えられる．

　敷衍すれば，企業は資本主のもの，とするこの説はその上，今日において最も一般的な企業形態であって，また，近代的な企業形態，として捉えることのできる株式会社というものの特徴に意を払い，株式会社という近代的な企業形態，その近代性の根幹に着目するという意味において，近代的な資本主説として捉えることができる．

　株式会社の近代性の根幹とは，資本と経営の分離，すなわち資本主と経営者

が同一の者ではないということであって，この特徴に着目する代理人説は経営者を，資本主の代理人，として捉える（なお，代理人とは，本人に代わってことをおこなう者，のことである）。[181]

　すなわち，あくまでも企業（株式会社）は資本主（株主）のものながら，資本主本人がこれを経営しているわけではないということである。資本主本人（企業の所有者本人）とは別に，本人に代わって経営をおこなう者，すなわち資本主の代理人としての経営者が存するということである。

　また，ここにいう「経営」はこれを「財産の管理行為」と換言することができ（管理行為は保存行為と運用行為からなる），この言い方をもって敷衍すれば，資本主は自己の所有する財産の管理を（自分でおこなわずに）経営者に委託し，これを受託した経営者は財産の所有者本人に代わって財産の管理をおこなう。代理人論はこうした委託・受託の関係，本人と代理人の関係にとりわけ着目し，代理人たる経営者のおこなうものとして会計という行為を捉えようとするのである。

　ちなみに，なお，この場合にも，資本主の代理人たる経営者は資本主の意のままに行動する（専ら資本主のために行動する），というかなり非現実的な捉え方と，経営者は資本主の代理人ではあっても，結局は自己のために行動する，という捉え方がありうる。

　企業主体説（entity theory）は会計をおこなう際のさまざまな判断，その最

181　ただし，**資本と経営の分離というものは何も株式会社に固有のものではないし，株式会社に必然でもない**。すなわち，資本と経営の分離は株式会社という形態においてだけみられるものではなく，また，株式会社という形態においてであれば必ずみられるものでもないが，株式会社という形態の利用目的からすれば，そこには資本と経営の分離が予定されている，ということにはなる。

　敷衍すれば，この形態が利用されるべき状況は，事業規模の拡大が要調達資本（用意しなければならない事業の元手）の増大をもたらし，事業をおこなおうとする者にとっては自分の財産を元手とするだけでは足りなくなり，そこで，株式会社という形態を利用しよう，ということになる，という状況である。つまり，この形態を用いることによって，多数の人に出してもらって，多額の資金を集めよう，という株式会社の利用目的からすれば，そこには，経営者（事業をおこなおうとする者）と出資者は別，ということが予定されているのである。

終的なよりどころを企業それ自体の観点に求めようとするものである。

　この説における企業観は企業それ自体の独自性を強調するものであって、すなわち、企業を資本主の所有物とは捉えない。そうした意味において、前出の資本主説や代理人説とは対照的なものとして位置づけられる。

　企業は資本主のものではない、とするこの説はそれだけでなくまた、企業はだれのものでもない、あるいは（あえていえば）、企業は企業それ自体のもの、とする。

　企業はそれ自体、独立の存在であって、したがって、たとえば、企業の財産はあくまでも企業の財産、企業の借金はあくまでも企業の借金、といったように捉えられる。企業の利益はあくまでも企業それ自体の利益であって、そのままただちに、イコール資本主の利益、とはならない。ここにおける資本主は企業の所有者という特別の存在ではなく、その他の利害関係者、特に債権者とは同格の存在とみなされる。すなわち、資本主から提供された資金と債権者（たとえば銀行など）から融通された資金が同様の性格のものとして捉えられるのである。

　企業体説（enterprise theory）は叙上の企業主体説と同様、前出の資本主説や代理人説とは対照的なものとして位置づけられる。

　ただし、この説における企業観は、企業は資本主のものではない、といったものではなくして、企業は資本主だけのものではない、といったものである。

　したがってまた、既述のように、資本主説や代理人説の企業観はこの企業体説の企業観との対比においては、企業は資本主だけのもの、と言い換えたほうが適当ということになる。

　別言すれば、企業はさまざまな利害関係者のもの、さらに別言すれば、企業はみんなのもの、といった企業観をもつ企業体説は会計をおこなう際のさまざまな判断、その最終的なよりどころを企業のさまざまな利害関係者の観点に求めようとするものである。

　すなわち、ここにおける企業観は企業の社会性を重視するものであって、資本主、経営者、債権者、従業員等々を同列に企業への参加者として捉えるもの

である。したがって，ここにおいては，たとえば，企業の利益はさまざまな利害関係者のもの，といったように捉えられる。

概念図的にいえば，企業それ自体の独自性を強調する前出の企業主体説が（資本主をも含む）もろもろの利害関係者を，企業の外側，に位置づけているのに対し，この企業体説は（資本主だけではない）さまざまな利害関係者を，企業の内側，に位置づけているのである。

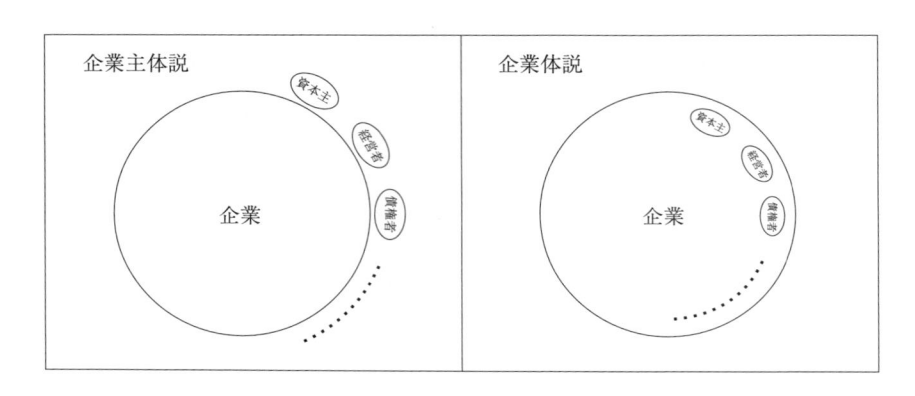

企業主体説	企業体説
企業（資本主・経営者・債権者…が外側に配置）	企業（資本主・経営者・債権者…が内側に配置）

以上をまとめてみれば，次のようになる。

資本主説・代理人説
　　企業は資本主のものである。
　　企業は資本主だけのものである。
企業主体説
　　企業は資本主のものではない。
　　企業は資本主のものではなく，また，だれのものでもない。
　　（あえていえば）企業は企業それ自体のものである。
企業体説
　　企業は資本主だけのものではない。
　　企業は資本主だけのものではなく，さまざまな利害関係者のものである。

もう一度いえば，企業体説や企業主体説における企業観は，企業は資本主（ないし資本主だけ）のものではない，というものであって，企業は資本主（だけ）のものである，とする資本主説や代理人説における企業観とは明確に対峙するものである。すなわち，ここにおける異同は，**資本主を特別視するかどうか**，という点である。また，資本主説や代理人説においては，企業の利益は資本主の利益，企業主体説においては，企業の利益は企業それ自体の利益，企業体説においては，企業の利益はさまざまな利害関係者の利益，として捉えられる。

第6節　企業観と会計上の判断

叙上のような会計主体論における企業観が会計上の判断を左右する具体例としては，さまざまな利害関係者に対する種々の支払いをそれぞれどのような性格のものとして捉えるか，の判断を挙げることができる。

敷衍すれば，これは，たとえば株主に支払われる配当，経営者に支払われる報酬，銀行等の債権者に支払われる利息，従業員に支払われる給与などをそれぞれどう捉えるか，すなわち，[収益 － 費用 ＝ 利益] という算式において＝（イコール）の左側に位置づけるか，それとも右側に位置づけるか，の判断のことで，各説における捉え方は次のようにまとめられる。

	費用として捉えられるもの	利益の分配として捉えられるもの
資本主説・代理人説	経営者に対する報酬，債権者に対する利息，従業員に対する給与	株主に対する配当
企業主体説	株主に対する配当，経営者に対する報酬，債権者に対する利息，従業員に対する給与	
企業体説		株主に対する配当，経営者に対する報酬，債権者に対する利息，従業員に対する給与

資本主説や代理人説においては株主に対する配当だけが利益の分配として捉えられ，企業主体説においては利益の分配として捉えられるものは一つもなく，企業体説においてはすべてが利益の分配として捉えられる[182]。

　また，もう一つの具体例としては，資本というものの捉え方，すなわち，何をもって資本とするか，の判断を挙げることができる。

　「財務会計の相手」と題する第Ⅰ章第7節でも言及されたように，これは要するに，だれから提供された資金を資本とするか，の問題であって，資本主説や代理人説の場合，すなわち資本主の観点をよりどころとする場合には，株主によって提供された資金だけが資本と捉えられることになるが，他方，企業それ自体の観点をよりどころとする企業主体説の場合には，（前述のように，資本主から提供された資金と債権者から融通された資金が同様の性格のものとして捉えられ，すなわち）株主によって提供された資金と債権者によって融通された資金はともに資本と捉えられ[183]，したがって，前述のように，株主は債権者と同格の存在とみなされることになる。

　とはいえ，如上の説明は，資本とは何か，資本をどう捉えるか，には言及していないようにも思われるし，また，たとえば「資本主の観点をよりどころと

---

[182] なお，既述のように，企業体説においては企業の社会性というものが重視されているが，企業の社会性にも色々な捉え方が考えられ，なかには次のような説もある。
「スプローズによれば……企業体理論（enterprise theory）では，利子や優先株主および普通株主へのいずれの配当も会社が提供を受けている資本の使用料としての意味をもち，原価の一部を構成することになる，と指摘していた。……もっとも，このスプローズの指摘する企業体理論では……「社会の構成員全体が会社という社会的な制度の受益者である」ということから，「会社の営業活動は原価（資本の提供者にたいする適正な報酬を含む）でもって生産物を供給するように計画されるべきであり，その場合には利益が生じないのが理想である」としている」（酒井治郎『会計主体と資本会計』1992年，35頁）。

[183] ただし，企業主体説の場合には株主によって提供された資金も債権者によって融通された資金も負債として捉えられる，といった理解も当然に考えられ，しかも，むしろ，そうした理解のほうが一般的かもしれないが，そうした理解を採る向き（たとえば，平野智久「貸借対照表の貸方を検討するための基本的視座」『慶應商学論集』第25巻第1号，2012年，22頁，をみよ）と筆者の違いは恐らくは「資本」概念の捉え方にある。

第Ⅲ章　会計の前提を考える

する場合には，株主（資本主）が提供した資金だけが資本」といった言い方はトートロジーともいえよう。そこで，筆者とすれば，ここでの「資本」はこれを「元手」と捉えたい。そのように捉えてみると，資本主説や代理人説のように資本主の観点をよりどころとする場合には，資本主が提供した資金だけが元手（自分が出したものだけが元手）と捉えられようが，他方，企業主体説の場合，すなわち企業それ自体からみた場合には，株主によって提供された資金も債権者によって融通された資金も同様に元手と捉えられるということになる。

資本主説・代理人説	資本主の観点	自分が出したものだけが元手
企業主体説	企業それ自体の観点	（自分が出したものはない。）株主に出してもらったものも銀行に出してもらったものも元手
企業体説	みんなの観点	（みんなが元手を出している。）だれが出したものも元手

なお，貸借対照表を考えてみると，企業体説の場合は，概念的には，

貸借対照表（企業体説）

	資本　株主持分
	資本　経営者持分
	資本　債権者持分
	資本　従業員持分
	資本　　：

といったように，貸借対照表の貸方にみんなの持分が示されることになる。

第Ⅳ章
会計における認識と測定の原則を考える

第1節　会計における認識の原則

　前述のように，会計における認識という段階は会計の対象，すなわち経済主体における経済事象・経済状態という対象を会計のなかに取り込む段階，であって，そこで用いられる基礎的な概念には「発生（accrual）」や「実現（realization）」や「対応（matching）」などがある。

　すなわち，こうした概念はたとえば「収益や費用は発生をもって認識される」とか，「収益や利益は実現をもって認識される」とか，「費用は収益との対応関係をもって認識される」とかいったように用いられ，また，こうした認識のルールは認識段階における基本原則と位置づけられ，それぞれ「発生原則」や「実現原則」や「対応原則」ないし「費用収益対応の原則」などと呼ばれる。

　他方，今日の会計は一般に「発生主義会計」と呼ばれるが，これは今日の会計が専ら発生原則を基本原則としていることを意味するものではなく，たとえば「発生主義的会計構造は……収益・費用の認識に関する基本原則である発生主義の原則，実現主義の原則，および費用・収益対応の原則を支柱とする利益計算構造として規定することができる」[184]などと説明される。

　ただし，ここで留意すべきは会計における認識と測定の捉え方である。第Ⅱ章でも少し言及されたように，会計における認識と測定の捉え方は決して一様ではなく，したがってまた，ここで取り上げる発生原則，実現原則，対応原則

---

[184]　山桝，嶌村『体系財務諸表論　理論篇』44頁。

等についても，これらを認識に関する原則と捉える立場もあれば，認識と測定に関する原則と捉える立場もある。

ちなみに，これらを測定にもかかわる原則とする後者の立場については，後述される取得原価主義の原則や時価主義の原則などといった類いの原則との関係が気になるが，それは取得原価主義の原則や時価主義の原則はこれらこそが測定に関する原則とも解されるからである。たとえば山桝，嶌村『体系財務諸表論　理論篇』は「収益の認識・測定に関する基本原則は実現主義の原則であり，費用の認識原則としては発生主義の原則，その測定原則としては原価配分の原則を基本原則にしている」とし，他方，「非貨幣性資産の測定は，原価主義の原則によって行なわれる」としているし，また，これは「原則」ではなく「基準」と称されてはいるが，森川ほか『会計学』においては「期間損益の計算における認識基準と測定基準」という節が設けられ，そこでは認識基準として現金主義基準や発生主義基準，測定基準としては歴史的原価基準や取替原価基準が挙げられている。

いずれにしても，この認識と測定の捉え方の問題はのちに改めて取り上げられる。

第2節　発生主義会計の意義

叙上のように，今日の会計は一般に「発生主義会計」と呼ばれるが，発生ないし発生主義とは何だろうか。

「発生」という概念はかなり抽象度が高く，したがって，その意味の解釈にはかなりの幅がありえよう。ただし，この発生主義については「発生」という概念それ自体の意味よりも重要なこと，別言すれば，発生とは何か，といったことよりも重要な存在意義が認められる。

---

[185]　同上，195頁。
[186]　同上，243頁。
[187]　森川ほか『会計学』122〜132頁。

第Ⅳ章 会計における認識と測定の原則を考える

「発生主義会計」における「発生主義」という呼称は通常は「現金主義」と vs. の関係にあるものとして用いられ，また，一般に会計は［現金主義会計 → 発生主義会計］と移行してきたとされている。

厳密な議論はこれをさておけば，「現金主義会計」はまずは，現金ないし現金収支をもって利益計算をおこなう会計，として捉えられようが，いずれにしても，これと vs. の関係にある「発生主義会計」という概念ないし呼称のまずもっての意義は非現金主義会計，すなわち現金主義ではない会計を意味しているところにあり，これはたとえば次のような発生主義の定義にも看取されよう。

○黒澤清『財務諸表論』（1962年初版刊行，引用は1976年版）

　「発生主義とは，現金収支のいかんにかかわらず，発生の事実にしたがって，費用収益を算定する会計処理の基準である[188]」。

○飯野『財務会計論』

　「現金の受払いとは関係なく，収益または費用をその発生を意味する経済的事実に基づいて計上する基準を発生主義という[189]」。

○広瀬『財務会計』

　「発生主義とは，現金支出が行われたか否かを問わず，費用の発生事実をもってその計上を行う考え方である[190]」。

敷衍すれば，たとえば「今日の会計は発生主義の会計である」といった言い

---

[188] 黒澤清『財務諸表論』1976年，196頁。
[189] 飯野『財務会計論』299頁。
[190] 広瀬『財務会計（第9版）』488頁。

方に込められたまずもってのメッセージは「今日の会計は現金主義の会計ではない」ということにほかならず，したがって，［現金主義会計 → 発生主義会計］の移行はまずは［現金主義の会計 → そうではない会計］の移行，すなわち［現金主義会計 → 非現金主義会計］の移行として捉えられよう。

叙上のような意味において，第1節に述べられたように，今日の会計は専ら発生原則を基本原則とする発生主義会計（「発生」にこそ最も重要な意味がある会計）ではなくして，発生原則や実現原則や対応原則を基本原則とする発生主義会計（現金主義ではない会計）として捉えられ，したがって，たとえば「発生主義的会計構造は，現金主義的利益計算構造の批判をとおして成立したものであり，収益・費用の認識に関する基本原則である発生主義の原則，実現主義の原則，および費用・収益対応の原則を支柱とする利益計算構造として規定することができる」などと説明され，また，「近代企業の会計を支配する諸基準のうちで，もっとも基礎的なものは，発生主義の原則である。発生主義会計を広義に解するならば，実現主義も，費用収益対応の原則も，費用配分の原則も，発生主義の原則から導き出された会計基準であると解釈することが可能である。近代的会計制度を発生主義会計（accrual accounting）と名づけるゆえんである」ともされる。

第3節　現金主義

第2節に述べられたように発生主義会計の第一の意義を，現金主義ではない会計であること，に求めるならば，まずは現金主義の意味を確認しておく必要があろう。

第2節ではとりあえず「厳密な議論はこれをさておけば，「現金主義会計」はまずは，現金ないし現金収支をもって利益計算をおこなう会計，として捉えられよう」としたが，これを厳密に考える場合に問題となるのは「現金ないし

191　山桝，嶌村『体系財務諸表論　理論篇』44頁。
192　黒澤『財務諸表論』187頁。

第Ⅳ章　会計における認識と測定の原則を考える

現金収支」という点，すなわち，**現金主義会計は現金をもって利益計算をおこなう会計なのか，それとも，現金収支をもって利益計算をおこなう会計なのか**，という点である。

　これは具体的には当座企業における利益計算をどう捉えるか，すなわち清算という形をもってする利益計算を現金主義の利益計算とみるかどうかの問題である。[193]

　既述のように今日の会計は継続企業を前提としておこなわれているが，この継続企業と vs. の関係にあるのが当座企業であって，この当座企業における利益計算は清算という形をもっておこなわれたとされる。当座企業の典型例としては中世イタリア商人による地中海貿易がよく挙げられるが，この例において清算はたとえば次のように説明される。

　何人かのベネツィア商人が仲間になって元手（資本）になるカネを出しあう。そのカネでもって船を購入し，乗組員を雇い入れ，輸出品を購入。そして出帆。

　船はやがて目的地エジプトに到着。そこで輸出品を販売し，それによって得たカネでもって輸入品を購入。そして帰国の途につく。

　船がベネツィアに帰着。輸入品を販売し，さらには船も売り払って，すべてをカネに換える。そのカネでもって，たとえば乗組員に未払いの賃金があればそれを払い，また，最初に商人たちが出した元手を出した者に返す。そして，差し引き残ったもの，が利益。

　このように，すべてを売って換金し，払うべきものを払い，返すべきものを返し，最後に残った現金がイコール利益，とするのが清算という形の利益計算だが，こうした当座企業における利益計算は，或る意味においては現金主義

---

[193]　この問題の詳細は，友岡『会計学はこう考える』90〜101頁，をみよ。

だったが，或る意味においては現金主義ではなかった，ともいえよう。

当座企業の場合，収入・支出がすべて終わったあとの現金をもって利益が計算・把握される。したがって，そうした意味において，すなわち，現金をもって利益が計算・把握される，という意味においては，当座企業における利益の計算は現金主義だった，ともいえよう。

しかしながら，現金主義は現金収支をもって利益計算をおこなう，すなわち，現金主義は現金収入があったときに収益を認識し，現金支出があったときに費用を認識する，とするのであれば，当座企業における利益の計算は現金主義ではなかった，といえよう。というのは，当座企業における利益の計算は［収益 － 費用］とするものでも［現金収入 － 現金支出］とするものでもないからである。

当座企業における利益の計算は，現金収支にもとづく計算，ではなくして，（現金収支の結果としての）現金の在り高にもとづく計算，だったということである。

ただし，他方，当座企業における利益の計算を現金主義とする次のような解釈もある。

「中世の冒険商人が1航海ごとに行った損益計算のように，設立から解散までの期間の純損益を確定する損益計算制度を，今日行われている期間損益計算制度に対して全期間損益計算制度または全体損益計算制度とよぶ。そして中世のこの制度のもとでは，現金主義会計が一般に行われた。すなわちその制度のもとでは，設立から解散までが1つの会計期間と考えられ，現金収支と収益の獲得または財貨等の費消はすべてその期間内で行われたので，それは計算上の経済性と確実性において合理的な損益計算であったからである」[194]。

---

[194] 飯野『財務会計論』299頁。

このように「設立から解散までが1つの会計期間と考えられ，現金収支と収益の獲得または財貨等の費消はすべてその期間内で行われた」ということは［その期間の現金収支差額 ＝ その期間の利益額］ということを当然に意味しようが，しかしながら，［その期間の現金収支差額 ＝ その期間の利益額］ということは，その利益が現金収支をもって計算された，ということを当然に意味するものではない。なお，いずれにしても，如上の当座企業における利益の計算を現金主義とする解釈の前提には次のような現金主義の解釈がある。

　「いつ収益または費用として認識するのかという，収益または費用の期間帰属に関する最も単純な基準は，収益は収入された時または期に，費用は支出の行われた時または期に計上する基準である。この基準を現金主義といい，このように収入額と支出額との差額をもって損益とする損益計算ないし会計方式が，現金主義会計とよばれる」[195]。

第4節　「実現」概念

　発生主義ないし発生原則については，たとえば「発生原則とは収益・費用を発生にもとづいて認識・計上することを求めるものである」といった類いの定義・解釈は示されるものの，「発生とは」への言及はないことが少なくなく，すなわち，**発生とは何ぞや，が云々されることはあまりない**。これはやはり「発生原則とは収益・費用を，現金収支ではなく，発生にもとづいて認識・計上することを求めるものである」といったように，まずは「発生」という概念それ自体よりも［発生 ＝ 非現金］という点にこそ意味があるからだろうが，いずれにしても，そうした，発生とは何ぞや，とは違って，**実現とは何ぞや，は頻繁に云々される**。

　すなわち，実現主義ないし実現原則については，たとえば「実現原則とは収

195　同上，298頁。

益・利益を実現にもとづいて認識・計上することを求めるものである」といった説明に止まり,「実現」という概念それ自体の意味には言及しないような定義はおよそみることができず,また,この概念の意味については種々の解釈が示され,長年にわたって論議されてきている。

伝統的な「実現」概念についてはS. ギルマンやW. A. ペートンとA. C. リトルトンの所説がよく引き合いに出される。

ギルマンの *Accounting Concepts of Profit*（1939年）は次のように述べている。

「会計上の収益の認識は次の3つの歴史的段階を経てきた……。すなわち,第1段階は換金基準［basis of cash realization］,第2段階は法律上の所有権の移転による実際の実現基準［basis of practical realization］とそれに伴う受取勘定の計上,そして第3段階は所有権を移転する意図がある財貨の現実の積送もしくは引き渡し基準［basis of actual shipment or delivery of the goods］とそれに伴う受取勘定の計上である」[196]。

「商品に対する所有権が移転するたびにその確定を行なうことはほとんど不可能であるから,商品の積送もしくは引き渡しが行なわれ,かつ所有権を移転する意図が存在する場合（したがって委託販売や試用販売を除く）,所有権が移転し,債権が計上され,そして収益が実現するとみなすのが取引慣習になっている。このことは必ずしも真実ではないが,しばしば実務上の便法として十分に正当化されることは事実である」[197]。

ここには財貨の引き渡しにかかわる実現の条件が認められる。

「エンティティがある資産を他の資産と交換する場合,その新資産が正常な営業活動において爾後の販売取引を必要としないで換金される現金に対

---

[196] 久野光朗（訳）『ギルマン会計学 上巻』1965年,129～130頁。
[197] 同上,129頁。

する請求権でないかぎり，収益は実現しないのである」[198]。

　ここには対価の受領にかかわる実現の条件が認められ，すなわちギルマンの所説においては①所有権移転の意図をもってする財貨の引き渡しと，②その対価としての（現金ないし）現金請求権の受領が実現の要件とされている。

　また，ペイトンとリトルトンの *An Introduction to Corporate Accounting Standards*（1940年）は次のように述べている。

「収益は生産物が現金または他の有効な資産に転化されることによって実現される［realized］」[199]。

「通説的な見解にしたがえば，収益は現金の受領や，受取債権その他の新しい流動資産で立証されたときに初めて実現されることになる。この場合は二つのテストが暗黙裡に考えられている。すなわち，第一に法的な販売または同様な過程による転換，そして，第二に流動資産の取得による確定（validation）である」[200]。

　ここでは販売等による生産物の流動資産への転換，すなわち①生産物の提供と，②その対価としての流動資産の受領が実現の要件とされている。
　如上の二つの説に代表される伝統的な「実現」概念はしたがって，①財・用役の提供[201]と，②その対価としての特定の資産の受領を要件とし，また，②の「特定の資産」の範囲について広狭の多様性が認められるといえよう。すなわち，この「特定の資産」は最狭義には現金だけを意味しようし，また，最広義には，ペイトンとリトルトンのいうように，流動資産を意味しよう。

198　同上，133頁。
199　ペイトン，リトルトン／中島省吾（訳）『会社会計基準序説（改訳版）』1958年，79頁。
200　同上，84頁。
201　「企業の生産物は目に見える財の形をとることもあり，また用役という形で示されることもある」（同上，81頁）。

第5節　現金および現金等価物と貨幣性資産

　叙上のように，実現における「特定の資産」はその範囲について広狭の多様性が認められようが，恐らく一般的には現金および現金等価物（cash and cash equivalents）というカテゴリーを意味するものとされよう。

　この現金および現金等価物というカテゴリーはまずは最も流動性の高い資産のカテゴリーとして設けられ，現金と，それに換金性の高い資産，容易に譲渡しうる資産，現金と同様に支払い手段となりうる資産，たとえば回収しうる売掛金や第三者間を自由に流通しうる手形などがこれに含まれ，また，ギルマンの所説における現金請求権もこの手のものに該当するとされよう。しかしながら，これも仔細に考えると，①流動性が高い資産と，ギルマンのいう「爾後の販売取引を必要としないで換金される現金に対する請求権」の②爾後の販売取引を必要としないで換金される資産は必ずしも同じ性格のものではなく，すなわち現金等価物にも二通りの解釈・捉え方がありえよう。たとえば有価証券についていえば，現金等価物を①の意味で捉えた場合，市場性のある有価証券は現金等価物に該当しようが，現金等価物を②の意味で捉えた場合，有価証券はすべて現金等価物に該当しない。

　また，ここでは「貨幣性資産」という概念がよく用いられ，たとえば「実現主義における実現（realization）とは，財貨または役務が，現金・受取手形・売掛金などの貨幣性資産に形をかえることをいう」[202]とか，「実現主義とは，財貨または用役を第三者に販売または引渡し，その対価として貨幣性資産を取得したことをもって収益の計上を行う考え方である」[203]とかいったように説明される。この「貨幣性資産」という概念については，貨幣性資産と費用性資産，ないし，貨幣性資産と非貨幣性資産，という資産の分類方法等をめぐって論議すべき点があるが，そうした点は後述することとして，ここでは「実現」概念において興味深い論点との関係において言及しておきたい。

202　飯野『財務会計論』303頁。
203　広瀬『財務会計（第9版）』457頁。

第Ⅳ章　会計における認識と測定の原則を考える

貨幣性資産はたとえば次のように定義・説明される。

○飯野『財務会計論』

「経営資本の循環過程中にあるもの……のうち，まだ収益を獲得するための財貨または役務に投下されていないか，またはすでにそのような投下過程を終了して回収され，次の新しい収益を獲得するために財貨または役務に投下されるのを待機中のもの，すなわち未投下資本および回収済の投下待機資本を貨幣性資産といい……」[204]。

○桜井『財務会計講義』

「貨幣性資産とは，売掛金や受取手形のように，販売を経て事業投資の回収過程にある項目，および余剰資金の運用としての保有株式や貸付金など，最終的に収入となって貨幣を増加させる資産をいう」[205]。

○広瀬『財務会計』

「貨幣性資産とは，売買の対象（損益計算の対象）にはならない資産である……貨幣性資産とは企業の正常営業取引過程において売買の対象となりえない資産である」[206]。

さて，叙上の「「実現」概念において興味深い論点」とは有価証券の時価評価にかかわる問題，つまりは，有価証券の評価益は実現利益か，ということであって，ここでは，有価証券は実現の要件とされる「特定の資産」に該当する

---

[204] 飯野『財務会計論』59頁。
[205] 桜井『財務会計講義（第11版）』78頁。
[206] 広瀬『財務会計（第9版）』155〜156頁。

か,が問題になる。すなわち,有価証券の評価益を実現利益とする場合には,まずは下記の②のような取引があったかのように考え,100円の有価証券を120円の有価証券と交換したと考え,さらには原価100円の有価証券を120円で売却して対価はこれを有価証券で受け取ったと考え,次に借方の「有価証券120」を特定の資産の受領と捉え,したがって,「20」は実現しているとされることになるが,むろん,そこでの重要問題は,有価証券は貨幣性資産ないし現金等価物なのか,という点である。

```
有価証券  取得原価100円  →  時価120円

①  売却のケース
    (借方)現金        120  / (貸方)有価証券       100
                               有価証券売却益      20

②  時価評価のケース
    (借方)有価証券    120  / (貸方)有価証券       100
                               有価証券○○益      20
```

有価証券は貨幣性資産なのか,については,たとえば飯野『財務会計論』においては,一時的所有の取引所の相場のある有価証券,は貨幣性資産とされ,その他の有価証券は費用性資産とされているが,桜井『財務会計講義』においては既出の貨幣性資産の定義において「余剰資金の運用としての保有株式」が挙げられている。他方,広瀬『財務会計』においては「有価証券は……貨幣性資産といえるのであろうか。……貨幣性資産には,もともと支払手段としての

---

207 ここでは「実現」概念とのかかわりにおいて有価証券の評価益・値上がり益について述べられたが,この評価益・値上がり益の認識については「実現可能性」や「投資のリスクからの解放」という概念が一般に用いられる。
208 飯野『財務会計論』303頁。

130

第Ⅳ章　会計における認識と測定の原則を考える

機能がある。支払手段は売買の対象にはならない。有価証券は売買の対象になるので，支払手段にはならず，したがって，商品などを購入するためには，その有価証券を売却して貨幣に換えなければならない」とされているが[209]，この支払い手段という機能の有価証券における捉え方については，これは貨幣性資産に関する記述ではなく，現金等価物に関するものだが，次のような，市場性ある有価証券には支払い手段性あり，とするような捉え方もある。

「企業が現金を保有する直接の目的は，その支払手段性にある。したがって，売上債権についても，この視点からは，支払手段としての利用性が認められなければ，現金同等物[210]といえないことになる。信用期限が短期日の売上債権であれば，特別の問題も生じないが，たとえば割賦売上債権に典型的にみられるような長期の債権のばあいには，これに支払手段性ないし流動性を認めうるかどうかは疑問である。したがって，この視点からは，長期の売上債権よりもむしろ市場性のある有価証券を典型とする即時現金化の可能な資産のほうが，現金同等物としての適格性がみとめられる」[211]。

これは山桝，嶌村『体系財務諸表論　理論篇』における記述だが，ここでまず注視すべきは「支払手段性ないし流動性」という捉え方である。「ないし」をどう解するかは微妙ではあるが，山桝，嶌村『体系財務諸表論　理論篇』はほかの箇所でも「現金同等物であるための適格条件のひとつとしての，支払手段性ないし流動性」としており[212]，［支払い手段性 ＝ 流動性］としているように思われ，流動性を理由に市場性ある有価証券に支払い手段性を認めているように思われる。むろん，［支払い手段性 ＝ 流動性］という捉え方もありえようが，前述の現金等価物の二通りの解釈，すなわち①流動性が高いことと，②爾後の販売取引を必要としないで換金されることに照らして考えてみた場合，支払い手段性は②ではなく①なのだろうか。広瀬『財務会計』において

---

[209] 広瀬『財務会計（第 9 版）』155頁。
[210] 「現金同等物」と「現金等価物」はコンテクストによっては同義でないこともあるが，ここでは同義とする。
[211] 山桝，嶌村『体系財務諸表論　理論篇』169〜170頁。
[212] 同上，169頁。

は，[支払い手段性 ＝ そのまま支払い手段になること]とされているが，山桝，嶌村『体系財務諸表論　理論篇』においては[支払い手段性 ＝ すぐに支払い手段になること]とされている。なお，山桝，嶌村『体系財務諸表論　理論篇』においても，現金等価物の解釈が二つ挙げられ，すなわち，「支払手段性ないし流動性」[213]とともに，ギルマンのいうような「現金化にあたってふたたび販売過程を必要としない資産であること[214]」が挙げられ，この解釈については「たとえば，引渡商品の対価として，かりに有価証券またはなんらかの棚卸資産が取得されたばあい，それらがたとえきわめて流動性の高い即時現金化可能の資産であるとしても，その現金化にあたっては，ふたたび販売過程を通過しないかぎり，現金には転化しない。したがって，この視点からは……現金同等物とみなしえない[215]」とされている。

第6節　「実現」概念の拡大

　アメリカ会計学会（AAA）の1957年の会社財務諸表会計・報告基準（Accounting and Reporting Standards for Corporate Financial Statements 1957 Revision）は次のように述べている。

> 「実現の本質的な意味は，資産ないし負債の変動が会計における認識を正当化しうるだけ確定的 [definite] で客観的 [objective] なものになった，ということである。この認識は，独立の当事者間の交換取引，確立した取引慣行，ないしその履行がほぼ確実視される契約条件，にもとづいておこなわれるであろう。これは，銀行制度の安定性，商業上の契約の拘束力，ないし高度に組織化された市場の資産の形態の転換を容易にする能力，に

213　同上，169頁。
214　同上，169頁。
215　同上，169頁。

依存することとなろう[216]」。

　解釈の仕方にもよるが，ここでは色々な意味において「実現」概念の拡大がみられるともいえよう。すなわち，第一にこの概念の適用対象が，従来のように収益に限られることなく，「資産ないし負債の変動」とされている点が挙げられ，第二にここでは，対価・受領資産の要件がなくなり，確定性（definiteness）と客観性（objectivity）があればよいとされている点が挙げられ，第三に「資産の形態の転換を容易にする能力」のある「高度に組織化された市場」は証券市場の類いがこれに該当すると思われ，この手の市場の存在が確定性・客観性を保証するとするのであれば，有価証券の評価益の類いも実現利益とされうる点が挙げられる。

　また，1964年に設けられたアメリカ会計学会の概念・基準調査研究委員会は「実現」概念をテーマとしていた。この委員会（1964 Concepts and Standards Research Study Committee－The Realization Concept）（以下，「実現」概念委員会）が翌1965年に公表した報告書は実現の要件について留意すべき点として①受領した資産の性格と，②市場取引の存在と，③業務遂行の程度の三つを挙げ[217]，また，①については「収益をもたらす取引における受領資産の属性で実現について問題となるのは流動性［liquidity］と測定可能性［measurability］の二つである[218]」とした上で，次のように結論づけている。

　「要するに，収益をもたらす取引に関して当委員会は現行の実現の認識規準の適用方法についていくつかの改変を提案する。当委員会は収益をもた

---

[216] American Accounting Association, Committee on Accounting Concepts and Standards, Accounting and Reporting Standards for Corporate Financial Statements 1957 Revision, *The Accounting Review*, Vol. 32, No. 4, 1957, p. 538（中島省吾（訳）『A. A. A. 会計原則（増訂版）』1964年，194頁）.

[217] American Accounting Association, 1964 Concepts and Standards Research Study Committee－The Realization Concept, The Realization Concept, *The Accounting Review*, Vol. 40, No. 2, 1965, p. 314.

[218] *Ibid.*, p. 314.

らす取引における受領資産の性格を判定する際には，流動性ではなく，測定可能性を最も考慮すべきと勧告する。当委員会は実現収益が認識されるためには当該会計主体が市場取引の当事者であるべきと考える（ただし，委員の一人はこれに反対している）。当委員会は取引先への用役の提供によるテストは収益の獲得プロセスにおいて決定的な事象［crucial event］があったときに実現収益を最初に認識するというテストに取って代わられるべきと勧告する。提案された改変は実現収益の認識を早めることとなろう」[219]。

　ここでは受領資産の要件は示されているものの，流動性は必ずしも求められず，測定可能性があればよいとされ，こうした測定可能性重視は「実現」概念の拡大を意味しようし，また，特に注目すべきは「決定的な事象」である。この「決定的な事象」は叙上の会社財務諸表会計・報告基準のいう確定性・客観性と同義と解され，すなわち「収益の獲得プロセスにおいて決定的な事象があった」ことは「収益が確定的で客観的なものになった」ことを意味すると解され，この「実現」概念の前提にあるのは，取引には色々な形態があり，「収益の獲得プロセスにおいて決定的な事象」はどの形態でも同じとは限らない，という認識，別言すれば，実現のタイミングはどの形態でも同じとは限らない，という認識である。

第7節　「決定的な事象」の意味

　如上の「決定的な事象」の意味を考える際には特殊な取引形態の例を用いるとよい。ここでは長期請負工事における収益の認識が例として用いられる。
　叙上のように，「決定的な事象」を要件とする「実現」概念の前提にあるのは，取引には色々な形態があり，「収益の獲得プロセスにおいて決定的な事

---

[219] *Ibid.*, p.318.

第Ⅳ章　会計における認識と測定の原則を考える

象」はどの形態でも同じとは限らない，という認識である。たとえば普通の小売業における普通の店頭販売においては，商品を渡して代金を受け取る，という販売こそが「決定的な事象」であって，したがって，販売をもって収益の実現とされ，ちなみにまた，伝統的な「実現」概念による場合も同様に収益の実現が認められようが，他方，長期請負工事においても販売が「決定的な事象」とは限らない。

長期請負工事における収益についてはつとに工事完成基準と工事進行基準という二つの認識基準が選択肢として認められてきたが，この二つの基準の捉え方は「実現」概念の選択によって左右される。

伝統的な「実現」概念を採用した場合には，工事が終わり，完成した建造物を引き渡して対価を受領したときに収益を認識する，という工事完成基準はまさに実現をもってする収益の認識を意味し，実現主義ないし実現原則にしたがうものとして捉えられ，他方，工事の進捗度に応じて収益を認識する，という工事進行基準は，実現ではなく，発生をもってする収益の認識を意味し，「実現主義の例外というべきである」[220]。また，長期請負工事についてこうした例外が認められる理由は①長期工事であることから生ずる工事完成基準適用時の問題点[221]と，②請負工事は，別言すれば，受注生産であって，すなわち見込み生産ではない，という請負工事の特殊性[222]に求められる。

しかしながら，「実現」概念委員会のいう「決定的な事象」を要件とする「実現」概念を採用した場合，工事進行基準は例外ではなくなる。上記②の請

220　「発生主義に基づき工事の進行度合いに応じて工事収益を計上する工事進行基準」（広瀬『財務会計（第9版）』470頁）とされる。
221　黒澤清（編）『會計學』1954年，123頁。
222　「工事完成基準によった場合には，着工して完成するまでの期には収益は全く計上されず，引渡した期だけにその工事の全収益が計上されることになるので，工事利益は期間的に著しく変動する」（飯野『財務会計論』311頁）とされ，また，「起工から完成にいたるまでのすべての期間がその工事収益の獲得のために直接，間接に何等かの貢献をしているのであれば，それから生ずる収益を現実に引渡しの行われた期間だけに独占せしめるということは，きわめて不合理だといわなければならない」（黒澤『會計學』135頁）とされる。

負工事の特殊性は販売が「決定的な事象」ではないことを意味するからである。

すなわち，受注生産の場合は売れることがほぼ確実であって，工事さえ終われば，あとはさほど支障がない。したがって，完成した建造物の引き渡しと対価の受領はさほど「決定的」ではなく，この場合はむしろ，工事がおこなわれること，こそが「決定的な事象」とも解され，そうした意味において，この場合は，工事進行基準こそが実現主義の基準，とも解されることになる。

第8節 「実現」概念のその後

アメリカ会計学会の1973年の概念・基準調査研究委員会は外部報告をテーマとしていたが，「当委員会は，実現の本質的な意味に関して，伝統的な会計にかなりの混乱を認めている」とするこの委員会（1973-73 Committee on Concepts and Standards－External Reporting）（以下，外部報告委員会）は「実現概念はこれを不確実性の分析・報告手段として理解すべきである」[224]とした上で，会計における不確実性への対処法を次のように整理している。[225]

会計における不確実性への対処法

	方法Ⅰ	方法Ⅱ	方法Ⅲ	方法Ⅳ
会計の方法	販売基準	決定的な事象基準	複数事象基準	多次元的な分析・報告
分析要素	唯一，販売のみ	多数のうちの一つ	多数	多数
報告の方法	二項的：利益が実現しているか否か	二項的：利益が実現しているか否か	二項的：利益が実現しているか否か	多因子的

---

223 American Accounting Association, 1973-73 Committee on Concepts and Standards－External Reporting, Report of the 1973-73 Committee on Concepts and Standards－External Reporting, *The Accounting Review*, Supplement to Vol. 49, 1974, p. 204.
224 Ibid., p. 204.
225 Ibid., p. 204.

第Ⅳ章 会計における認識と測定の原則を考える

　方法Ⅰは伝統的な「実現」概念をもってする方法，また，方法Ⅱは「実現」概念委員会のいう「決定的な事象」を要件とする「実現」概念をもってする方法といえようが，従来はこの二方法のどちらかないし折衷的な方法によって対処されてきたと解する外部報告委員会は「事業活動の財務的な成り行きにともなう不確実性は単に或る特定の事象ないし要素の関数ではない，という立場を採用」[226]，したがって，方法Ⅲないし方法Ⅳの採用を勧告し[227]，まず方法Ⅲについては「実現収益の認識において当該主体が市場取引の当事者であることを要しない」[228]として「実現」概念委員会のいう「②市場取引の存在」の要件を否定，これは「実現」概念の拡大を意味しようし，他方，方法Ⅳについては「認識と実現の分離」[229]を主張，これは，未実現のものも認識され，しかし，未実現のものは報告からは除かれる，ということを意味し，要するに，次のような損益計算書が作成されることを意味している[230]。

損益計算書

	当期に認識された収益
−	当期に認識された費用
	当期に認識された営業利益
−	当期に認識されたが，当期には未実現の利益
＋	当期より前に認識され，当期に実現した利益
	当期に実現した営業利益

　アメリカの財務会計基準審議会（FASB）の1980年のステートメント（Statement of Financial Accounting Concepts No. 3, *Elements of Financial Statements of Business Enterprises*）は「実現と認識」と題する項において次のように述べている。

---

226 *Ibid.*, p. 205.
227 *Ibid.*, p. 205.
228 *Ibid.*, p. 212.
229 *Ibid.*, p. 216.
230 *Ibid.*, p. 218.

「実現は，最も厳密には，非現金的な資源および権利を貨幣に転換するプロセスを意味し，会計および財務報告においては，最も厳密に，資産を販売して現金ないし現金請求権を得ることを意味するものとして用いられている。したがって，実現した，と，実現していない，という関連語はそれぞれ販売された資産と販売されていない資産にかかわる収益ないし利得ないし損失を識別するものである。これらが当審議会の概念フレームワークにおける実現および関連語の意味である。認識とは或る項目を主体の財務諸表に正式に記録ないし記載するプロセスである。それゆえ，資産，負債，収益，費用，利得，ないし損失は認識される（記録される）か，認識されない（記録されない）かである。実現と認識は会計や財務の文献にときどきみられるような同義語としては用いられない[231]」。

この記述については，ここでも実現と認識の分離が確認されている点と，貨幣の受領という要件が復活している点が注目される。

なお，一般に「概念ステートメント第3号」と称されるこの1980年のステートメントはその改訂版が1985年に概念ステートメント第6号（Statement of Financial Accounting Concepts No. 6, *Elements of Financial Statements*）として公表されているが，如上の「実現と認識」と題する項の記述にはまったく改変がなく[232]，また，この間の1984年に公表された概念ステートメント第5号（Statement of Financial Accounting Concepts No. 5, *Recognition and Measurement in Financial Statements of Business Enterprises*）について概念ステートメント第6号は「概念ステートメント第5号は本ステートメントが用いているのと同じ意味で認識という語を用いており，それを実現と区別してい

---

[231] Financial Accounting Standards Board, Statement of Financial Accounting Concepts No. 3, *Elements of Financial Statements of Business Enterprises*, 1980, par. 83.

[232] Financial Accounting Standards Board, Statement of Financial Accounting Concepts No. 6, *Elements of Financial Statements*, 1985, par. 143（平松，広瀬『FASB財務会計の諸概念（増補版）』353頁）。

第Ⅳ章　会計における認識と測定の原則を考える

る」としている。[233]

第9節　発生原則，実現原則，対応原則

「対応」概念ないし対応原則についてはまだほとんど述べていないが，それはさておき，本章の冒頭に述べられたように，会計における認識の段階にあっては「発生」や「実現」や「対応」などが基礎概念として用いられ，別言すれば，発生原則や実現原則や対応原則といったものが会計における認識を規制しているとしてまずは捉えられようが，これらの概念はどれも抽象度が高く，すこぶる漠としており，したがって，各概念の意味内容についてはさまざまな解釈がありえようし，また，これらの概念ないし原則の関係・位置関係についてもさまざまな捉え方がありえよう。敷衍すれば，各概念の解釈がそれらの位置関係の捉え方を規定するとともに，それらの位置関係の捉え方が各概念の解釈を規定するともいえようし，また，或る概念の解釈が他の概念の解釈を左右するということでもあり，したがって，これまでかなり多様な見解が示されてきているが，ここでは比較的一般的と思われるものを中心にいくつかの見解を挙げておきたい。

＜見解①＞

まずは，発生原則はこれを収益・費用の認識・測定原則と捉え，ただし，収益の認識・測定については発生原則だけでなく，その次に実現原則が適用される，とする見解が挙げられる。たとえば黒澤清『近代会計学』（1951年初版刊行，引用は1960年刊行の新版）は「発生主義（Accrual basis）は，期間的費用および収益の認識（recognition）ならびに測定（measurement）に関する会計原則である」[234]とした上で「発生主義は費用および収益の測定の原則である

---

[233] Financial Accounting Standards Board, Statement of Financial Accounting Concepts No.6, *Elements of Financial Statements*, footnote 56（平松，広瀬『FASB財務会計の諸概念（増補版）』353頁）.
[234] 黒澤清『新版　近代会計学』1960年，344頁。

とともに，認識の第一次のテストである。しかし収益は発生しただけではかならずしも収益として計上されるとはかぎらないのであって（第一次の認識のテストに合格するとともに，さらに次にのべる第二次の認識のテストに合格しなければならない），さらにこれが実現したものでなければならない。これが収益認識の第二次のテストたる実現主義の原則である」[235]としている。[236]

なお，この見解に対しては，収益の場合，第二次の実現原則で判断されるのであれば，第一次の発生原則は不要ではないか，[237]といった指摘もありえようが，この点は後述される。

	認識・測定
収益	発生原則 → 実現原則
費用	発生原則

＜見解②＞

次に，発生原則は費用の認識・測定原則，実現原則は収益の認識・測定原則，とする見解が挙げられる。たとえば武田『会計学一般教程』は「財貨収益については実現原則が適用されるが，それ以外の収益項目（役務収益）および費用項目に対しては発生原則が適用されている」としつつ，[238]「実現原則による収益の認識・測定と発生原則による費用の認識・測定」といった述べ方をしているし，[239]また，「現行会計制度では一般に，収益に対しては実現主義の原則が，費用に対しては発生主義の原則が採られている（「原則」第二の一のＡ参照）」とするテキスト，新井清光『財務会計論』[240]（1975年初版刊行，引用は1980年版）もある。

---

[235] 同上，347頁。
[236] ただし，ここには収益の測定における実現原則の位置づけへの言及がない。
[237] 発生していないが実現している，ということがありえなければ。
[238] 武田『会計学一般教程（第7版）』246頁。
[239] 同上，251頁。
[240] 新井清光『財務会計論（増補改訂版）』1980年，173頁。

第Ⅳ章　会計における認識と測定の原則を考える

ただし，後者については，これが根拠とする企業会計原則は「すべての費用及び収益は，その支出及び収入に基づいて計上し，その発生した期間に正しく割当てられるように処理しなければならない。ただし，未実現収益は，原則として，当期の損益計算に計上してはならない」（損益計算諸原則一，A）としており，この記述からはむしろ叙上の見解①とも解される。

	認識・測定
収益	実現原則
費用	発生原則

<見解③>

また，既述のように，「収益の認識・測定に関する基本原則は実現主義の原則であり，費用の認識原則としては発生主義の原則，その測定原則としては原価配分の原則を基本原則にしている」とする見解は山桝，嶌村『体系財務諸表論　理論篇』に示されているが，このテキストはさらに「費用・収益対応の原則は，収益の認識・測定原則と費用の認識・測定原則とを接合する位置にある基本原則であるが，具体的な会計処理手順の面からは，実現主義にもとづいて収益の認識・測定がまず行なわれ，それに対応関係をもつ費用が認識・測定されることになる」としている。[241]

	認識・測定	
収益	実現原則	↘ 対応原則
費用	（認識）発生原則 → （測定）原価配分の原則	↗

<見解④>

さらに，筆者が比較的支持する捉え方を紹介すれば，発生原則はこれを収

---

[241] 山桝，嶌村『体系財務諸表論　理論篇』195〜196頁。

益・費用の認識の第一の原則と捉え、収益の認識については次に実現原則が適用され、費用の認識については次に対応原則が適用される、とする見解もある。すなわち、収益は、発生したもののうち、実現したものだけが認識され、費用は、発生したもののうち、実現収益と対応関係があるものだけが認識される、といった捉え方である。

　なお、これまでの見解①〜③は「認識・測定」の原則としていたのに対して、この見解④は「認識」の原則としており、この点について少し述べれば、のちに第11節に述べられるように、認識と測定の関係の捉え方についてはさまざまな立場があり、また、発生原則の類いについても、この手の原則を、認識・測定に関する原則、と捉える立場もあれば、認識に関する原則、と捉える立場もあるが、筆者は認識と測定を峻別することに意義を認める立場を採り、また、発生原則の類いを、認識に関する原則、と捉えている。

　閑話休題。この見解④については、見解①についても述べられたように、二つ目の原則で判断されるのであれば、一つ目の発生原則は不要ではないか、という指摘もありえようが、これについては、既述のような「発生主義」のメッセージ、すなわち「現金主義の会計ではない」というそのメッセージに発生原則の存在理由を認めることもできよう。

	認識
収益	発生原則 → 実現原則
費用	発生原則 → 対応原則

第10節　対応原則

対応原則はたとえば次のように定義されている。

○飯野『財務会計論』

「期間収益に関連をもつ期間費用のことを，収益に対応する費用といい，収益と費用とが関連をもつことを費用収益の対応という。そして，期間損益は相互に対応する収益と費用とによって計算すべきことを要請する原則を，費用収益対応の原則（principle of matching cost with revenue）という」[242]。

○中村『現代会計学』

「期間計算においては，期間的経常収益からそれに対応する費用，つまりその収益を獲得するに要した費用を差し引かなければならない。別の言い方をすれば，次期以降の収益をあげるに役立つ費用は資産として次期に繰越さなければならないのである。この区分をする基準が費用収益対応の原則（principle of matching costs with revenues, matching principe）である。ただ，この場合に注意しなければならないのは，対応に際して基準になるのは収益の側であって，費用ではないということである。つまり1期間の経常収益をとらえ，この収益をあげるに要した費用を抜き出すのである」[243]。

○広瀬『財務会計』

「成果（収益）と努力（費用）が対応関係または因果関係にあるという前提で損益計算を行うべしとする考え方を費用収益対応の原則（principles of matching cost with revenue）もしくは対応原則または対応概念（matching concepts）という」[244]。

---

[242] 飯野『財務会計論』322頁。
[243] 中村『新稿 現代会計学』143頁。
[244] 広瀬『財務会計（第9版）』447頁。

二つ目に引用された中村『現代会計学』はまた，費用の認識について「発生主義だけですべての費用を把握することはできない。……費用の把握は発生主義と費用収益対応の原則のいずれかによるのである」[245]として次のような図を示している。[246]

```
┌─────────────────────────────────────────┐
│  発生費用の把握        期間的費用の把握   │
│    発生主義        ↘                     │
│  費用収益対応の原則  ↗ 費用収益対応の原則 │
└─────────────────────────────────────────┘
```

　ただし，中村『現代会計学』は発生主義について「費用は財貨または役務の消費された部分の価額である。したがって費用の認識は，消費という事実にもとづいて行われなければならない。これが発生主義（accrual basis）と呼ばれる基準であり，費用認識の一般的基準である。内容に即していえば，むしろ消費基準と呼ぶほうが適当である」[247]としてこれをかなり具体的に解している。敷衍すれば，たとえば第2節に紹介された「発生主義とは，現金収支のいかんにかかわらず，発生の事実にしたがって，費用収益を算定する会計処理の基準である」[248]という定義や，「現金の受払いとは関係なく，収益または費用をその発生を意味する経済的事実に基づいて計上する基準を発生主義という」[249]という定義や，あるいは「発生主義とは，現金支出が行われたか否かを問わず，費用の発生事実をもってその計上を行う考え方である」[250]という定義のように，発生にもとづくから発生主義，とするだけで「発生」概念自体の意味は示さないトートロジー的な説明と較べてみると，この中村『現代会計学』の場合は発生主義をかなり具体的・限定的に解しており，したがって，発生主義だけでは把握・

245　中村『新稿　現代会計学』73～74頁。
246　同上，74頁。
247　同上，72頁。
248　黒澤『財務諸表論』196頁。
249　飯野『財務会計論』299頁。
250　広瀬『財務会計（第9版）』488頁。

第Ⅳ章　会計における認識と測定の原則を考える

認識できない発生費用がある，ということにもなる。

　他方，たとえば伊藤『ゼミナール現代会計入門』は「費用は発生主義で認識される。しかし，費用収益対応の原則を忘れてはならない。2つの原則がそろって初めて，すべての費用を認識することが可能になる」としており，これは一見，叙上の中村『現代会計学』の捉え方と同様だが，伊藤『ゼミナール現代会計入門』はさらに「費用は，発生主義にもとづいて認識される。しかし，こうして把握された費用は，そのまま損益計算書という大舞台へあがることはできない。そこへたどりつくには，もう1つの関門を突破しなければならない。その関門とは，費用と収益のマッチング（対応）という手続きである」としており，発生原則を一つ目の「関門」とし，対応原則を二つ目の「関門」とするこれは中村『現代会計学』とは違い，少なくともこの二つの原則の位置関係についてはたとえば第9節の見解④と同じといえよう。

　ところで，対応原則については「しかし，現実には，質的な対応も数量的な対応もきわめてまれ」とされたり，「実際上は作用していないのではないか」ともされ，したがってまた，「その意味で，対応原則は……観念的な前提」とされたり，「期間損益決定のための基準としての費用収益対応の原則の意義は抽象的なもの」ともされる。思えば，既述の「現金主義の会計ではない」というメッセージに存在理由が認められる発生原則の場合も，その意義は観念的なものであって，これに通ずるものがある。さらに思えば，「会計の前提を考える」と題する第Ⅲ章で「継続企業が期間をもたらし，期間（利益計算）が発生主義をもたらし，近代会計は期間利益計算と発生主義をもって規定される」と述べられたが，そうした近代会計をその「前提」として司る観念的な存在がこの二原則，という捉え方もありえよう。なお，これまで同様に扱ってきた発生

251　伊藤『ゼミナール現代会計入門（第8版）』194頁。
252　同上，199頁。
253　広瀬『財務会計（第9版）』27頁。
254　中村『新稿　現代会計学』146頁。
255　広瀬『財務会計（第9版）』27頁。
256　中村『新稿　現代会計学』146頁。

145

原則,実現原則,対応原則の三原則だが,観念的な前提という捉え方がありうるかどうか,という点では実現原則だけが異質かもしれない。

第11節 「認識」の捉え方

やはり気になるのは「認識」の捉え方,そしてまずは**認識と測定の関係**である。これについてはたとえば次のような見解もある。

「費用・収益の期間帰属につき,認識と測定という言葉が区別して用いられることがある。この場合の用い方としては,「認識」とは,費用・収益をいつの会計期間に属するものとみるか,という期間帰属の決定のことを指し,「測定」とは,その「認識」の結果を受けて,当該期間に帰属する費用・収益の額をいくらとするか,という金額の決定のことを指す。このように用語を厳密に区別することは,損益会計上有意義な面もあるが……もともと会計は常に「貨幣的測定」を内容としているものであるから,損益会計においても,「認識」と「測定」とは一体であって両者を切り離すことの積極的意義は少ない」[257]。

「したがって……両語の意味を包括する言葉として計上という語を用いることにする」[258]。

この二つの概念については,第Ⅱ章第1節で既述のように,会計における認識はすなわち測定である,といった理解から,「認識」を「測定」に含め,すなわち「測定」概念だけを用いる立場もあれば,直上の引用文のように,認識と測定は一体（≒認識はすなわち測定）,との理解から,「計上」のような包括的な別の概念を用いる立場もあるが,しかしまた,他方,認識と測定を峻別することに意義を認める立場もあり,しかも,この二つを峻別する場合にも,

---

257 新井『財務会計論（増補改訂版）』173頁。
258 同上,173頁。

第Ⅳ章　会計における認識と測定の原則を考える

それぞれの概念規定，すなわち，どこまでが認識でどこからが測定なのか，について色々な捉え方がありうる。さらに，ここで取り上げられている発生原則や実現原則などについても，これらを，認識・測定に関する原則，と捉える立場もあれば，他方，第9節の見解④のように，認識に関する原則，と捉える立場もあり，後者の立場はたとえば「原価主義会計は……現代会計の測定面での支柱であり，認識面での支柱である発生（ないし実現）主義会計とならんで，現代会計の二大特徴となっている」といった理解と符合し，また，既に第1節に言及されたように，認識（認識基準）と測定（測定基準）を峻別して捉え，諸基準を次のように整理する森川ほか『会計学』の例もある。

「一般に公正妥当な認識基準」[260]	現金主義基準 信用主義基準 発生主義基準 （伝統的）実現主義基準 新しい実現基準
「代表的な……測定基準」[261]	歴史的原価基準 修正歴史的原価基準 取替原価基準 売却時価基準 正味実現可能価値基準 割引現在価値基準

また，「認識」という概念については，ときに，**認識とは記録（帳簿記録）なのか，それとも財務諸表への記載なのか**，といったことも問題となり，たとえば第8節に述べられたアメリカ会計学会の外部報告委員会の「認識と実現の分離」は恐らく［認識 ＝ 記録］を意味し，実現はこれを財務諸表への記載の要件としているが，他方，これも第8節に紹介された財務会計基準審議会の概念ステートメント第3号（第6号）の記述は「認識とは或る項目を

259　青木脩『時価主義会計』1982年，31頁。
260　森川ほか『会計学』124頁。
261　同上，132頁。

主体の財務諸表［financial statements］に正式に記録［recording］ないし記載［incorporating］するプロセスである。それゆえ，資産，負債，収益，費用，利得，ないし損失は認識される［recognized］（記録される［recorded］）か，認識されない（記録されない）かである」としているし，さらに，第10節に引用された伊藤『ゼミナール現代会計入門』の「しかし，こうして把握された費用は，そのまま損益計算書という大舞台へあがることはできない。そこへたどりつくには，もう1つの関門を突破しなければならない」という記述は財務諸表への記載をもって認識としているとも解されよう。なおまた，第Ⅱ章第1節で言及されたように，広瀬『財務会計』は測定を「経済活動および経済事象を貨幣額で計算すること」とした上で，認識を「測定された経済活動および経済事象を資産，負債，資本，収益および費用などの財務諸表の構成要素として財務諸表に記載すること」，あるいは「ある項目を資産，負債，収益，費用などとして財務諸表に正式に記録するか記載すること」として捉えており，すなわち［認識 → 測定］ではなくして［測定 → 認識］として捉えている点が注目される。

　思えば，本書は「認識という段階は会計の対象，すなわち経済主体における経済事象・経済状態という対象を会計のなかに取り込む段階」としてきたが，この「会計のなか」の「会計」の捉え方が問題ともいえよう。たとえば**会計を専ら説明・報告・公表などとして捉える**場合には［財務諸表への記載 = 認識］とも解されようし，また，たとえば，**記録（帳簿記録）は「会計のなか」なのか**，といった点において，この問題はつとに論じられてきた簿記と会計の関係の問題，すなわち，たとえば，どこまでが簿記でどこからが会計のか，といった問題でもあろう。

---

262 ちなみに，企業会計基準委員会「討議資料　財務会計の概念フレームワーク」（2006年）は「財務諸表における認識とは，構成要素を財務諸表の本体に計上することをいう」（第4章第1項）とし，また，「財務諸表における測定とは，財務諸表に計上される諸項目に貨幣額を割り当てることをいう」（第4章第2項）としているが，これについては「財務諸表における」としていることに留意しなければならない。

第Ⅳ章　会計における認識と測定の原則を考える

第12節　「認識」の捉え方と会計の基礎概念

　認識をめぐる問題は会計の基礎概念にかかわる問題でもある。ここにいう基礎概念とは会計や簿記の入門的なテキストの最初の辺りに「会計の基礎概念」とか「簿記の基礎概念」といったタイトルをもって列挙・説明されている類いのもので、具体的には「資産」、「負債」、「資本」・「純資産」、「費用」、「収益」、そして「取引」などのことである。これらは、要するに、財務諸表の構成要素たる諸概念と、それらをもって規定される「取引」概念であって、こうした基礎概念の定義・捉え方、要するに、たとえば、資産とは何ぞや、とか、費用とは何ぞや、といったことが認識をめぐる問題の捉え方を左右する。

　敷衍すれば、これは、既述のように、会計の認識においては「取引」概念がフィルターの役割を果たすものとして用いられ、また、ここにいう取引は、資産・負債・資本の増加・減少をもたらす事象、と定義されるためであって、さらにまた、一般に費用・収益の認識の捉え方は「費用」概念・「収益」概念の捉え方に左右されるからである。

　「資産」概念を例にすると、資産はたとえば次のように定義・説明されている。

263　第Ⅱ章では次のように述べている。
　　認識という段階は経済主体における経済事象・経済状態という対象を会計のなかに取り込む段階であって、ここでは、会計のなかに取り込まれるものと取り込まれないものをはっきりと見分ける、という作業がおこなわれる。この段階においては「取引」という概念が用いられる。ここにいう取引、すなわち会計においていう取引とは、資産・負債・資本の増加・減少をもたらす事象、のことである。認識という段階においてはこの「取引」という概念がフィルターの役割を果たすものとして用いられる。すなわち、経済主体における経済事象のなかでこの取引に該当するもの、すなわち資産・負債・資本の増加・減少をもたらす事象が会計のなかに取り込まれ、また、そうした事象によってもたらされる経済状態が会計のなかに取り込まれる。

〇黒澤清（編）『會計學』（1954年初版刊行，引用も初版）

「企業経営の継続性（ゴウイング・コンサーン）に立脚する現代企業会計においては……経営循環が記録・計算の対象となり，しかも……経営循環のなかにあるものとして資産を把握せねばならぬのである。……かくして明らかなように，損益計算中心の現代企業会計においては，すべての資産を費用資産としてのみみてゆこうとするのである。したがって，棚卸資産・固定資産などの資産と現金・預金・売掛金などの資産とは何ら本質的に異なるものではなく，費用資産あるいは費用となりうる資産として，すべて一元的に資産概念が規定できるのである」[264]。

〇飯野『財務会計論』

「静態論では，資産（assets）とは企業が所有する金銭並びに物財および権利等のうち換価できるものを意味していた。……しかし，企業会計の主な目的を損益計算におく今日の会計においては，資産とは，継続企業を前提とした企業活動の一定時点において，経営資本の循環過程中にあるものを意味する」[265]。

〇新井『財務会計論』

「資産とは，当該企業に経済的効益が帰属し，かつ，貨幣額によって合理的に測定できるものである」[266]。

---

[264] 黒澤『會計學』248～249頁。
[265] 飯野『財務会計論』58～59頁。
[266] 新井『財務会計論（増補改訂版）』58頁。

第Ⅳ章　会計における認識と測定の原則を考える

○染谷恭次郎『現代財務会計』（1969年初版刊行，引用は1982年版）

「資産とは企業に投下された資本の具体的な形態をいう[267]」。

○中村『現代会計学』

「資産は現金のほかに，収入と支出，支出と費用，および収益と収入の期間的ズレから生ずるのであるが，しかしこれを統一的に説明することはむずかしい。統一的（一元的）に説明する試みとしてサービス・ポテンシャルズ（service-potentials —— 給付可能性とか用役可能性と訳される）とか将来の経済的便益（future economic benefits）とか定義されるが，わかりにくい。わが国では二元的に，(1)現金および将来の現金と，(2)将来の費用から成る，と解するのが通説である[268]」。

○醍醐『会計学講義』

「「資産」（Assets）とは，特定の企業によって取得されたか統制されている有形・無形の経済的資源であって，当該企業の将来の収益獲得活動に貢献する可能性が高いと期待されるものをいう[269]」。

○広瀬『財務会計』

「[資産とは]当該企業に帰属する将来の経済的便益であり，かつ貨幣額で

267　染谷恭次郎『現代財務会計（増補改訂版）』1982年，114頁。
268　中村『新稿　現代会計学』232頁。
269　醍醐『会計学講義（第4版）』29頁。
　　なお，このテキストはこの定義について前出のFASBの概念ステートメント第6号を「参照している」（同上，29頁）。

合理的に測定できるもの［である[270]］」。

「資産」概念の捉え方の変遷は，かなり大雑把にまとめれば，次のようになる。

①　財産価値があるもの（担保財産たりうるもの）＝ 資産 　　↓ ②　将来の費用　＝　資産 　　↓ ③　貨幣性資産　＋　費用性資産　＝　資産 　　（非費用性資産　＋　費用性資産　＝　資産） 　　貨幣性資産　＋　非貨幣性資産　＝　資産 　　↓ ④　サービス・ポテンシャルズ　＝　資産 　　将来の経済的便益　＝　資産	静態論（債権者保護） 一元論 二元論 一元論

まずは［静態論 → 動態論］の移行において，要は［債権者保護の観点から，債務の弁済に用いることができるものを資産とする考え方 → 期間損益計算の観点から，いつか費用になるものを資産とする考え方］といった移行がみられ，しかしながら，やはりすべての資産を費用性で捉えることには無理があって，③のような二元論が採用されるにいたる。もっとも［資本の循環過程中にあるもの ＝ 資産］とするという意味においては③も一元論といえなくもないが，それはさておき，その後，「サービス・ポテンシャルズ」とか，「将来の経済的便益」とかいった概念をもってする一元論が台頭をみ，しかし，これらの概念はいずれも抽象度が高く，すなわち，**一元論にこだわると，定義は漠としたものになる**[271]。

あえてさらにいえば，こうした類いの概念は，一元的（一義的・一意的）に説明したい，という気持ち，すなわち，**一元論を構築したい，という学者の色気（欲求）**はこれをとりあえず満たし，また，たとえば会計基準の作成者が或

---

270 広瀬『財務会計（第9版）』176頁。
271 以下の指摘は，むろん，「資産」概念に限ったことではない。

第Ⅳ章　会計における認識と測定の原則を考える

るものを「資産」のカテゴリーに含めたいと思ったときに，そうしやすい，すなわち，漠とした概念なので何でも含みうる，といった意味において，基準の作成等には使い勝手がよいが，他方，こうした概念にもとづく議論は，理論的な議論としては不毛，というか，**要するに，面白くない**。そうした意味においては③のほうがよほど面白い，というか，③の問題点のなかに色々な論点がみえてくるともいえよう。

　さて，その③については，実現の条件に関する問題を扱った「現金および現金等価物と貨幣性資産」と題する第5節でも言及されたように，貨幣性資産と費用性資産，ないし，貨幣性資産と非貨幣性資産，という資産の分類方法等をめぐって論議すべき点があるが，この種の分類についてはたとえば次のように説明されている。

○飯野『財務会計論』

　「経営資本の循環過程中にあるもの……のうち，まだ収益を獲得するための財貨または役務に投下されていないか，またはすでにそのような投下過程を終了して回収され，次の新しい収益を獲得するために財貨または役務に投下されるのを待機中のもの，すなわち未投下資本および回収済の投下待機資本を貨幣性資産といい，これに対して，資本の投下過程にあって，その回収可能性または支出効果が持続する未回収の投下資本を費用性資産または非貨幣性資産という」[272]。

○新井『財務会計論』

　「損益計算（とくに費用計算）との関係を重視する……考え方によれば，資産は費用性資産と貨幣性資産とに分類される。……もっとも，費用性資

272　飯野『財務会計論』59頁。

産という概念については費用化する資産といった同義語反復的な説明か，または資本の投下過程にある資産という抽象的な説明が加えられているにすぎない。この後者の場合の「資本」とは事実上「貨幣」を指しているから，結局，費用性資産の概念は貨幣性資産の概念を前提にしているといえる。そこで……貨幣性資産の概念を明らかにする必要があるが，これは「法令または契約によってその金額（券面額または金銭回収額）が確定している資産」であり，現金，預金および金銭債権がその代表的なものである」[273]。

「なお，貨幣性資産をこのように定義すると，残りの資産をすべて費用性資産と呼ぶことには少々問題が生ずる。例えば……株式は明らかに貨幣性資産ではないが……費用性資産とするには……損益計算的な意義または費用的性質がうすい。したがって……資産は貨幣性資産と非貨幣性資産とに分けられると表現したほうが適当と思われるが，非貨幣性資産の大部分は費用性資産であり，また非貨幣性資産という語は一般には用いられていないので，本書でも貨幣性資産以外の資産を費用性資産と呼ぶことにする」[274]。

○染谷『現代財務会計』

「資産は貨幣形態の資産と貨幣形態以外の資産に分けられる。貨幣形態の資産は貨幣資産（monetary assets）または現金系統資産とよばれ，貨幣形態以外の資産は非貨幣資産（non-monetary assets）または費用系統資産とよばれる。費用系統資産という名称は，貨幣形態以外の資産に対して

---

[273] 新井『財務会計論（増補改訂版）』60～62頁。
　　「法令または契約によってその金額（券面額または金銭回収額）が確定している資産」は貨幣性資産の定義といえるのだろうか。「貨幣性資産は法令または契約によってその金額が確定している」といった言い方には抵抗がないが，「貨幣性資産とは法令または契約によってその金額が確定している資産である」といった言い方には違和感がある。

[274] 同上，62頁。

第Ⅳ章　会計における認識と測定の原則を考える

支出された金額がいずれも将来において費用として収益に対応せしめられるところから，著者が与えたものである」。

○桜井『財務会計講義』

「・貨・幣・性・資・産とは，売掛金や受取手形のように，販売を経て事業投資の回収過程にある項目，および余剰資金の運用としての保有株式や貸付金など，最終的に収入となって貨幣を増加させる資産をいう。これに対し，機械や商品のように生産・販売を経て最終的に費用となる項目は・費・用・性・資・産とよばれる」。

○広瀬『財務会計』

「資産は，・貨・幣・性・資・産（monetary asset）と・非・貨・幣・性・資・産（non-monetary asset）とに分類される。……ここでは，資産を2分類することを前提としているので，貨幣性資産を定義すれば，それ以外が非貨幣性資産であるといえる。……貨幣性資産とは，売買の対象（損益計算の対象）にはならない資産である……貨幣性資産とは企業の正常営業取引過程において売買の対象となりえない資産である」。

また，初版（1977年刊）では資産を「貨幣性資産」と「費用性資産または非貨幣性資産」に分類していた飯野『財務会計論』の説明は改訂版（1983年刊）では次のように改変されている。

「経営資本の循環過程中にあるもの……のうち，収益を獲得するための財

275　染谷『現代財務会計（増補改訂版）』115頁。
276　桜井『財務会計講義（第11版）』78頁。
277　広瀬『財務会計（第9版）』155〜156頁。

貨または役務にまだ投下されていないか，またはすでにそのような投下過程を終了して回収され，次の新しい収益を獲得するために財貨または役務に投下されるのを待機中のもの，すなわち未投下資本および回収済の投下待機資本を貨幣性資産といい，これに対して，それ以外の，投下過程にあって，回収可能性がありまたは資本投下の効果が将来になお持続する未回収の投下資本が非貨幣性資産とよばれる。非貨幣性資産には(イ)将来費用となる費用性資産と(ロ)出資金や関係会社株式のように，直接，損益に関係のないものがある」。[278]

この改変は次のようにまとめられる。[279]

飯野『財務会計論』

貨幣性資産	現金，預金，売掛金，貸付金，一時的所有の有価証券など
費用性資産	商品，建物，土地，繰延資産，建設仮勘定，出資金，関係会社株式，投資有価証券など

↓

飯野『財務会計論』（改訂）

貨幣性資産		現金，預金，売掛金，貸付金，一時的所有の有価証券，投資有価証券など
非貨幣性資産	費用性資産	商品，建物，土地，繰延資産など
	その他の非貨幣性資産	建設仮勘定，出資金，関係会社株式

また，この飯野『財務会計論』（改訂）の分類は，前の引用文で「資産は貨幣性資産と非貨幣性資産とに分けられると表現したほうが適当と思われるが，非貨幣性資産の大部分は費用性資産であり，また非貨幣性資産という語は一般

---

278 飯野利夫『財務会計論（改訂版）』1983年，3-2頁。
279 飯野『財務会計論』59頁。
　　　飯野『財務会計論（改訂版）』3-2〜3-3頁。

第Ⅳ章　会計における認識と測定の原則を考える

には用いられていないので……」としていた新井『財務会計論』による次のような分類と較べてみると興味深い。
[280]

貨幣性資産	現金，預金，売掛金，短期貸付金など
費用性資産	商品，建物，土地，建設仮勘定，繰延資産など
貨幣性資産 （または費用性資産）	出資金，関係会社株式，投資有価証券，長期貸付金など

貨幣性資産と費用性資産ないし貨幣性資産と非貨幣性資産の分類については土地という資産の捉え方・分類も重要な論点になるが，これについてはたとえば次のような資産の分類に関する説明が注目される。

>　資産は，資本循環プロセスの観点から，貨幣性資産と非貨幣性資産に分類される。貨幣性資産には，具体例として，現金，預金，受取手形，売掛金などが挙げられる。非貨幣性資産は「費用性資産」とも呼ばれ，具体例としては，商品，建物，営業権，諸種の繰延資産などが挙げられる。
>
>　他方，資産はまた，財務流動性の観点から，流動資産と固定資産と繰延資産に分類される。流動資産には，具体例として，現金，預金，商品，受取手形，売掛金などが挙げられる。固定資産には，具体例として，土地，建物，営業権などが挙げられる。繰延資産には，具体例として，創立費，開業費，株式交付費などが挙げられる。

すなわち，貨幣性資産と非貨幣性資産ないし費用性資産の分類では例示されていない「土地」が流動資産と固定資産と繰延資産の分類ではいきなり出てくるのである。このように，貨幣性資産と非貨幣性資産ないし費用性資産の分類

280　新井『財務会計論（増補改訂版）』61頁。

を説明する際には土地のことにふれないテキスト，ともすると，土地のことを避けているとも解されるテキストは決して少なくない。ともすると，そうしたテキストの著者が避けているとも解される問題は，要するに，「土地は貨幣性資産ではないが，かといって減価償却しないので費用性資産ともいえないのではないか」というものだろうが，この問題について述べているテキストもないではない。

　○広瀬『財務会計』

　「非貨幣性資産と同義語で費用性資産という言い方もある。費用性資産は一般に費用化する資産と定義されるが……単なる同義反復の循環論的定義になってしまう。そればかりではなく……貨幣・費用性分類のもとで，土地は費用化するわけではないので貨幣性資産ということになるが，そうでないことは自明であり，貨幣性資産にもまた費用性資産にも属さないことになる。したがって，貨幣・費用性分類は資産の分類基準として不適当である」[281]。

このような広瀬『財務会計』の理解からすると，土地は前掲の飯野『財務会計論』（改訂）の分類表の「その他の非貨幣性資産」に分類されることになるような気もするが，他方，この分類表は土地を費用性資産としている。また，前掲の三つのテキスト（飯野『財務会計論』と飯野『財務会計論』（改訂）と新井『財務会計論』）による分類表はどれも土地を費用性資産としているが，どのテキストにおいても特に説明の類いは加えられていない。むろん，これは，当然のことであって特に説明を要しないため，かもしれないが，ちなみに，「減価償却しない」とか「費用化するわけではない」とかいわれる土地を費用性資産とすることについては，たとえば，建物等と同様，費用化の計算（減価

281　広瀬『財務会計（第9版）』155頁。

第Ⅳ章　会計における認識と測定の原則を考える

償却費の計算）はするものの，耐用年数が無限大なので〔(取得原価 − 残存価額) ÷ ∞ ＝ 0〕となり，結果的に費用化額が0になるだけ，といった説明もありえよう。[282]

なお，これまで述べられてきたような貨幣性資産と非貨幣性資産ないし費用性資産という分類については，この手の「二項対立」の分類自体を批判する立場もあり[283]，そうした立場によれば，貨幣性資産と費用性資産の分類は〔G ― W ― G'〕に依拠しているが，この分類では捉えられない資産の存在が「非貨幣性資産という概念によるまやかし[284]」をもたらし，しかし，そうした資産は「非貨幣性資産かつ非費用性資産であるいじょう，貨幣性資産でも費用性資産でもない第3の資産カテゴリーと言わざるを得ない[285]」とされる。

しかしながら，たとえば貨幣性資産と費用性資産という分類は，この分類では捉えられない資産の存在，すなわち，この分類からは漏れてしまう例外的な資産の存在をもって，その意義が否定されてしかるべきなのだろうか。たとえば**漏れ・例外のない三分法と漏れ・例外のある二分法を較べた場合，前者は当然に後者に優るのだろうか**。前述の「一元論を構築したい，という学者の色気」をもって是とするものでもないが，しかしまた，漏れがあっても一元論にはやはり意義があり，漏れはあっても三元論は九元論に優るという気もする。[286]

第13節　会計における測定の原則と取得原価主義会計

認識と測定の区別に関する先述の問題はこれをさておき，しかしながら，まずは認識の原則と測定の原則を区別して捉える立場に与して話を進めれば，会計における測定の原則としては取得原価主義の原則やこれと vs. の関係にある

282　友岡『歴史にふれる会計学』186～189頁，をみよ。
283　笠井『現代会計論』323頁。
284　同上，323頁。
285　同上，323頁。
286　ここでは割愛するが，こうした問題は「定義とは何か」とか，「分類とは何か」とか，「例外の存在をどうみるか」とかいったことに繋がる。

159

時価主義の原則などといった類いのものを挙げることができよう。

この vs. の問題は一般に資産の測定ないし資産評価に関する選択問題とされようが、こうした原則を用いた会計はその全体をもってそれぞれ「取得原価主義会計」や「時価主義会計」などと称している。なお、取得原価主義会計は「原価主義会計」や「歴史的原価主義会計」や「取得原価会計」や「原価会計」や「歴史的原価会計」などとも称され、たとえば前出の山桝、嶌村『体系財務諸表論　理論篇』のいう原価主義の原則を用いた会計は「原価主義会計」、森川ほか『会計学』のいう歴史的原価基準を用いた会計は「歴史的原価会計」と称されることになろうし、他方また、時価主義会計は「時価会計」とも呼ばれるが[287]、「時価主義会計」や「時価会計」のほうは、さまざまな時価を用いたさまざまな会計の総称であるとともに、まずは非取得原価主義会計（取得原価主義ではない会計）を意味し[288]、そうした意味においては、まずは取得原価主義ありきの vs. ともいえよう。

その取得原価主義会計はたとえば次のように定義されている。

〇飯野『財務会計論』

「収益または費用の測定のみならず、資産・負債および資本を含めて今日の会計では、測定の基準として、収支額基準が用いられる。この基準は、企業と外部取引者との間に成立しまたは成立すべき客観的価額を測定基準とするもので、この考え方に基づいた会計方式が原価主義会計とよばれる。したがって、原価主義会計を基調としている今日の財務会計上の利益とは、市場における売買取引で成立しまたは成立すべき客観的価額に基づいた収

---

287 こうした呼称については、友岡『会計学はこう考える』127〜128頁、をみよ。
　なお、会計学においては「取得原価主義会計」や「時価主義会計」という呼称もいまだみられるとはいえ、一般には「取得原価会計」ないし「原価会計」や「時価会計」が用いられることが多いが、本書はあえて「取得原価主義会計」の類いを用いている。

288 「発生主義会計」が非現金主義会計（現金主義ではない会計）を意味するのと同様。

第Ⅳ章　会計における認識と測定の原則を考える

益と費用との差額である」[289]。

○新井『財務会計論』

「取得原価主義会計とは，①取得した資産（非貨幣資産）の原初入帳価額を，原則として，その取得のために犠牲に供された財貨または用役の価額で測定し，②その後においては，この原初入帳価額（取得原価）が，当該資産の保有期間中ずっとその意味をもちつづける（つまり，この資産の費消額の測定も，期末貸借対照表価額の測定も原則としてこの価額にもとづいて行なわれる）会計方式である」[290]。

○青木脩『時価主義会計』（1982年初版刊行，引用も初版）

「ここに原価主義会計とは，企業会計上の資産および費用を取得原価（支出額）にもとづいて測定（評価）する会計のことをいい，取得原価主義会計とも呼ばれる。この原価主義会計は，期間損益計算を中心課題とし，具体的には処分可能利益の算定を目的として構築されている現代会計の測定面での支柱であり，認識面での支柱である発生（ないし実現）主義会計とならんで，現代会計の二大特徴となっている」[291]。

○広瀬『財務会計』

「［取得原価主義会計とは］企業会計におけるすべての資産の原初入帳数値は，原則として，交換市場において独立の当事者（売手と買手）間で成立した価額（原初取引価額）に基礎をおき，この価額が損益計算のための出

---

[289]　飯野『財務会計論』303頁。
[290]　新井『財務会計論（増補改訂版）』47頁。
[291]　青木『時価主義会計』31頁。

発点となり，かつ，それは，当該資産が企業内に保有されている期間中ずっとその意味をもちつづける会計方式［である］」。[292]

第14節　取得原価 vs. 時価

　長年にわたって論議されてきた問題で，「会計において最も重要な論点」といっても過言ではないものに，取得原価主義 vs. 時価主義，があるが，前述のように，時価にも色々な時価があり，したがって，時価主義会計にも色々な時価主義会計があり，すなわち，この問題は，取得原価主義会計に代えて，どの時価主義会計を採るか，の問題でもある。

　これは要するに，第一に，取得原価主義会計と時価主義会計のどちらを選択するか，の問題があり，第二に，時価主義会計を選択するとした場合（取得原価主義会計を否定した場合）にはどの時価主義会計を選択するか，の問題があるということだが，こうした問題が長年にわたって論議されてきたのは，この二つの選択問題はどちらにも唯一の正答というものがないためである。

　すなわち，どの会計システムにも長所もあれば短所もあるため，こうした選択は，長所，短所のどちらを重くみるか，によって左右され，また，長所，短所のどちらを重くみるか，は，会計に何を求めるか，によって左右され，したがって，唯一の正答というものはない，というわけである。

　事実，たとえば取得原価主義会計のシステムは，物価の変動を考慮しない，という問題点がつとに指摘されながらも，長年にわたって用いられ続けてきたが，それはまずは取得原価主義会計の長所が重くみられてきたためである。[293]

　さて，そうした取得原価主義会計についてはまずは客観性がその長所とされる。すなわち，取得原価の数値については，客観的な数値であること，がその

292　広瀬『財務会計（第9版）』116頁。
293　もう一つの理由は取得原価主義会計に代わる時価主義会計のほうにあり，それは前述の第二の選択問題において唯一の正答がない，ということ，すなわち，取得原価会計に代わりうる唯一の時価会計がない，ということである。

特長とされる。[294]

　たとえば前出のペートンとリトルトンの *An Introduction to Corporate Accounting Standards* は，まずは時価主義の主張者として知られるペートンと取得原価主義の主張者として知られるリトルトンの共著ながら，取得原価主義に立脚する会計原則について，その土台となる基礎理論を提示するためのものだったため，（ペートンの立場はどうあれ）取得原価主義の理論の枠組みを提示するものとなっているが，そうした同書は「会計の基底に存する」[295]基礎概念の一つとして「検証力ある客観的な証拠（verifiable, objective evidence）」という概念を挙げ，この「客観的な証拠」にいうところの，客観性，のよりどころを，独立の（対等な）当事者間の（arm's-length）取引，というものに求めている。すなわち，独立の当事者間の取引において決定された額こそが客観的に決定された額，であって，独立の当事者間の取引が客観的な証拠をもたらす，ということである。

　このように，会計に客観性を求め，客観性のよりどころを独立の当事者間の取引に求める，ということは取得原価主義の主張にほかならない。取得原価の額はこれこそが概して独立の当事者間の取引において決定された額だからである。別言すれば，こうした立場は取得原価数値の長所を客観性に求めるものにほかならない。

　このように，取得原価数値については，まずは，客観的な数値であること，がその特長とされるが，こうした**取得原価数値の，客観性，には次のような二つの意味がある**。

294　この数値の客観性とともに一般に挙げられるもう一つの長所に利益の処分可能性があるが，これについては後述。
295　ペイトン，リトルトン『会社会計基準序説（改訳版）』12頁。

> ① 取得原価数値は,売り手と買い手の取引関係において客観的に決定された数値,である。
> ② 取得原価数値(歴史的原価数値)は,過去の事実のなかに客観的に存在する数値(過去の事実にもとづく客観的な数値),である。

　むろん,取得原価数値をもたらす取引というものも,なかにはペートンとリトルトンのいう,独立の当事者間の取引,ではないものもあり,「純粋な意味で,相互に独立している当事者間の精一ぱいの商議の結果とはいえない取引においては,「価格」はある程度の懐疑をもって見られるべきである」とされるが,概して取得原価数値は独立の当事者間の取引において客観的に決定された数値といえる(①の客観性)。

　他方,取得原価数値は,「歴史的原価数値」とも称されるように,過去の取引事実,たとえば,その土地をXX円で購入した,といった事実のなかに,主観を離れて(個人的な判断を交えることなく)存在し,すなわち客観的に存在し,また,その取引事実ないしその取引事実の記録がペートンとリトルトンのいう,検証力ある客観的な証拠,に該当するといえる(②の客観性)。

　また,取得原価 vs. 時価の問題における**客観性という取得原価の長所の捉え方にも次の二通りの立場が考えられよう。**

---

296 同上,46頁。
297 歴史は,事実,ではなくして,記録,である。敷衍すれば,**歴史は,過去の事実,ではなくして,過去の記録,である。**歴史的事実は,記録された過去の事実,ということができ,歴史的原価は,記録された過去の原価,ということができる。

> ⓐ ○○のためには（本当は）時価のほうがよいのだが，時価は客観性に問題があるので（残念ながら）取得原価を採用する，といったように，客観性を理由にして消去法的に取得原価を選択する，という立場
> ⓑ 客観性こそが最重要であって，したがって，取得原価を採用する，という積極的な立場

　ここで①，②とⓐ，ⓑの関係を考えてみると，ⓐにおける客観性は，①の客観性のような気がするとはいえ，とりあえずは①か②か判然としないが，ⓑにおける客観性はまずは②の客観性として捉えられよう。

　敷衍すれば，①の客観性は，程度の問題，であって，たとえば［とても客観的な決定 ― やや客観的な決定 ― やや主観的な決定 ― とても主観的な決定］といったように客観的な決定と主観的な決定の間に連続性があるが，②の客観性は，あるかないかの問題，であって，過去の事実ないし記録された事実は客観的であって，そうでないものは客観的ではない，といった性格のもので，すなわち，取得原価を積極的に選択する際の数値の客観性は，客観的に存在する数値，記録された数値，証拠のある数値，検証可能な数値，といった意味のものといえよう。

　さらにいえば，一般に「取得原価」と「歴史的原価」は同義に用いられようが，**ここで積極的に選択されるのは，取得原価というよりは，歴史的原価である**。記録は歴史，歴史は記録である。第Ⅰ章第2節の引用文のなかに *ASOBAT* による会計の定義における記録行為の軽視を指摘したものがあったが，この指摘いわく，「［*ASOBAT* の定義にみられるのは］記録の重要性の後退である。記録の後退は，極端にいうなら，過去との決別，つまり，歴史的な叙述としての会計記録の変質となる可能性もある」[298]。

298　工藤『会計記録の基礎』18〜19頁。

第15節　取得原価主義会計の支持根拠

　前述のように，取得原価主義会計 vs. 時価主義会計，の論議は長年にわたり，別言すれば，取得原価主義会計は，いくつもの問題点が指摘されながらも，長年にわたって支持され，用いられてきた。そして，これも前述のように，取得原価主義会計が用いられ続けてきた理由としては，まずは取得原価主義会計の長所が重くみられてきた，という点を挙げることができ，また，この会計の第一の長所としては，客観性，を挙げることができるが，ただし，この辺りのことについては色々な立場から色々な理解をすることができよう。

　既述のように，取得原価会計が長年にわたって支持ないし選択されてきたことについては，消極的に支持されてきた，と解することも，積極的に支持されてきた，と解することもできる。

　一般に，取得原価主義会計の問題点，としては①<u>経済的な実態を示さない</u>，という点と，②<u>名目資本しか維持されない</u>，という点が挙げられようが，「取得原価会計は経済的な実態を示さない」とされることについては，第14節の@のように，経済的な実態を示す，という点においては明らかに時価会計のほうが勝れているが，時価主義会計は客観性に難があるために選択にはいたらず，結果的に（消去法的に）取得原価主義会計が選択されてきた，とも解される。これは，消極的に支持されてきた，とする解し方である。

　あるいは，積極的に支持されてきた，と解すべきだろうか。

　たとえばエコノミストたち（経済学をやってる人たち）の間では「時価を示さない会計はナンセンス」とか，「経済的な実態を示さない取得原価主義会計はナンセンス」とかいった声がよく聞かれるが，そもそも会計は，経済的な実態を示すべき，なのだろうか。

　会計には会計固有の役割というものがありはしないだろうか。会計には経済的な実態を示すことよりも重要な役割がありはしないだろうか。

---

299 貸借対照表が実態を表わさない，という点と，利益が企業の業績を適切に表わさない，という点。

第Ⅳ章　会計における認識と測定の原則を考える

　また，会計数値には客観性こそがまずもって求められる，とする解し方もありうるだろう。

　前述の，取得原価主義会計は消極的に支持されてきた，とする解し方は「経済的な実態を示す，という点においては明らかに時価会計のほうが勝れているが，時価会計は客観性に難があるために選択にはいたらず」とするものであって，そこには，**時価主義会計がもう少し客観的だったならば，（取得原価主義会計ほどは客観的でなくとも）時価主義会計が選択される**，ということが含意されている。

　しかしながら，他方，第14節の⑥のように，会計数値には客観性こそがまずもって求められる，と解する場合には，客観性において優る取得原価主義会計こそが積極的に選択される，ということになる。別言すれば，**時価主義会計がいかに客観的なものであっても，その客観性が取得原価主義会計の客観性に（僅かでも）劣っている限り，取得原価主義会計が選択される**，ということである。[300]

　さらにまた，資本維持については一般に「取得原価主義会計においては名目資本が維持される」という言い方ではなくして，「取得原価主義会計においては名目資本しか維持されない」というネガティブな言い方になり，これが問題点の一つに挙げられるが，名目資本を維持する，ということには積極的な意義がまったくないのだろうか。**名目資本維持こそが積極的に求められる**，といっ

---

300 前述のように，取得原価主義会計の長所としては，客観性，とともに，利益の処分可能性，が挙げられる。
　　これは要するに，たとえば，3億円で買った或る土地の価格がいまでは5億円になっている，という場合にも，それだけでは（時価は5億円，というだけでは）差額の2億円を利益とはしない，ということ，カネの裏づけがない利益，分配可能ではない利益は排除する，ということで，別言すれば，もしその土地が売却され，代金として実際に5億円のカネが入ってきたのであれば，この利益は，カネの裏づけがある利益，分配可能な利益，ということになる，ということである。
　　しかしながら，もしその後，この売却代金として入ってきた5億円のカネでもって代替え地（ほかの土地）を買ってしまったとしたらどうなるだろうか。この場合には配当可能な2億円のカネはない。

たことはありえないのだろうか。

　いずれにしても，叙上の諸点（経済的な実態を示すことに関する論点，客観性に関する論点，名目資本維持に関する論点）は第Ⅱ章に述べられたような会計の諸目的（説明責任を果たす，という目的，利害調整が果たされるようにする，という目的，意思決定を支援する，という目的）との関係において考えるべきものだろう。

第16節　取得原価 vs. 時価と種々の会計システム

　前述のように，時価にも色々な時価があり，したがって，時価主義会計にも色々な時価主義会計があることから，取得原価主義会計（歴史的原価主義会計）vs. 時価主義会計の問題は，取得原価主義会計に代えて，どの時価主義会計を採るか，の問題でもある。

　また，ここにおいて選択肢となる，種々の会計システム，は，測定の面から類別された種々の会計システム，つまりは，何をもって測定するか，という点から類別された種々の会計システム，ということであって，これは次のように整理される。

　すなわち，①前の（旧い）土地を売却したときには2億円の利益が計上されているが，もっているのは（カネではなく）5億円で買った（新しい）土地，という状況と，②土地を売却はしていないので2億円の利益は計上されていないが，3億円で買った時価5億円の土地をもっている，という状況はどう違うのだろうか。

　①の状況においては2億円の利益が計上され，②の状況においては計上されない，にもかかわらず，どちらも，もっているのは，5億円（2億円）のカネではなく，5億円の土地だけ，ということである。取得原価主義会計において算定される，カネの裏づけがある利益，というものは，所詮，この程度のもの，というべきかもしれない。

　そうであれば，（そして取得原価主義会計を支持するのであれば）取得原価主義会計を支持する根拠は専ら客観性にこそある，ということになるかもしれない。

第Ⅳ章　会計における認識と測定の原則を考える

測定の面からする会計システムの分類

			何をもって測定するか	維持される資本は何か
取得原価主義会計／歴史的原価主義会計（HCA：historical cost accounting）			取得原価／歴史的原価	名目資本
時価主義会計／物価変動会計	一般物価変動会計／一般物価水準会計（GPLA：general price level accounting）／貨幣価値変動会計		修正原価	実質資本／購買力資本
	個別価格変動会計	現在原価会計(CCA：current cost accounting)	現在原価	実体資本／物的資本
		取替原価会計(RCA：replacement cost accounting)／実際取替原価会計	取替原価／実際取替原価	
		取替価値会計	取替価値	
		売却時価会計	売却時価	
	結合会計			
割引現在価値会計			割引現在価値	

　すなわち，まずは取得原価主義会計と vs. の関係にある時価主義会計が一般物価の変動を考慮する一般物価変動会計と，個々の財の価格の変動を考慮する個別価格変動会計（と，それに結合会計）に分類されるが，個別価格変動会計にも，何をもって個々の財の価格を測定するか，によって，現在原価会計，取替原価会計，取替価値会計，売却時価会計など[301]，種々のものがある，ということである。

　また，割引現在価値をもって測定する割引現在価値会計というものは一般には時価主義会計の範疇に含められるのかもしれないが，筆者としては，**割引現在価値をもって，時価，とすること，したがってまた，割引現在価値会計をもって，時価主義会計，とすること，には躊躇いがある**ため，上の表においてはこれを時価主義会計とは別に示し，したがって，種々の会計システムを取得

---

[301] ここに示されているのはあくまでも，代表的な個別価格変動会計の例，であって，すべての個別価格変動会計，ではない。

原価主義会計，時価主義会計，および割引現在価値会計の三つに大別している。

なお，（割引現在価値については後述されるが）割引現在価値を時価とは看做しえない理由，割引現在価値は時価ではないとする理由を簡単にいえば，時価（current price；market price）は価格だが，割引現在価値は価格ではない，ということ，敷衍すれば，割引現在価値はこれをもって時価（あるべき時価？）を算定しうるかもしれないが，割引現在価値は決して時価そのものではない，ということである。

第17節　割引現在価値の台頭

割引現在価値を用いる会計は，資産の価値はそれがもたらすキャッシュ・フローをもって捉えられる，とする考え方に依拠している。換言すれば，その資産はどれだけのキャッシュ・フローを生み出すか，その資産によってどれだけのカネが入ってくるか，という視点をもって資産の価値を捉える，ということである。

ただし，このキャッシュ・フローは，将来におけるキャッシュ・フロー，将来において入ってくるカネ，であるため，適切な割引率をもって現在の価値として捉えなおさなければならない。

というわけで，将来のキャッシュ・フローは適切な率をもって割り引かれ，その結果，得られた割引現在価値はしかしながら，前述のように，筆者とすれば，これを時価とみなすことには躊躇いがあるが，そうした割引現在価値は，下の図の①に示されるように，かつては広義の「時価」に含まれ，また，近年の会計においては「公正価値（fair value）」という概念が用いられるが，これは下の図の②に示されるように，今日，専門家のいう「時価」はこの公正価値を意味するものであって，一般にいう「時価」よりも広く，割引現在価値を含んでいる。

ちなみに，そうした会計の専門家としては，たとえば「会計測定の方法」[302]に

302　山本昌弘『会計とは何か』2008年，107頁。

ついて「取得原価，再調達価額（現在原価），売却価額（現在市場価値），正味実現可能価額，将来キャッシュフローの割引現在価値の五種類」を挙げ，「取得原価以外の測定方法はすべて時価によるものである」[303]と説明している向きや，「新たな時価会計」というものを「ノウハウやブランド，特許などの無形資産を決算期末ごとに時価（現在価値）評価する方向です。文字どおり将来キャッシュフローの生成能力としての資産——過去資産ではなく未来資産——がその割引現在価値で評価されるわけです」[305]と説明している向きなどを挙げることができる。[306]

①かつての「時価」概念と割引現在価値の関係

最広義の「時価」	広義の「時価」	狭義の「時価」	修正原価
			購入時価 （いま買ったらいくらか，という場合の時価）
			売却時価 （いま売ったらいくらか，という場合の時価）
		割引現在価値	

②公正価値と「時価」概念と割引現在価値の関係

広義の「時価」 ＝ 専門家のいう「時価」	公正価値	市場価格 （購入価額，売却価額）	狭義の「時価」 ＝ 一般にいう「時価」
		合理的に算定された価額 （割引現在価値等）	

---

303 同上，107頁。
304 同上，107頁。
305 石川純治『変貌する現代会計』2008年，23頁。
306 同上，23頁。

もっとも他方，たとえば「一般に時価と呼ばれる市場価値は，同じく公正価値と呼ばれたとしても，一九五〇年代に登場する将来キャッシュ・イン・フローを基軸に据えた割引現在価値を原点に置く公正価値とは，その本質において大きく異なる」として「市場価値測定会計は，広義の取得原価主義会計（過去会計と現在会計の両者を含む），すなわち取引価格会計（transaction-price-based accounting）の枠組みの中で捉えられるものであり，同じく公正価値会計の範疇に属する未来会計としての割引現在価値会計とは，その本質を異にしている」とする向きもあり，この向きは取得原価，市場価値，割引現在価値の関係を下の図のように整理し，ちなみにまた，割引現在価値をもって「得体のしれない評価手段」としている。

	取得原価　　　　　　過去価値	
取引価格による測定	（取得原価主義会計）	取引価格会計
	市場価値　　　　　　現在価値	（実現利益会計）
	（市場価値会計）	
時価による測定		公正価値会計
	割引現在価値　　　　未来価値	（未実現利益会計）
	（割引現在価値会計）	

---

307 渡邉泉「歴史から見る時価評価の位置づけ」『會計』第180巻第5号，2011年，11頁。
308 同上，12頁。
309 同上，12頁。
310 同上，12頁。
311 「現代会計の最も基本的な役割は，情報提供にあるといわれている。しかしながら，近年，意思決定に有用な情報という側面が過度に強調されすぎたため，財務会計が，その本来の計算構造の枠組みを超えて，事実にもとづく結果の提示から乖離した，予測あるいは期待という禁断の実を口にしてしまったように思えてならない。なぜなら，投資家とりわけ投資ファンドに代表される投機家が要求する有用な情報は，過去の取引事実にもとづく信頼される情報よりも，たとえ不確実な要素を含んだものであったとしても，市場で推定できる将来の予測情報の方が意思決定により有用であるという傾向が強く支配していると思われているからである」（渡邉泉「行き過ぎた有用性アプローチへの歴史からの警鐘」大阪経済大学ワーキングペーパー・シリーズ，Working Paper No.2012-1，2012年，2頁）。

第Ⅳ章　会計における認識と測定の原則を考える

　「得体のしれない評価手段」のことはさておき，この図に示されるような状況については，公正価値ないし公正価値会計には性格を異にするものが混在している，ということができ，この「混在」という言い方はまずは否定的なニュアンスを有するものだろうが，**混在は必ずしも否定的に捉えられるべきものではない。公正価値は混在があるからこそ公正（fair）たりうる**，という捉え方もあろう。

　いずれにしても，筆者とすれば，割引現在価値を時価とみなすことには躊躇いがあるが，これが時価であるかどうかはさておき，昨今，この割引現在価値というものの重要性が高まりをみていることは事実である。

　第Ⅱ章に述べられたように，近年は会計（会計情報）における利益（利益情報）の重要性が低下してきている，などともいわれるが，割引現在価値の重要性の高まりはこの，利益情報の重要性の低下，によって説明される。

　すなわち，次頁の図に示されるように，かつての，利益情報こそが重視されていた状況，においては，適正な利益計算こそが最重要事，であって，そうした理解のもと，利益計算は取得原価，時価のどちらによるべきか，また，取得原価を否定するばあいにはどの時価を選択すべきか，などといったことが論議されていたわけだが，ところが，近年は企業価値が利益に取って代わり，企業価値評価が利益計算に取って代わり，別言すれば，企業価値評価こそが最重要事，と解され，「投資家の関心がトータルの企業価値の把握にあるとすれば」，「将来キャッシュフローの見積りによる使用価値……のみが資産に関連したトータルの企業価値を反映するものである」とされている，というわけである。

↘　「私は，このような，割引現在価値という得体のしれない評価手段は，信頼性を基軸に置く会計の世界の物差しとしては，不適切であると思っている」（同上，23頁）
312　一方の取引価格会計については，「取引価格会計」という名のカテゴリーがあるわけではないので，「混在」という言い方も，否定的な言い方もそぐわない。
313　むろん，こうした捉え方の前提には，公正とは何か，公正価値とは何か，といった議論が必要だが。
314　古賀智敏「国際会計基準と公正価値会計」『會計』第174巻第5号，2008年，10頁。
315　同上，10頁。

173

取得原価，時価，そして割引現在価値

中心課題	何をもって測定するか
利益計算 ↓ 企業価値評価	（適正な利益計算のためには） 取得原価か時価か，どの時価か ↓ 割引現在価値

ちなみに，［利益計算 → 企業価値評価］の移行は，次頁の図に示されるように，投資者の関心，という点からも色々な説明を加えることができる。

たとえば，投資者の関心それ自体は，かつても近年も，まずは株価，と不変だが，株価を予測する手段，手法が変わってきた，とする説明が一つには考えられる。

すなわち，かつては利益を通じて収益性等を判断し，もって株価を予測する，といったことがおこなわれていたものが，近年は割引現在価値計算によって把握された企業価値を通じて株価を予測するようになってきた，というわけだが，こうした変化は，一つには，かつては実行可能性が疑問視されていた割引現在価値計算が実行しうるようになってきた，という状況の変化がこれをもたらしている。

敷衍すれば，割引現在価値計算という手法それ自体はつとに知られていたが，かつては，（割引率の決定も難しいが）将来のキャッシュ・フローを適切に見積もることなどおよそ不可能，と思われていたものが，近年はそうではなくなった，ということである（実際に適切な見積もりがおこなわれているかどうかは疑問だが）。

また，もう一つには，投資者の関心（目的）には［配当 → 利鞘（株価）］という移行がみられ，かつての投資者，つまり配当が目的だった投資者は（配当の源泉としての）利益を知りたがったが，近年はそうではなくなった，とする説明も考えられる。

いずれにしても，利益というものには色々な面，色々な機能があることが改

第Ⅳ章　会計における認識と測定の原則を考える

めて知られる。

投資者の関心（目的）と［利益計算 → 企業価値評価］の関係　＜シナリオ①＞

投資者の関心	何をもって株価を予測するか	
株価	（株価予測の手掛かりとしての） 利益 ↓ 企業価値 （割引現在価値）	企業価値評価（割引現在価値計算）の実行可能性の高まり

投資者の関心（目的）と［利益計算 → 企業価値評価］の関係　＜シナリオ②＞

投資者の関心（目的）	何を知りたいか
配当 ↓ 利鞘 （株価）	（配当の源泉としての） 利益 ↓ 企業価値

　第Ⅱ章では「利益の計算は会計の専売特許」といった捉え方を取っ掛かりに［利益計算 → 企業価値評価］の移行について考え，「専売特許をなくしたものに存在意義があるか」といったことも指摘したが，［利益計算 → 企業価値評価］の移行は，むろん，まずは投資者の関心の移行であって，会計の課題の移行ではない。

　敷衍すれば，たとえば173頁における「近年は企業価値が利益に取って代わり，企業価値評価が利益計算に取って代わり，別言すれば，企業価値評価こそが最重要事，と解され」という記述についていえば，この「最重要事」には二通りの意味が考えられ，すなわち，一つには，投資意思決定をおこなう投資者にとっての最重要事，という意味があり，もう一つには，投資者の情報ニーズに応えなければならない会計にとっての最重要事，という意味があるが，後者は会計にとってしか意味をもたない，ということである。さらにいえば，たとえば企業価値評価に役立つ会計について云々したり，企業価値評価に有用な会

175

計情報を追求したりするのは，会計の存在意義を保ちたいから，であって，そうでなければ，企業価値評価に有用な情報を追求すればよい。投資者の関心に［利益計算 → 企業価値評価］の移行がみられ，この移行に会計が対応できず，すなわち企業価値評価に役に立たない会計がその存在意義を失うことを惧れる向きが，企業価値評価に役立つ会計とは，を議論する，ということである。

「しかし，それが会計かどうか，を問題にするのは会計学者だけで，他の人々にとっては，おこなわれているそれが会計かどうか，などといったことはどうでもよいことである」。

このように述べたのは第Ⅰ章のプロローグだったが，「他の人々にとっては」企業価値評価を援けてくれるのが会計である必要はない。

第Ⅴ章
会計プロフェッションと監査の意義を考える

第1節　会計プロフェッション

　第Ⅱ章に取り上げられた会計責任ないし被監査責任を果たすためには，ちゃんとした監査人によるちゃんとした監査，を受けなければならないが，そうした監査の担い手は会計プロフェッションを措いてほかにない。[316][317]

　しかしながら，周知の通り，2001年に破綻したかのエンロンの事件をはじめとする昨今の会計不正事件の続発は会計プロフェッションの，ちゃんとした監査の担い手としての適格性，に疑義を生じさせることとなり，また，このプロフェッションに対する規制について，[自主規制 → 公的規制] という移行をもたらすにいたった。

　(もう一度) しかしながら，会計プロフェッションに限らず，そもそもプロフェッションというものは，公益 (public interest) のため，ということを自身の目的に掲げ，これはプロフェッショナリズムに繋がり，さらには自主規制に繋がる，ということができ，したがって，[自主規制 → 公的規制] の移行は会計プロフェッションのプロフェッションとしての立場を危うくする憂慮すべきこととして捉えられる。

　この「公益」という概念はどのように捉えられるべきか。

---

[316]　第Ⅱ章の注記68～69にも述べられたように，この場合の責任は，(単なる) 監査を受ける責任，ではなく，ちゃんとした監査を受ける責任，である。
　　　また，[ちゃんとした監査 ＝ ちゃんとした監査人による監査] としてまずは差し支えない。
[317]　たとえば，友岡『会計の時代だ』19～23頁，をみよ。

第2節 「公益」の「公」

　プロフェッションにおける「公益」の「公」とはなんだろうか。

　たとえば「「公共的である」(being public) ということは，「広く社会に開かれていること」を意味し，同時に「公益に資すること」を内包する。日本語では，「公益」という言葉から，直ちに国家・政府・行政という言葉が想起されるが，「公益」とは「不特定多数の人々の利益」を意味するのであって，「国家や自治体の利益」ではない」[318]ともされる。

　そもそも「公（おおやけ）」には二通りの意味がある。すなわち，一つには，御上（おかみ）（国や政府），といったような意味，もう一つには，社会一般の人々（公衆），といったような意味があろうが，プロフェッションにおける「公益」の「公」は，わが国の場合，前者から後者へと移行してきた，つまり，御上の利益から人々の利益へ，と移行してきたともされる。換言すれば，プロフェッションの担う役割が，国家の代理人から国民の代理人へ，と移行してきたともされる。

　こうした理解は次のように述べられる。すなわち，「profession」は，わが国の場合，まずは「士業」・「師業」がこれに該当しようが，弁護士，司法書士，弁理士，会計士，税理士等々の士業については次のような捉え方も示される。

> 「本来，「師」には〝集団を導く者，教え導く者〟という意味があり，そこから〝一芸に達した者，その芸を教授する者〟というように捉えられて，たとえば医師，看護師，調理師などに使われるようになりました」[319]
> 「一方，「士」には〝事を処理する才能のある者，才能をもって官に仕える者〟という意味があり，「武士」，「騎士」，「戦士」などに使われました。そこから転じて〝専門の技術，技芸を修めた者〟という意味でも使われるようになりました，また，〝治者，役人，奉公人〟といった官業の代理人

318　鳥羽至英『財務諸表監査　発展篇』2009年，203～204頁。
319　反町勝夫『士業再生』2009年，16～17頁。

第Ⅴ章　会計プロフェッションと監査の意義を考える

で，公共的な専門職能という意味合いも含まれているようです」[320]。

「「師」にくらべて「士」のほうが，より職務の公共性が意識されていると言えます」[321]。

ここで弁護士以外の士業は，国の代理人，として生まれたとされる。

「たとえば，「司法書士」，「税理士」，「弁理士」，「行政書士」，「社会保険労務士」などは，その成立段階から，一貫して国側の行政機関の代理人業務を執り行なってきました。行政の行なう諸手続を円滑に進めるため，行政庁の監督下に置かれた行政補助職の性格を強く持っていたのです。弁護士のような国民の権利拡大，権利擁護という面は薄かった，というよりも，ほとんどなかったと言ってもいいでしょう。……しかし，戦後になって国民主権の下で国民の権利意識が強まりました。それにより，他の士業も「国民の」代理人的役割を担うようになってきました」[322]。

なお，弁護士以外の士業は「実は長い間「国民側の代理人」に立った経験がなかった」[323]とする事情は次のように具体的に解説され，税理士や司法書士については理解できようが，会計士については，どうして「会社の帳簿をつけたり，説明・指導をするという業務」が「行政側のお手伝い」なのかが分からない。

「税理士は，主として国税庁の税金徴収の執行官の役割であったのであり，戦前は税務代理人という名称でした。法務局がやるべき不動産や会社設立の登記の代理業務は，司法書士が任されてきました。公認会計士も，戦前は計理士といい，今のような監査業務ではなく，実際は会社の帳簿をつけ

---

[320] 同上，17頁。
[321] 同上，17頁。
[322] 同上，27〜29頁。
[323] 同上，91頁。

たり，説明・指導をするという業務を担当しており，会計の証明業務はしていませんでした」[324]。

「弁護士を除いた他の士業は一貫して行政側のお手伝いをしてきたわけです」[325]。

閑話休題。弁護士以外の士業は「すべて所管官庁が定められていて，官庁によって管理され……公認会計士は金融庁の管轄，弁理士は特許庁，行政書士は総務省，社会保険労務士は厚生労働省の管轄と……各官庁が，運営に関する問題・制度改正，「士」業の懲戒権などの権限を持っているの……に対し，弁護士だけはどの省庁にも属していません」[326]とされる状況は，自主規制 vs. 公的規制，の点において法曹だけが別格ということなのだろうか。

他方また，士業間の違いについて或る会計士は次のように述べている。

「公認会計士は「顧問会計士」とは言われない[327]。一方で，税理士や弁護士は「顧問」が頭に付く。なぜか？ 税理士や弁護士は，ルールの範囲内なら必ずクライアントの味方になるのだが，公認会計士はそうは思われていないからだろう」[328]。

クライアントの味方ではない，ということは，私利のため，ではなく，公益のため，ということだろうか。

このような公共性にかかわる問題はまた，たとえばわが国の公認会計士法の制定プロセスにもみることができる[329]。

---

[324] 同上，91頁。
[325] 同上，91頁。
[326] 同上，28頁。
[327] もっとも，日本（日本語）ではそうかもしれないが，「consulting accountant」という肩書きはつとにあり，これは訳せば「顧問会計士」だろう（友岡賛『会計士の誕生』2010年，122頁，をみよ）。
[328] 白石『ドキュメント 会計監査12か月 PART 1（改訂増補版）』99頁。
[329] 以下は，西野嘉一郎『現代会計監査制度発展史』1985年，55〜62，287〜325頁，による。

第Ⅴ章　会計プロフェッションと監査の意義を考える

　第二次世界大戦後に制定をみたわが国の「公認会計士法の根幹をなした[330]」とされるのはGHQ経済科学局の担当官 J.R. アリソンによる勧告だが，この勧告を受けて1948（昭和23）年1月に大蔵省に設置されたのが計理士制度調査委員会だった。やがてこの委員会において示された新計理士法要綱は「監査士法案」へと改称され，これに手が加えられた同年2月12日づけの監査士法案が英訳され，GHQ経済科学局に提出された。

　これに対して修正意見を示したのは同局のW.G.ヘスラー（CPA）による覚書だった。

　「この覚書は，日本政府から公認会計士法の草案を受けとったことに対するコメントであり，重要事項に対して三六項目にわたっている。ヘスラー氏の覚書の会計士に対する基本的理念は，大蔵省案と根本的に相違していた。それは監査士の業務としては，大蔵省原案は英国式のごとく公共的な第三者として会計を監査証明することに重点をおいたのであるが，覚書は当事者の委嘱によって，監査，整理，立案，税務その他特殊の金融上，投資上の仕事，分析業務につきサービスを提供するものとし，監査士の公共性はその信用を自発的に保持しようとする努力の中から生まれてくるものとしていることである」。

　なお，「この覚書が基本となって「計理士制度調査委員会」の審議が進められたが，大勢はすでにこの覚書によって決定された[332]」。

第3節　公益と私利

　たとえば会計倫理の専門家K. マクファイルらは以下のように解説している。
　会計プロフェッションは，プロフェッション一般がそうであるように，公益のため，ということを自身の目的に掲げ，それゆえ，自身の提供するサービスは，投資者等の特定の者にとってだけでなく，社会一般にとって価値がある，

---

[330] 同上，56頁。
[331] 同上，60〜61頁。
[332] 同上，62頁。

としている。

　公益のため，ということについては，公益のために働く会計プロフェッションのメンバーには経済的意思決定と稀少資源の配分において公平な会計・監査をもたらす責務がある，といったような解釈がまずはなされ，こうした解釈はこのプロフェッションのメンバーの，能力と人格の保証，という面から捉えられる。

　会計プロフェッションのメンバーの，能力，は年季奉公等の教育訓練によって保証されてきたが，他方，その，人格，は初期には階級との関係において捉えられ，すなわち，年季奉公の謝金によってメンバーを中流階級以上の階級の出身者に限る，などといったことによって保証されていた。[333]

　したがって，初期における「公益」の理解は，参入者が適当な人格を有していることを保証する，という点から捉えられていた。

　プロフェッショナリズムは従来，個人の内面にかかわるものであって，記述されたもの，明示的なものではなかった。結局，会計プロフェッションは倫理規約という形をもってプロフェッショナリズムを成文化しようとすることになるが，それは，不正事件等，何か問題が生じて初めて，のことだった。[334]

　このように，広い社会におけるプロフェッショナル会計士の集団的な機能で

333 　年季奉公における高額の謝金は金銭的な参入障壁として機能していた（友岡『会計士の誕生』192〜194頁，をみよ）。

334 　会計プロフェッションの祖国スコットランドの会計士団体は倫理規約の類いをもつことに二の足を踏んでいた。当初からかなりのステータスを有していたスコットランドの会計士団体とすれば，この手の規約を設けることはかえって人々をして会計プロフェッションが清廉潔白であることに疑心を抱かせるおそれ，すなわち藪蛇になるおそれがあったからだった。他方，会計士が問題を起こし，世間から非難されていた頃に設立されたイングランドの会計士団体は当初からこの手の規約を有していた。世間の不信感を払拭するためだった（同上，179〜182頁，をみよ）。

　すなわち，倫理規約の類いをもつことの意義には，①　(実際に) メンバーをして倫理的に行動させるため，という意義と，叙上のように，②　(実際がどうかはさておき) メンバーが倫理的に行動していることを世間に示すため，という意義が考えられ，②については，もたないほうがよい場合ともったほうがよい場合がある，ということである。

第Ⅴ章　会計プロフェッションと監査の意義を考える

はなく，個々人（個々の会計士）の道徳に注目することは，「公益」というものを相当に狭く解していることを意味している。

いずれにしても，会計士業が営利的になってきていることは明白である。

いまや監査は，他のより儲かる仕事を手に入れるための特価品として用いられており，こうした利益指向は監査サービスの質に有害な影響を及ぼしている。

会計士が，プロフェッショナルではなく，企業の経営者のようになってきたのは，私利が公益よりも優先された結果である。

営利主義（commercialism）とプロフェッショナリズムは両立しえず，監査サービスと経営コンサルティング・サービスの提供がもたらす矛盾は解決することができない。[335]

営利主義の台頭は会計士の受託責任を害ない，結局は人々をして会計士のプロフェッショナリズムを疑問視させることになる。[336]

第4節　プロフェッショナリズム

こうした営利主義については，会計士には営利主義的な面と専門家（expert）的な面という二つの面があり，比喩的に別言すれば，会計士はプレーヤー的な立場（営利主義的な面）とレフェリー的な立場（専門家的な面）の間の不安定なところに位置している，とする論者もある。

ここにいう営利主義は，会計士が自らの行動を自分の事務所とクライアントの利益に結びつける，ということを意味し，また，専門家的な面とプロフェッ

---

[335] たとえばエンロンの監査を担当していた会計士事務所アーサー・アンダーセンについては「二〇〇〇年度にアンダーセンがエンロンから受取った報酬は五二〇〇万ドル，そのうち監査報酬が二五〇〇万ドルで，コンサルティングなどの報酬が二七〇〇万ドル……そこで収入の多いコンサルタント業をアンダーセンが重視するのは当然で，このコンサルタント業の注文をもらうために，監査業務でエンロン側に都合の良いようにはからう」（奥村『粉飾資本主義』73頁）とされる。

[336] Ken McPhail and Diane Walters, *Accounting and Business Ethics*, 2009, pp. 137-142.

ショナリズムの関係については，プロフェッショナリズムは専門的知識を，規則のなかにではなく，人（会計士）のなかに置き，したがって，**プロフェッショナリズム**はこれによって**知識と倫理を関係づける**ことができる，とされる。

また，この関係を会計制度の在り方に関する，規則主義 vs. 原則主義，の議論とかかわらしめて考えれば，原則主義は専門的知識を人のなかに求め，すなわちプロフェッショナリズムを必要とする，ということになる[337]。

第5節　プロフェッショナリズムと倫理と判断

以上のことを筆者なりに整理し，まとめてみると，次の図のようになる。

プロフェッショナルと専門家

プロフェッショナル	プロフェッショナリズム	専門的知識・技倆 （expertise）	専門家 （expert）
		倫理 （独立性等）	

```
        |
専門的知識・技倆の用い方
        ‖
       判断
        ↓
       公益
```

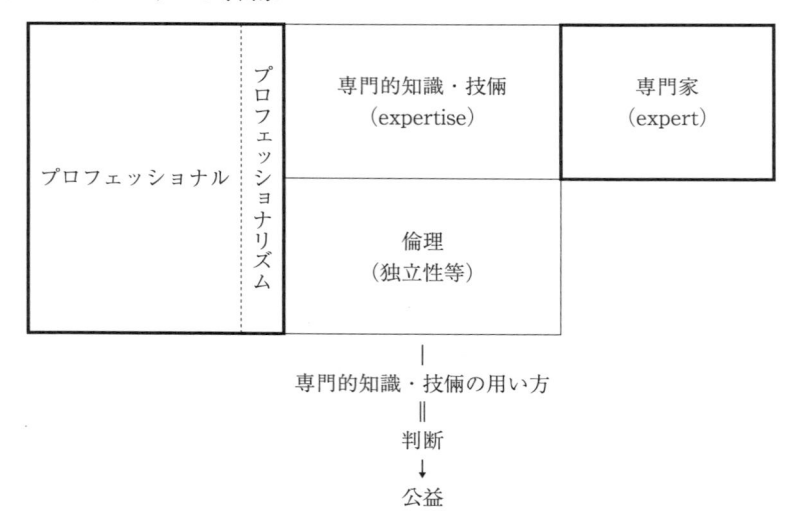

プロフェッショナルと専門家はともに専門的知識・技倆を有するが，プロフェッショナリズムは，第4節に述べられたように，専門的知識・技倆と「倫理を関係づける」。

---

[337] Matthew Gill, *Accountants' Truth*, 2009, pp. 99-100.

第Ⅴ章　会計プロフェッションと監査の意義を考える

倫理は専門的知識・技倆の用い方に作用し，用い方の問題は判断の問題にほかならない。

倫理をもって専門的知識・技倆を用いる，ということは，プロフェッショナルの判断がおこなわれている，ということを意味する。

第6節　規則主義 vs. 原則主義

2006年，スコットランド勅許会計士協会（ICAS：Institute of Chartered Accountants of Scotland）のテカニカル・ポリシー委員会（Technical Policy Board）の原則 vs. 規則作業部会（Principles versus Rules Working Group）によってまとめられた報告書は，規則主義 vs. 原則主義，において明確に原則主義を支持するものだったが，前出のマクファイルらはこれを引き合いに出している。

この報告書の見解は，ビジネスのニーズと公益の両面において満足しうる結果をもたらすことができる会計基準は原則主義的会計基準（principles-based accounting standard）を措いてほかにない[338]，に始まり，会計基準の世界的収斂はこれを細則主義的方法（detailed rules-driven approach）[339]をもって達成することはできない[340]，に終わる。

このように，まずは原則主義支持の立場を明示するこの報告書によれば，他方，規則主義（細則主義）の会計は不要な複雑さをもたらし，金融工学を助長し，しかも，必ずしも「真実かつ公正な概観」ないし「適正な表示」[341]をもたら

---

338 Institute of Chartered Accountants of Scotland, *Principles not Rules*, 2006, p.7.
339 「細則主義的（detailed rules-driven；detailed rules-based）」とも「規則主義的（rules-driven；rules-based）」とも称されるが，まずは同義。
340 Institute of Chartered Accountants of Scotland, *Principles not Rules*, p.17.
341 蛇足ながら説明すれば，この「真実かつ公正な概観」はイギリス会社法の会計規定にみられる文言であって，これを初めて用いた1947年の会社法には，貸借対照表は会計年度末の業務状態に関する真実かつ公正な概観を与えなければならず，損益計算書は会計年度の損益に関する真実かつ公正な概観を与えなければならない，といった規定があった（この規定の意義については，友岡『会計学はこう考える』190～193頁，をみよ）。

185

すとは限らない。[342]

　この報告書によれば，原則主義的基準の設定を果たすためには，財務諸表の作成者と監査人が自分たちの判断についてより大きな責任を負い，基準設定者や規制者に詳細な指導を求めなくなるような，会計プロフェッションの側の根本的な変化が必要であるし，また，規制者の側は，判断にもとづく，それゆえにかなり幅のある結果を受容しなければならない。[343][344]

　さらにまた，この報告書は下の図のような関係を「信頼のダイヤモンド」と称し，原則主義的基準による場合，規制者は財務諸表の作成者と監査人を信頼しうることが必要であり，他方，財務諸表の作成者と監査人はその信頼に応えうる判断ができなければならないとしている。[345]

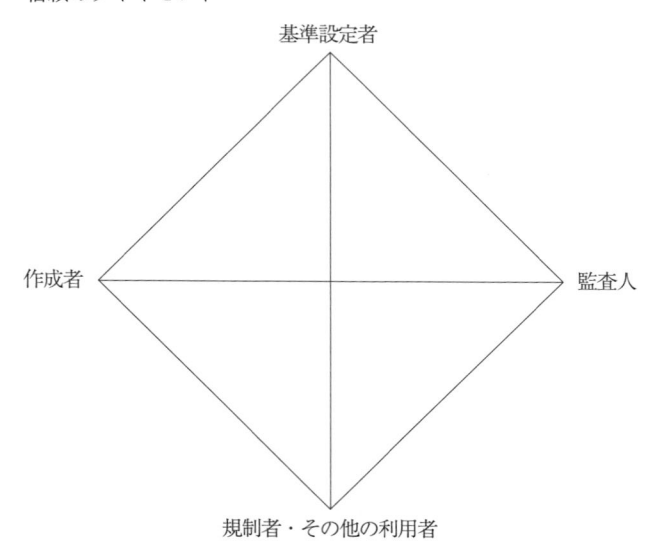

信頼のダイヤモンド

```
          基準設定者
            /\
           /  \
          /    \
   作成者 ------ 監査人
          \    /
           \  /
            \/
      規制者・その他の利用者
```

---

342 Institute of Chartered Accountants of Scotland, *Principles not Rules*, p. 11.
343 *Ibid.*, p. 13.
344 *Ibid.*, p. 15.
345 *Ibid.*, p. 3.

第Ⅴ章　会計プロフェッションと監査の意義を考える

判断にもとづく，ということは，信頼にもとづく，ということを意味し，これは，性善説にもとづく，ということだろうし，たとえば，大陸法 vs. 英米法，の議論において「判断にことを委ねる……英米法は性善説に依拠している」[346]とされるのと同様だろう。

なお，判断が求められるのは財務諸表の作成者と監査人の両方とはいえ，重視されるべきは監査人たるプロフェッショナルであって，この報告書も，原則主義的基準を設ける場合には会計士の教育訓練がこの基準に対応しなければならないとしている。すなわち，健全で倫理的な判断をなしうる専門的知識・技倆と勇気を身につけた会計士を育成しなければならない，ということである[347]。

そして，既述のように，会計基準の世界的収斂はこれを細則主義的方法をもって達成することはできない，と最後に述べるこの報告書はその理由について，この方法をもって世界中の法制度や文化の違いを克服することは難しいため[348]，としている。

マクファイルらによれば，この報告書について基準設定者は，自分たちは規則主義的基準を作成したことをもって批判されているが，自分たちがそのようにしたのは，大会計士事務所ないし大企業の会計専門家からの非常に多くの個別的で詳細な質問に答えなければならなかったからにほかならない，と主張している。

従来の監査人が優れたプロフェッショナルの判断をおこなうことによってクライアントを制御しようと努めてきたかどうか，については疑義がなくもない。

ときに企業の経営者は，そうしたやり方を禁ずる規則はどこにあるのか，と問うことによって監査人に抗議しようとする。会計士にとっては，クライアントに抗議された場合にも，だれもが同じ規則を用いていれば，他の会計士も同じように回答するという状況，すなわち，意見の違いによってクライアントを失うリスクが小さい状況が好ましいのかもしれない。

346　友岡『会計学はこう考える』188〜189頁。
347　Institute of Chartered Accountants of Scotland, *Principles not Rules*, p. 13.
348　*Ibid.*, p. 17.

規則と原則の違いは，規則は反対されるべきものだが，原則は賛成されるべきもの，という点にある。したがって，原則主義的基準の場合には，規則主義的基準の場合とは異なったプロフェッショナルの姿勢が要求されることになる。[349]

第7節　二重責任の原則

第6節に扱われたような問題については，たとえばエンロンの事件等を受けて設けられた企業改革法[350]に関する次のような見解が興味深い。

> 「エンロンとワールドコムの経営陣が株主資産を掠め取ったことで，政治の場では激しい論争が巻き起こった。……2002年，慌しくまとめられたサーベンス・オクスレー法（企業改革法）が，圧倒的な支持を受けて成立した。有意義な改革が盛り込まれていたのは，わたしにとって驚きだった。ひとつには，CEOが自らの判断に基づいて，財務諸表が企業価値を適正に反映しているとする証明書を添付しなければならない。一般会計原則（GAAP）も財務会計基準審議会（FASB）の規則も気にしなくていい。内国歳入庁（IRS）やSEC（米国証券取引委員会）の細かい規則も忘れていい。CEOにとって問題なのは，自社の財務報告書が，基礎的な財務状態を正確に反映しているかどうかだ」。[351]

> 「この要件は，原則主義の国際会計基準と，規則主義の米国FASBやSECのどちらが，企業の業績を伝えるうえで有効な方法かという，頭の痛い問題も解決してくれた。企業改革法は，こうした判断のむずかしさを回避し

---

349 McPhail and Walters, *Accounting and Business Ethics*, p. 148.
350 An Act to protect investors by improving the accuracy and reliability of corporate disclosures made pursuant to the securities laws, and for other purposes.
　同法の第1条に示される正式の略称は「Sarbanes-Oxley Act of 2002」だが，日本では「企業改革法」と呼ばれることが多い。
351 アラン・グリーンスパン／山岡洋一，高遠裕子（訳）『波乱の時代　下巻』2007年，235頁。

第Ⅴ章　会計プロフェッションと監査の意義を考える

て，最高経営責任者（CEO）と最高財務責任者（CFO）の署名を義務づけている。財務業績の解釈の責任を，本来，責任を負うべき企業経営者に負わせたのである。CEOが会計制度を選択する裁量を法的に与えられ，その結果に説明責任を負うのであれば，株主は最大限に尊重される」[352]。

　これは当時の連邦準備制度理事会（FRB）の議長A. グリーンスパンの回顧録からの引用だが，「財務業績の解釈」も，「会計制度を選択する裁量」も，会計における判断，を意味しており，すなわち，経営者は，会計における判断の権利，を与えられ，したがってまた，会計における判断の責任，を負わされている，ということである。

　むろん，会計における（判断の）責任は（専ら）経営者にある，ということは監査論においても，二重責任の原則[353]，として示されているところだが，この引用文の見解は，判断の重要性が大きい原則主義の基準の場合だろうが，判断の重要性が小さい規則主義の基準の場合だろうが，いずれにしても，すべての責任を経営者に負わせてしまえばよい，といったもののようである。

　しかしながら，会計における（判断の）責任を（専ら）経営者に負わせることができるのは判断の重要性が小さい規則主義の基準の場合だけではないだろうか。

　原則主義は（監査においてだけでなく）会計においてもプロフェッショナル

---

352 同上，235頁。
353 会計における責任は経営者（財務諸表の作成者）にあって監査人にはなく，監査における責任は監査人にあって経営者にはない，とする責任の峻別に関する原則。ただし，この原則における「二重責任」という呼び方については筆者は以前から違和感をもっており，そのため，次のような注記を目にしたときにはまさに，わが意を得たり，だった。
　「二重責任の原則は，system of dual responsibilityの訳であるとされるが，「二重の」責任ではなく「二種類の（別々の）」責任あるいは「二つの」責任という意味であるため，「二元責任」というような言葉を用いるべきであると考える」（佐々木隆志『監査・会計構造の研究』2002年，284頁）。

の判断を必要とする。[354]

　しかしまた，会計におけるプロフェッショナルの判断の否定はそもそも二重責任の原則によってもたらされている，ともいえ，この判断を用いるためには二重責任の原則をどうにかしなければならない，ともいえよう。

　そうしたなか，次のように述べる或る論者は，昨今の状況は二重責任の原則の再検討を必要としている，ということを主張している。

> 「この原則［二重責任の原則］は，畢竟，定められた会計原則通りの会計処理が行われていたかどうかを定められた監査基準によって検証することが監査人の任務であって，それら会計原則・監査基準に違背のないかぎり，監査人に責任は生じないというものであるといえよう[355]」。
> 「この二重責任の原則は……当該時点の会計原則に従っていては企業の実態を反映できないとしても，そうした会計処理を監査人が否定できず，適正意見を表明せざるを得ないという結果をもたらしている。存在する会計原則や監査基準を超える経済的実体が頻繁に生ずるような場合，当該会計原則や監査基準は改定される必要がある。それが間に合わない場合，その間隙を埋めるのは，通常は監査人の責任であると考えられる。……少なくとも現在は，会計原則や監査基準が刻一刻と変容せざるを得ない時代であり，従来通りの二重責任の原則を維持することは不適当である。……監査

---

354 なお，日本公認会計士協会の倫理規則は「会員が業務を遂行するに際して採るべき行動を基本原則に基づいて自己規制する，という考え方（原則主義）を採用し……基本原則に立ち返って判断することが会員に求められる」（鳥羽『財務諸表監査　発展篇』211〜212頁）とされ，すなわち，184頁の図に示されたような理解によれば，［倫理的に行動する　＝　倫理をもって専門的知識・技倆を用いる　＝　プロフェッショナルの判断をおこなう］という局面においてもプロフェッショナルの判断が必要とされ，敷衍すれば，どのような判断がプロフェッショナルの判断か，という判断にもプロフェッショナルの判断が必要とされる，ということになる。

355 ここでの「原則」は，むろん，「原則主義」の「原則」ではなく，この「会計原則」は「会計基準」とほぼ同義である。

356 佐々木『監査・会計構造の研究』284〜285頁。

第Ⅴ章　会計プロフェッションと監査の意義を考える

の焦点が過去記録だけに注がれていればよい状況，すなわち記録システムから一意的に財務諸表が導出される状況においては，従来の二重責任の原則はうまく機能していた。しかし，将来予測を大幅に取り込んだ財務諸表が監査の対象になる場合，その予測方法が会計原則に反映されていればともかく，そうでない場合には，監査判断の領域は大きく広がらざるを得ない。従来通りの過去の記録はもちろん，従来とは異なる将来予測に関する会計判断の妥当性をも監査対象とせざるを得ないのである」[357]。

　要は，**ルールの「間隙を埋める」のがプロフェッショナルの判断**，ともいえようし，そうした理解からすれば，原則主義というゆき方は，わざと，間隙だらけ，にしておいて判断を活用するというゆき方，ともいえよう。

　この論者はまた，「会計監査には，大別して二つの方向がある。一つは，企業会計が現に存在する会計原則・基準にしたがって行われているかどうかを，現に存在する監査基準に照らして判断するものである。……もう一つは，法や会計原則にしたがっていたのでは把握することのできない経済的実質が存在する場合，法や会計基準・監査基準を超えて企業会計を営むべきであるとする方向である」[358]として，前者を「基準準拠性」ないし「形式優先性」と呼び，後者を「実質優先性」ないし「基準逸脱性」と呼んでいるが[359]，二重責任の原則は基準準拠性の方向においてのみうまくゆく，ということだろうか。

　なお，二重責任の原則については「二重責任の話を持出すと，「すぐそうやって会計士は逃げる」と怒る人がいる」[360]ともいわれるが，「日本以外の先進国における会計事務所の役割は，リスクの外部移転先なのだろう。何かあったら会計事務所のせい，と面と向かって言われているわけではないだろうが，結果的にそういうことなのだろう」[361]とする或る会計士によれば，他方，日本のク

357　同上，285頁。
358　同上，59頁。
359　同上，59頁。
360　白石『ドキュメント　会計監査12か月　PART 1（改訂増補版）』124頁。
361　同上，196頁。

ライアントは「責任が自分たちにあることは良くわかっている」[362]。

第8節　二重責任の原則が不要の場合（外部者が会計をおこなう場合 ＝ 監査が不要の場合）

　二重責任の原則の問題は，会計と監査の違い，の問題であり，また，会計はだれがおこなって，その責任はだれが負うのか，の問題である。

　委託・受託の関係を前提とする說明，として会計という行為を捉えるならば，見方によっては，監査報告というものもまた，いわば，監査人による会計（説明），として位置づけることができるかもしれない。たとえば或る論者は次のように述べている。

>　「面白いことに，財務諸表とは，委託者と受託者との間の委託・受託関係（経済的資源の運用・保全・管理に係わる）において，受託者が委託者に対して負っている会計責任……の履行に関連して作成された報告書（accountability reports）であり，一方監査報告書も監査に係わる委託・受託関係において，監査人が委託者に対して負っている会計責任……の履行に関連して作成された報告書と理解できよう」[363]。

　確かに「面白い」理解である。それを十分に認めた上で，しかし，この理解には若干の疑義が認められる。それは財務諸表と監査報告書の本質的な違いを考えた場合のことである。財務諸表は，それをもって受託行為の顛末を説明するものだが，監査報告書は，少なくともその本質は，そうではない，ということである。

　すなわち，財務諸表は，それをもって，経営者が自己の受託した財産管理という行為の顛末を説明するものだが，監査報告書については，それをもって，

362　同上，196頁。
363　鳥羽至英「監査公準一般論」『企業会計』第29巻第9号，1977年，140頁。

第Ⅴ章　会計プロフェッションと監査の意義を考える

監査人が自己の受託した監査という行為の顚末を説明するもの，というよりもむしろ，経営者による会計という行為の顚末を説明するもの，として，少なくともその本質を捉えるべきものではないだろうか，ということである。

　こうした意味においては疑義が認められるとはいえ，それはさておき，このような，監査報告というものを，監査人による会計（説明），として位置づける見方を推し進めるならば，経営者みずからではなく，通常，監査人の立場にあるような者が会計をおこなう，すなわち経営の外部者が財務諸表を作成するといったゆき方を考えることもできる。

　換言すれば，通常は会社の会計担当者がおこなっている業務を，株主の委託を受けた経営の外部者がおこなう，といったゆき方である。そして，そうした場合には，監査という行為はおこなわれない。というのは，そこでの会計は自己の行為を説明する行為ではなくなるからである。そもそも監査の存在理由は，その対象たる会計が，自己の行為を説明するもの，であるというところにあるのであって，もしも会計が，他者の行為を説明するもの，であるならば，監査は存在しないということになるのである。

　ただし，もちろん，こうした場合にも，経営管理のための会計担当者が経営の内部者として存在することは一向に構わない。経営の外部者たる会計担当者は株主のための財務諸表を作成し，また，経営の内部者たる会計担当者は経営者のための財務諸表（？）を作成すればよいのである。

　たとえば納税申告における確定決算方式と分離方式の違いを思い描いてみるとよいかもしれない。すなわち，いま述べられたようなゆき方は，たとえば，最初から二種類の損益計算書を別箇に作成する，といった意味において，分離方式ということができるかもしれないし，また，監査というものは，確定決算方式における調整計算と同様のところに位置づけて捉えることもできるかもしれない。

　たとえば，既述のように，「監査は……一連の会計行為の，いわばフィニッシング・タッチを意味し，そのゴールを形成する」ともいわれるが，確定決算

364　山桝『近代監査論』46頁。

方式における調整計算もまた，いってみれば，「フィニッシング・タッチ」のようなものである。確定決算方式の納税申告においておこなわれるような調整計算が，分離方式のそれにおいてはおこなわれない。そのことと，いま述べられたようなゆき方において監査がおこなわれないということは，或る意味において似通っている。

第9節　重視か軽視か

　閑話休題。規則主義 vs. 原則主義の話だった。
　周知の通り，国際会計基準（国際財務報告基準（IFRS））は原則主義を採用しており，これをもって会計基準の収斂が進められてゆこうとしている現在の状況は判断というものの重要性を高めるにいたっている。むろん，まずもっての判断は企業の経営者によってなされ，会計士はその是非を判ずるという筋合いにあるが，原則主義の目指すところからすれば，そこで求められるのは高度な判断，まさにプロフェッショナルの判断にほかならず，そうした意味においては，会計プロフェッションはプロフェッションとしていよいよ重視されることになる。要は，原則主義はプロフェッショナルの判断がなければ成り立たない，ということである。
　他方，日本はアメリカと同様，規則主義を採ってきたとされているが，特に近年における詳細なルールの増加は，会計士にすれば，「「誰でもできる会計監査」「誰がやっても同じ結果」という方向性」[365]とも捉えられ，これはプロフェッショナルのモラールの低下に繋がる。事実，たとえば或る会計士は次のように述べている。

　　「選択肢が広い方が必ずしも良いとは言えないが，「誰でもできる」なら自
　　分がやらなくてもいいように思うし，そもそも日本の経理マンは優秀なの

365　白石『ドキュメント　会計監査12か月　PART 1（改訂増補版）』17頁。

第Ⅴ章　会計プロフェッションと監査の意義を考える

で，ほとんど自分で出来てしまうだろう。会計士なんか要らない」[366]。

「選択肢を絞ることでしか会計士の仕事の水準を維持することができないとしたら情けない話だと思う」[367]。

なお，ここで「会計士の水準」ではなく「会計士の仕事の水準」としているのは（意図してのことかどうかは分からないが）言い得て妙で，選択肢を絞ることは，会計士の仕事の水準の維持，には繋がるが，会計士の水準の維持，には繋がらず，むしろ，会計士の水準の低下，をもたらす。

閑話休題。こうした規則主義に対して，「原則主義をとる根底には，何事につけてもプロ集団の存在を認め，その専門的な判断を尊重する（あるいは既得権を守る？）という社会的コンセンサスがあると考えられる」[368]ともされることになる[369]。

しかしながら，その一方，前述のように，[自主規制 → 公的規制] の移行は会計プロフェッションの，プロフェッションとしての立場，を危うくする憂慮すべきこととして捉えられる。次節に述べられるように，自主規制はプロフェッションの特徴の一つに挙げられるものであって，これを否定されるということはプロフェッションとして軽視されていることにほかならないからである。

---

366 同上，17頁。
367 同上，17頁。
368 冨塚嘉一「IFRS導入でどうなる!?　日本の会計　第1回　会計基準のあり方」『会計人コース』第45巻第1号，2010年，10頁。
369 ただし，要は，原則主義は永続きしない，といった指摘もある。すなわち，「原則ベースのIFRSを採用してもいずれ各国で細則化が進み，その過程で比較可能性が失われる……。そもそもIFRSが原則主義でアメリカ基準が細則主義だというのは，市場で使われた歴史の差を考えれば当然の話で，仮にアメリカがIFRSに切り替えても，いずれまた細則化の道を繰り返すしかない（これまでのコストは無駄になる）」（斎藤静樹「コンバージェンスの岐路とIFRSの求心力」『企業会計』第62巻第2号，2010年，13頁）。

第10節　プロフェッションの特徴

マクファイルらによれば，一般に，プロフェッションの特徴，とされるものには次のようなものがある。

> ① 理論的知識にもとづく技倆
> ② 長期にわたる教育訓練
> ③ 能力のテスト
> ④ 従業の免許
> ⑤ 業務の独立性と自律性（autonomy）
> ⑥ 団体
> ⑦ 行動規範
> ⑧ 自主規制（self-regulation）
> ⑨ 公的サービスと利他（altruism）
> ⑩ 高いステータスと報酬

⑧に挙げられるように，自主規制はプロフェッションの特徴の一つとされ，また，⑤に挙げられる自律性については，プロフェッショナルはその業務を自ら統制し，その統制はプロフェッショナルに独立性をもたらす，とされ，さらにまた，⑨については，提供したサービスに対して報酬を得ることは，当該サービスは公益のために提供された，ということによって正当化される，とされ，要は，私利や利己ではない，ということが特徴とされている。[370]

---

[370] McPhail and Walters, *Accounting and Business Ethics*, p. 138.

第Ⅴ章　会計プロフェッションと監査の意義を考える

第11節　投資者保護のための公的規制なのか

　公的規制の当事者たる金融庁の公認会計士・監査審査会の会長は会計士ないし監査人にかかわる公益について次のように述べている。

> 「会計監査（いわゆる法定監査）が要求されているのは，単に被監査組織の利益のためだけでなく，公益の保護のためである。……わが国では，個人投資家が少なかったために投資家すなわち公益がこれまで重視されてこなかったが，近年の個人投資家の増加，間接金融から直接金融への変化等から，監査の公益（投資家）保護の観点が強調されるようになってきている。こうした状況変化に対応して，平成15年の公認会計士法の改正において……「公認会計士は，監査および会計の専門家として，独立した立場において，財務書類その他の財務に関する情報の信頼性を確保することにより，会社等の公正な事業活動，投資者および債権者の保護等を図り，もって国民経済の健全な発展に寄与すること」を使命とすることが明文で規定された」[371][372][373]。

> 「しかしこの公益保護の使命に対する認識が……公認会計士……には必ずしも十分ではないように思われる。会社法による大会社に対する公認会計士による会計監査の要請は，社会的存在である会社で規模の大きなものの社会に与える影響を考慮して，大会社の会計処理の適切性を確保するとの

---

[371] 「公認会計士は，監査及び会計の専門家として，独立した立場において，財務書類その他の財務に関する情報の信頼性を確保することにより，会社等の公正な事業活動，投資者及び債権者の保護等を図り，もつて国民経済の健全な発展に寄与することを使命とする」（公認会計士法第1条）。

[372] ただし，日本公認会計士協会の倫理規則（2004年）は冒頭の「倫理規則の主旨及び精神」に「公共の利益」という文言をみることができる。
　いわく，「公認会計士は，監査及び会計に関する職業専門家として，<u>公共の利益に資するため</u>，その専門能力に基づき誠実かつ公正に業務を行い，社会の健全な発展に寄与することを使命とする」。

[373] 金子晃『会計監査をめぐる国際的動向』2009年，2～3頁。

観点からであり，これも公益確保のためと言うことができる。……法定監査が公益の保護の観点を含むものであることは言うまでもないことであり，このことを認識する必要がある。すなわち公認会計士……の重要な使命が，依頼人である会社等の利益から公益の保護および確保に重点が移動してきていることを認識する必要がある」。[374]

まずは，投資者の保護がすなわち公益の保護，と捉えられた上で，近年はそうした公益の保護が監査人の使命になっている，とされ，この［クライアントの利益のため → 公益のため］という監査人の使命の変化が会計士には十分に認識されていないことが指摘されている。そして，こうした，監査人の使命の変化，に対応すべく，公益のために，おこなわれるにいたったのが公的規制，というわけである。したがって，「独立監査監督機関」と総称される公的規制の担い手による検査は「公益の保護・確保の観点からの……検査」とされている。[375]

しかしながら，投資者の保護はこれがすなわち公益の保護なのだろうか。

また，公的規制は公益のためにおこなわれる，ということのようだが，公益のために働くプロフェッションは自主規制を特徴とするはずではなかったのか。

これについては，自主規制ができるような人々だからこそ公益のために働くことができる，と解するべきか，あるいは，公益のために働くことができるような人々は自主規制ができてしかるべきである，と解するべきか。後者であれば，自主規制もできない人々が公益のために働けるわけがない，ということにもなろう。

公的規制の下で働く専門家は，公益のために働いているのではなく，換言すれば，プロフェッショナルとして働いているのではなく，単に専門家として働いているにしか過ぎない。**公的規制を必要とするような者はプロフェッショナルたりえない**，とはいえないだろうか。

---

374 同上，3頁。
375 同上，11頁。

第Ⅴ章　会計プロフェッションと監査の意義を考える

　公的規制を必要とする専門家は，公益のために働いている，のではなく，公益のために使われている，にしか過ぎないのではないだろうか。

第12節　監査業務は特殊か

　他方，会計プロフェッションに対する公的規制の必要性の理由を，監査業務の特殊性，に求める立場からは次のように述べられる。

　「他のプロフェッションの医師や弁護士のサービス提供業務については，品質管理のシステムの適切な整備運用を確かめる行政機関は存在しない。医師の診療行為や弁護士の訴訟代理等の業務の質への信頼性は，受診者もしくは依頼人が自ら直接確かめられるからである。受診者や依頼人は医師や弁護士の顔を見ながらサービスの提供を受けるから，専門知識や技術に格段の差があっても，相互のコミュニケーションで業務内容を納得することが可能である[376]」。

　「しかし，監査証明業務の場合，財務報告の利用者と監査人の間には形式的にも実質的にも契約関係はなく，しかも不特定多数の人々である。これらの人々は，公認会計士という国家資格を持つ者が行った監査証明であることのみで信頼するのである（「公認会計士」とは高度技能保持認定称号ではないのである。）。残念なことに重大な監査証明の失敗の発覚により，監査証明業務が適切な品質管理のシステムにより「質」が確保され，信頼性の高い監査意見が表明されていることを，第三者が公的に検証する体制が用意されることとなったのである[377]」。

　医師や弁護士のサービスについては，サービスの受け手がサービスの質を

---

[376]　脇田良一「公認会計士・監査審査会の活動」『税経通信』第65巻第5号，2010年，3頁。
[377]　同上，3頁。

「相互のコミュニケーション」によって「納得」することができるが，会計士のサービス（監査）については「相互のコミュニケーション」がおこなわれないため，代わりに「第三者」による「公的」な「検証」がおこなわれる，ということである。

第13節　プロフェッションの堕落と名ばかりのプロフェッション

　第11節の引用は，「近年の個人投資家の増加，間接金融から直接金融への変化等から」とされているように，まずはわが国における［クライアントの利益のため → 公益のため］という移行とそれによる公的規制の導入について述べているようだが，近年における公的規制の導入は，むろん，わが国だけのことではない。ただしまた，しかしながら，**英米における［自主規制 → 公的規制］の移行**は会計士の側における［プロフェッショナリズム → 営利主義］の変化，すなわち，［公益のため → 私利のため］の変化によってもたらされたものであって，**わが国の場合とは違う**。

　プロフェッションはイギリスに生まれ，アメリカに渡った。そうした英米のプロフェッションはまさにプロフェッションであって，以前は高邁に公益を考えていた。そうした会計士のいわば堕落（［公益のため → 私利のため］）が公的規制をもたらした。

　英米の事情はこうだったが，他方，英米の制度を輸入したわが国の会計プロフェッションはいわば名ばかりのプロフェッションであって，[378]以前から高邁に

---

[378]　この「名ばかりのプロフェッション」という言い方は，わが国にも「プロフェッション」と称されるものはあるものの，そもそもプロフェッションのなんたるか，プロフェッションの存在意義はどこにあるのか，といったことは理解されていない，ということを含意している。

　このことについては，わが国には，そもそもプロフェッションというものについて歴史的な背景がない，という点が大きい。歴史的な変遷を経て生まれてきた，という背景のあるなしは，そのものの意義の理解度に直結するからである。

　会計士制度に限らず，近代・現代の日本を構成する諸制度はその多くが明治維新期ないし第2次世界大戦後の時期に欧米から輸入されたものであって，したがって，歴史的な背景をもたず，したがって，意義の理解度が低い。

公益を考える存在ではなく，第9節の引用によれば，環境の変化が公的規制をもたらした。

このように英米と日本は事情を異にするのではないだろうか。

また，第9節の引用は「法定監査が公益の保護の観点を含むものであることは言うまでもない」としているが，このことは，かつてイギリスには法定監査（法による監査の強制）がなく，その理由の一つは，会計・監査の問題は株主と経営者の間の私的な問題である，という理解だった，ということと重ね合わせて捉えられる。法規制は［私的な問題 → 公的な問題］の変化がもたらすということだろうか。

ところで，第9節で［クライアントの利益のため → 公益のため］と表現したのは筆者であって，引用の原文は［「被監査組織の利益」のため → 公益のため］ないし［「依頼人である会社等の利益」のため → 公益のため］だった。

この「被監査組織の利益」とはだれの利益のことだろうか。「依頼人である会社」の「会社」は，すなわち株主なのか，すなわち経営者なのか。これは監査人の選任の問題を通じて監査人の独立性の問題にも繋がる。

第14節　独立性

2007年7月に報道された法務省の会社法改正案，同年10月に公表された日本取締役協会の公開会社法要綱案，2009年5月に公表された日本公認会計士協会の提言，同年9月に報道された民主党の公開会社法素案などにおいては監査人

↘　敷衍すれば，自分たちの手で歴史的につくり上げたものではないから，そのものの意義，重要性，ないし必要性といったものがいま一つ分からない，ということである。必要があって自らつくり出したものではないため，必要性がいま一つぴんとこない，ということである。

379　イギリスでは1856年の株式会社法によって監査を強制する法規定が廃され，その後，一般の会社について監査を強制する法規定が設けられるにいたったのは1900年の会社法においてだった。

380　日本公認会計士協会「上場会社のコーポレート・ガバナンスとディスクロージャー制度のあり方に関する提言」2009年。

201

（会計監査人）の選任に関して生ずる「インセンティブのねじれ」と呼ばれる問題の解決を意図した提案がなされ，すなわち，監査人の選任権を株主総会から監査役会等に移行するか，あるいはまた，選任権は株主総会に残すが，選任議案は（従来のように取締役会が決定するのではなく）監査役会が決定し，株主総会に提出する，という形にするといったことが提案されるにいたった。[381][382][383][384]

従来も形式的には株主総会が監査人を選任し，すなわち監査人の選任権は株主総会にあったが，選任議案を作成するのは経営者で，すなわち実質的に監査人を選任するのは経営者だったため，監査される側に選ばれる監査人に果たし[385][386][387]

---

[381] 従来の「会計監査人の選任議案の提案権限が経営者（取締役会）に与えられている」（同上，8頁）という形（要するに，監査される側が監査人を選ぶ，という形）は利益相反をもたらし，監査人の独立性を害なうおそれがある，という問題。

[382] ただし，「経営者を監視するためのメカニズムは会計士だけではない。社外取締役，監査役，格付け機関なども経営者の監視メカニズムと考えることができる。しかし，これらの監視メカニズムには共通の問題が存在する。すなわち，経営者は，自分を監視する会計士を自分自身で選ぶ，という問題である」（久保克行『コーポレート・ガバナンス』2010年，49頁）ともされる。

[383] 日本取締役協会金融資本市場委員会「公開会社法要綱案　第11案」（2007年）は「公認会計士又は監査法人の選任及び解任は……監査役会が行う」（21頁）とし，会計監査人「の選任・解任自体を……監査役会に委ねる」（21頁）としている。

[384] 日本公認会計士協会の提言は「会計監査人の選任に関わる主要な権限は，経営の執行機関である経営者（取締役会）からの独立性が確保された監査役（会）が有し，監査役（会）による会計監査人の選任議案が株主総会に提案される仕組みとすべきである」（7頁）としている。

[385] 会社法は「役員（取締役，会計参与及び監査役をいう。……）及び会計監査人は，株主総会の決議によって選任する」としている（第329条）。

[386] 「監査契約は，監査を受ける立場の経営者との間で取り交わし，監査報酬も経営者（会社）から受け取る。監査人を選ぶのも実質的には経営者である」（川口勉『最新監査事情』2009年，160頁）。

[387] こうした状況は20世紀初頭のアメリカにもみられたらしく，「イギリスでは監査人は株主によって任命されるのに対して，アメリカにおいてはほとんどの場合に経営者が会社を支配しており，会計士は経営者あるいは取締役によって任命されていた。……さらに，もし会計士が経営者の行動の何らかに対して不利な報告をするならば，経営者たちは会計士の報告を抑制し，いかなる証明も示さずに経営者によって作成されるものとして会社計算書を公表することができた」（桑原『アメリカ会計理論発達史』165頁）とされる。

第Ⅴ章　会計プロフェッションと監査の意義を考える

て独立性はあるのか，という独立性の問題がつとに指摘されていた，というわけだが，そうしたなか，昨今の提案はどのように理解されるべきか。

　実質的にも株主総会が選任しているのならよい，経営者が選ぶのでなければよい，ということなのだろうか。それとも，監査役（会）が選任することに意味があるのだろうか。[388]

　むろん，これは，独立性，の捉え方の問題であって，この独立性については少なくとも次の二通りの理解がある。

---

①　監査人に求められる独立性　＝　公平性・第三者性・中立性・不偏性
②　監査人に求められる独立性　＝　経営者からの独立性

---

　②の理解は通常は［監査人　＝　株主の代理人］といったような捉え方にもとづき，したがって，むろん，株主からの独立性は求めず，監査人は株主の代理人として，株主のために，監査をおこなう，とする。

　他方，①の理解は，株主のために，とはしない。

　会計主体論における資本主説のように［会社　＝　株主のもの］とするのであれば，監査人の独立性は②でよいだろうし，また，監査人の選任は株主（総会）がおこなってしかるべきだろうが，［監査人　＝　株主の代理人］とする理解も，［会社　＝　株主のもの］とする理解も，公益を考える立場にはそぐわず，

388　「［インセンティブの］ねじれの緩和のために大きな期待が持たれているのは監査役」（川口『最新監査事情』161頁）だったため，監査役には監査人の選任について同意権が与えられており，すなわち，会社法は「監査役設置会社においては，取締役は，次に掲げる行為をするには，監査役（監査役が二人以上ある場合にあっては，その過半数）の同意を得なければならない」として「一　会計監査人の選任に関する議案を株主総会に提出すること」としている（第344条）。
　　他方，監査委員会には監査人の選任について決定権が与えられており，すなわち，会社法は「監査委員会は，次に掲げる職務を行う」として「二　株主総会に提出する会計監査人の選任……に関する議案の内容の決定」としている（第404条第2項）

また，昨今，［会社 ＝ 株主のもの］とするような理解はかなり旗色が悪い。[389]

　①の理解によるのであれば，株主（総会）による監査人の選任も好ましいことではなく，とすれば，監査役（会）による選任に意義が見出されることにもなろうが，ただし，その監査役の選任権はこれも株主（総会）にある。

　いずれにしても，今日においては①が一般的といえよう。[390]

第15節　株主という存在

　さてここで，企業の種々の利害関係者のなかで株主という存在をどう捉えるか，を改めて整理しておきたい。

　こうした株主の捉え方は，まずは

> 株主は特別の存在である，という捉え方
> 株主は特別の存在ではない，という捉え方

に大別することができ，次に，特別の存在である，という捉え方は

> ①　株主は企業の所有者であるため，特別の存在である，という捉え方
> ②　株主は企業の所有者ではないが，特別の存在である，という捉え方

---

[389] たとえば一般に［会社 ＝ 株主のもの］と考えられていると思われているアメリカにおいてさえ，近年はそうではないという調査結果がある（細川，桜井『現代社会を読む経営学④　転換期の株式会社』162頁）。

[390] 後述されるように，今日においては，監査人の独立性には精神的独立性と外観的独立性がある，とされ，精神的独立性こそが重要，とされ，「精神的独立性」は，公正不偏の態度，を意味する，といったように捉えられている（たとえば，鳥羽至英『財務諸表監査　基礎篇』2009年，179頁，をみよ）。

第Ⅴ章　会計プロフェッションと監査の意義を考える

の二つに分けることができる。

　さらに，②の捉え方においては，どういう意味で特別の存在なのか，と，どういう理由で特別の存在なのか，が問題になろうが，どういう意味で特別の存在なのか，については，まずは，株主には最終的な決定権が与えられている，という意味で特別の存在といえよう。

　したがって，ここでの問題は，どういう理由で株主は特別の存在なのか，換言すれば，どういう理由で株主には最終的な決定権が与えられているのか，ということになるが，これについてもまた，次のように二つの捉え方ないし理解がありえよう。

ⓐ　株主は不利な立場に置かれていて可哀想だから，その可哀想さを補うために決定権が与えられている，といったような理解
　　（株主のために，株主に権限を与えるべきである。）
ⓑ　株主は不利な立場に置かれており，そうした株主が決定したほうが他の利害関係者の利益が害われにくいから，株主に決定権が与えられている，といったような理解
　　（みんなのために，株主に権限を与えたほうがよい。）

　ⓐの，不利な立場，というのは，一つには，株主の出資金は債権者の貸付金とは違って（株式の売却を考えなければ）返ってこない，という意味の，不利な立場，で，もう一つには，株主は配分（役員報酬・給与・利息・配当）をもらう順番が利害関係者（経営者・従業員・債権者・株主）のなかで最後，という意味の，不利な立場，だが，いずれにしても可哀想だから，そうした可哀想な株主のために，株主に決定権を与える（与えるべきである），といったように捉えられ，逆にいえば，そのままでは株主になってもらえない，決定権を与えなければ株主になってもらえない，といったように捉えられる。

　ちなみに，このような，○○しなければ株主になってもらえない，あるいは，

205

株主になってもらいやすくするために○○する，ということの代表的な例としては株主の有限責任（株主になってもらいやすくするために株主の責任を限定する）や株式の自由譲渡性（株主になってもらいやすくするために株式に自由譲渡性をもたせる）を挙げることができ，後者については，「資本に関しては，利用者である企業が長期的に利用しながらも，その所有者は短期で資金を回収するための制度（証券取引所制度）が生み出されている[391]」ともされる[392]。

閑話休題。また，ⓑにおいては，株主は，配分をもらう順番が最後，という不利な立場に置かれており，そうした立場で配分を確保するためには企業によい業績を上げてもらわなければならないため，利害関係者のなかで最も真剣に決定権を行使するだろう，とされ，真剣な決定がおこなわれ，企業がよい業績を上げることはどの利害関係者にとっても好ましい，とされる。

すなわち，株主は「経営者を監視するインセンティブも高いと考えられ[393]」，要するに，株主はコーポレート・ガバナンスのインセンティブが大きいため，み・ん・な・の・た・め・に・（あるいは，企業のために），株主に決定権を与える（与えたほうがよい），といったように捉えられる。なお，「コーポレート・ガバナンス」については色々な解釈・定義がありえようが，要は，経営者がちゃんと企業の利益を追求するようにさせること，である。

ただし，こうしたⓑの捉え方については，むろん，否定的な見解もある。たとえば，そもそも一口に株主といっても種々の株主が存在し，株式所有の目的も決して一様ではなく，また，昨今における投資ファンドのような機関投資家の台頭を念頭に置いた場合には，（みんなのために・企業のために）株主に決定権を与えたほうがよい，ということにはならない，という見解もある。

すなわち，「投資家の世界で観察される支配的な論理は，短期でいかに利益

---

391 ［無限責任株式会社 → 有限責任株式会社］という移行の意味や［当座企業 → 継続企業］という移行における株式の自由譲渡性の意味について，友岡『株式会社とは何か』第3・5・6章，をみよ。

392 加護野忠男，角田隆太郎，山田幸三，上野恭裕，吉村典久『取引制度から読みとく現代企業』2008年，282頁。

393 同上，127頁。

第Ⅴ章　会計プロフェッションと監査の意義を考える

を確保するかというものになっている……しかし一方で，企業経営の世界は違う。……企業経営の論理は投資家の論理とは逆である。つまり，中長期が土台となっている」とされる。[394]

　ところで，以上の議論は，企業はだれのものか，の議論とは次元が異なるのだろうか。

　以上の議論は②の，株主は企業の所有者ではないが，特別の存在である，という捉え方，換言すれば

> 株主は企業の所有者ではないが，決定権が与えられている，という捉え方

にもとづいていたが，他方，①の，株主は企業の所有者であるため，特別の存在である，という捉え方，換言すれば

> 株主は企業の所有者であるため，当然に決定権が与えられている，という捉え方

にもとづく議論も（当然に）ありうる。

　ここでは，企業はだれのものか，の議論には深入りしないが，企業は株主のものである，とする立場の論拠としては，株主は金を出しているから，といったものや，株主は委託・受託の関係における委託者だから，といったものがあり，たとえば後者については，何の委託なのか，が問題になるかもしれない。筆者とすれば，財産管理の委託，としているが[395]，財産の委託，とする見解も少なくない。[396]

394　同上，136頁。
395　第Ⅱ章第4節をみよ。
396　第Ⅱ章第6節をみよ。

207

また，以上のことを会計についていえば，たとえば次のような捉え方がありえよう。

○　企業は株主のものだから株主に説明する。
○　可哀想だから決定権を与えられている株主に，その権利行使（意思決定）に必要な情報を（株主のために）提供する。
○　ガバナンスのインセンティブが大きいから決定権を与えられている株主に，その権利行使（意思決定）に必要な情報を（みんなのために）提供する。

　ただし，むろん，この場合は，いずれにしても，監査人に公平性・第三者性・中立性・不偏性が求められる，ということにはならない。

第16節　インセンティブのねじれ

　閑話休題。従来は，監査人の選任について，監査役には同意権，監査委員会には決定権が与えられてきているが[397]　これを改変して，監査役にも決定権を与えることについては次のような批判がある。

> 「監査論の立場から考えれば，監督（supervision）と監査（audit）の差異概念に注意しなければならない。監督は……支配命令権，是正権限など，人事権を持つ直接統制概念である。それは受託責任者としての取締役が持つ強制権限を有している。それに対して，監査は……支配命令権ではなく，助言勧告権を持つ間接統制概念である。それは受託責任を負わない第三者としての指導権限を有している。……監査委員会の構成員は取締役である

397　注記388をみよ。

第Ⅴ章　会計プロフェッションと監査の意義を考える

が，監査役は取締役ではない。その意味で，監査委員会が会計監査人の選任議案……の決定権を持つことは不可能ではないはずである。……要するに，監査役による会計監査人の選任議案……の「同意権」から「決定権」への「インセンティブのねじれ」解消問題は，「監督」と「監査」の概念の差異，支配命令権と助言勧告権の差異があるため，もともとムリな問題であり，監査委員会監査（取締役の資格）と監査役会監査（監査役の資格）との基本的差異問題が潜んでいるのである」。[398]

また，「監査役が決定権を持ってしまうと業務執行を行うこととなり，監査役の職務に矛盾が生ずる」[399]ともされる。

他方，会計士には次のような危惧の念もあるらしい。

「会社法監査で関与しているクライアントでは業務監査を行っている監査役が，最終的には我々の仕事を承認する権限を持っている。……会社法も商法時代から数度の改正で監査役の会計監査人（我々会計士のこと）に対する権限がずいぶんと強化されている。生殺与奪の権利を持っている，とは言いすぎだろうが，監査報酬の同意権も含め，それでもやろうとすればできる。……最近の監査役は……高圧的な方が多い。これでさらに選任権まで監査役に付与されたらどうなるのだろうか」。[400]

さらにまた，「現行の同意権も，監査役が経営者から独立した判断を下せることを前提として設けられているはずである」[401]から，要は，同意権で十分（同

---

[398] 友杉芳正「監査の本質とインセンティブのねじれ問題」『税経通信』第65巻第1号，2010年，55頁。
[399] 川口『最新監査事情』162頁。
[400] 白石『ドキュメント　会計監査12か月　PART1（改訂増補版）』55頁。
[401] 蟹江章「インセンティブはねじれているか？」『企業会計』第62巻第3号，2010年，132頁。

209

意権でダメなら決定権でもダメ），とする向きもある。[402]

　この向きはしかし，次のように述べて，インセンティブのねじれの存在自体を否定する。

>「監査は監視とは異なる機能である。監査人は，経営者の不正を「見張る」ことを職務としてはおらず，経営者が自らの責任で適正に作成しているはずの会計情報が，確かに適正であるということを事後的に確かめることが監査だと主張してきた。……経営者は，厳格な監査に基づいて適正意見を得ることができれば，会計情報の作成責任の履行を最大限に主張することができる。逆に，不正会計を容認するような監査を選択すれば，結果的に，経営者としての立場を失うことにもなりかねないのである」[403]。
>「経営者は，自らの責任の履行を最大限に正当化してくれる厳格な監査が実施できる報酬額を提示することで，監査からの受益を最大化できる。監査報酬を必要以上に低く抑えようとすれば，不十分な監査によって自らの正当性を高める機会を失うことになるであろう」[404]。

　経営者は「不正会計を容認するような監査を選択」するまでもなく，不正会計をおこなったことによって「経営者としての立場を失う」だろうが，それはさておき，株主・投資者等は，監査の質，すなわち，「厳格な監査」か，それとも「不十分な監査」か，をどのようにして知るのだろうか。問題は報酬額なのだろうか。

　或る会計士は次のように述べている。

---

402 ちなみに，アンケートによれば，会計士と監査役はともに，監査役に決定権を与えること，に賛成ではないらしい。会計士とすれば，監査役の独立性や専門能力に懸念があり，監査役とすれば，同意権で十分，ということのようである（同上，132～133頁）。
403 同上，133頁。
404 同上，133頁。

第Ⅴ章　会計プロフェッションと監査の意義を考える

「監査という仕事に報酬額以外で差を付けることはかなり難しい。……複数の監査法人から選択しよう，とすると報酬額が低いところを選ぶ，という結果になることが多いようだ。「やすかろう，悪かろう」というのもそろそろこの世界でも増えてきているようだが，どうだろうか？」[405]。

しかしまた，かれは次のようにも述べている。

「そういうもの［監査報酬の額］も経営者としてはアピールの材料にできたりしないだろうかと当初は考えていた。「うちの会社は外部監査にこれだけコストをかけて信頼性の高い監査をしてもらっている。」とアピールすればよいのではないか。……しかし，そんなことは甘い妄想だった。……同じ監査意見を入手するなら安い方がいい，という程度の結論しか持ちえないなら，そのとおりかもしれない。……やはり「安い方がいい」というのがすべての基本のようだ」[406]。

安かろう悪かろうか，それとも，安いほうがいいか。

ところで，民主党の公開会社法素案が報道された当時，如上の改変が予定されていた公開会社法の問題は新聞や雑誌等でもときおり取り上げられていたが，この改変の問題，すなわち監査人の選任の問題にはほとんど言及がなかった。
たとえば本章の草稿を書いていた某日の某紙にも，たまたま，1面に「公開会社法，11年に立法化」という見出しの記事をみることができ[407]，5面にはこの記事の解説をみることができるが，監査関係では，従業員代表監査役制度，の紹介があるだけであるし，また，当時の某専門誌の公開会社法をテーマにした連載記事もこの問題には言及していない[408]。

---

[405]　白石『ドキュメント　会計監査12か月　PART 1（改訂増補版）』27頁。
[406]　同上，135頁。
[407]　『日本経済新聞』第44521号，2010年。
[408]　上村達男，中村直人「対談　公開会社法とは何か〔第1回〕～〔第3回・完〕」『企業会計』第61巻第12号～第62巻第2号，2009年～2010年。

211

インセンティブのねじれの問題は監査においては，最大の問題，ともいえようが，それがこのような扱いを受けるとは，いくら最大でも**所詮は会計や監査の話**，というべきか。

第17節　外観的独立性

閑話休題。たとえば，企業改革法（Sarbanes-Oxley Act of 2002）によって強化される前から，「監査に従事している会計士の独立性についての基準が……米国のルールでは相当厳しく……監査報酬と同額かそれ以上のコンサルティング報酬を得ていてもなんら問題にしなかったルールと，会計士個人に要求される利害関係のクリーンさと，あまりのギャップに驚いた[409]」とし，「その利害関係の典型が株式の保有だろう[410]」とする某会計士は次のように述べている。

「株主総会を見ていて思うことに，本当に会計士は株を保有してはいけないのだろうか，という疑問がある。株主は真剣に会社の経営を見定めようとしているのに，会計士は極論してしまえば他人だ。最近では経営者に自社の株をより多く保有するよう求めている例があると聞く。……ストック・オプションを持っているから株価値上がりを期待するのではなく，株主から委任を受けていることを，自身の利益を賭けて実行していくことは必要だと思う[411]。では会計士は他人でよいのだろうか？　……勿論，会計士

---

[409]　白石『ドキュメント　会計監査12か月　PART 1（改訂増補版）』131〜132頁。
[410]　同上，132頁。
[411]　蛇足ながら説明すれば，ストック・オプションの場合は「自身の利益を賭けて」とはならない。
　　すなわち，たとえば「ストック・オプションで重要なのは，株価が高ければ大儲け，低くても損失はゼロということである。このことは経営者のリスクテイクを強く促す効果がある。株価が大きく下がったとしても個人的には損失はない」（久保『コーポレート・ガバナンス』17頁）とされ，ちなみにまた，「有限責任制度を通じて資金を集める株式会社では，経営者が必要なリスクを取らないことの弊害も大きい。この意味でストック・オプションは不可欠である」（同上，59頁）ともされる。

第Ⅴ章　会計プロフェッションと監査の意義を考える

に株式保有を自由化させれば，当然悪いことを考える人はいるだろう。ただ，それはインサイダー取引という「悪行」を取り締まり，それに違反した者を「厳罰」に処せば良いのではないか。……株主から信用される会計士であるためには，株主と同じ立場であることも必要ではないだろうか」。[412]

このような，監査人の株式所有の是非，の問題は昔から論議されている。
いや，かつて論議されたのは，株式所有の是非，ではなく，まずは，株式所有の要否，の問題だった。

19世紀イギリスの会社法は当初，株式の所有を監査人の要件としていた。すなわち，監査人は株主でなければならない，としていた。

このように株主のなかから選ばれる監査人は「株主監査人」と呼ばれるが，こうした株主監査人の意義は，監査人も株主なら，他人事，ではなく，自分の財産にかかわることだから，一所懸命，真剣に監査をやるだろう，という点にあった。

しかし，株主監査人は大抵は会計のシロウトだった。株主監査人は，たまたまの場合か，わざわざの場合以外，すなわち，株主のなかにたまたま会計士がいるか，会計士がわざわざ株主になるか，でない限り，会計のシロウトだった。そうした株主監査人は，やる気はあっても，会計のことは知らず，したがって，株主監査人による監査には実効がなかった。

そのため，監査人の要件としての株式所有の要否はかなり論議され，会社法の規定は次のように改変されていった。

---

[412]　白石『ドキュメント　会計監査12か月　PART 1（改訂増補版）』132～133頁。

> 監査人は株主でなければならない。
> ↓
> 監査人は株主でなくてもよい。
> ↓
> 監査人は株主であってもよい。[413]

　したがって，19世紀イギリスの論議は，監査人のやる気，という視点から，株式所有は必要か否か，を問うものだったが，他方，今日の理解はまずは，監査人の独立性，の視点から，株式所有は非，とするものであり，たとえば「公認会計士又はその配偶者が，被監査会社等の株主，出資者，債権者又は債務者である場合」（公認会計士法施行令第7条）には「著しい利害関係」（公認会計士法第24条）があるとされ，したがって，独立性に問題があるとされ，監査業務を「行なってはならない」（公認会計士法第24条）とされている。[414]

　また，たとえば「SECが財務諸表監査の主体である公認会計士の独立性を評価する立場は，2つの独立性テストである」[415]とされ，「第1のテストは，監査人と依頼会社との間で共通の利害や相反する利害がないこと」[416]とされ，次のようにも述べられる。

>「共通の利害とは，例えば，依頼会社の株式を保有することや依頼会社における経営者や管理者の役割を担うことである。監査人が依頼会社の株式を保有し株主の立場に立つとすれば，株主の利益を最大限に追求しようとする経営者の立場と一致することになる。しかし，企業の利害関係者は株主だけではないので，このような立場に立った監査人は，独立の立場を欠

413 　以上，株主監査人については，友岡『会計士の誕生』82〜90頁。
414 　たとえば，鳥羽『財務諸表監査　基礎篇』183頁。
415 　高田敏文『監査リスクの基礎』2007年，64頁。
416 　同上，64頁。

第Ⅴ章　会計プロフェッションと監査の意義を考える

いているとSECはみなす。また当然のこととして，他の利害関係者からは独立性が欠如しているとみなされ，監査自体が意味をなさなくなる」[417]。

　しかし，ここで留意すべきは，第11節に述べられたように，今日における「独立性」は一般に，公正不偏，すなわち，第三者性，や，中立性，を意味するが，他方，［監査人 ＝ 株主の代理人］[418]と理解されていた19世紀イギリスの場合の「独立性」はしたがって，決して，株主からの独立性，を意味せず，それゆえ，株式所有は非，とされることはない，ということである[419]。ただし，「会計士は他人でよいのだろうか？」と問う某会計士は，インサイダー取引のおそれは考慮するものの，独立性（第三者性・中立性）のことは念頭に置いていないようで，いわば，19世紀イギリス的，である。
　また，この会計士は「株主は真剣に会社の経営を見定めようとしているのに，会計士は極論してしまえば他人だ」として（他人であるのは当たり前のことで，極論などしなくとも他人だろうが），「信用される会計士であるためには，株主と同じ立場であることも必要」としているが，他人でもちゃんとやる，同じ立場でなくても信用される，のがプロフェッショナルではないのだろうか。
　さらにまた，監査論のテキストの類いでは，監査人の独立性には精神的独立性と外観的独立性があり，株式所有は外観的独立性（第三者性・中立性）の面において「法律や監査基準を通じて排除しなければならない要因」[420]とされ，すなわち，株式所有は外観的に非，とされているが，他方，「信用される会計士であるためには，株主と同じ立場であることも必要」という理解は，株式所有は外観的に是，ということではないだろうか。

417　同上，64〜65頁。
418　ただし，株主監査人の場合は，代理人，というよりも，代表，である。株主監査人は株主を代表して監査をおこなう。
419　なお，この場合，独立性の点から，株式所有は非，とされることはないが，シロウトによる監査には実効がない，という点から，株式所有を必要（要件）とすることは非，とされるかもしれない。
420　鳥羽『財務諸表監査　基礎篇』182頁。

> ○ ［独立性 ＝ 第三者性・中立性］とする場合
> 　株式所有は外観的に非
> 　第三者性・中立性という視点においては，外観的に信用できない。
> 　換言すれば，外観的に第三者的・中立的でないと，（独立の）監査人として信用できない。
> ○ ［監査人 ＝ 株主の代理人］とする場合
> 　株式所有は外観的に是
> 　株主の目からみて，外観的に信用できる（自分の代理人として信用できる）。
> 　換言すれば，外観的に同じ立場でないと，代理人として（味方として）信用できない。

　なお，テキストの類いでは，「精神的独立性が最も重要なことはいうまでもない[421]」といわれるが，筆者とすれば，むしろ外観的独立性のほうが重要，である。要は，外見よりも中身，ではなく，中身よりも外見，と考えるからである[422]。

第18節　精神的独立性と外観的独立性

　前節の引用における，アメリカの証券取引委員会（SEC）の独立性テスト，は精神的独立性についてのものである。いわく，「監査人が共通の利害や相反する利害を有しているかどうかは，精神的独立性が保持されているかどうかを

---

421 同上，179頁。
422 心はどんなに善良でも，人相が悪いと（つまり悪人面だと）信用されないし，どんなに腹黒くても，顔が善良そうなら信用される，といったことである。
　なお，こうした，外観の重要性，のその他の例としては，地位や資格の重要性，を挙げることができる。友岡『会計の時代だ』いわく，「「肩書きよりも中身が大切」などといわれるが，肩書き（地位や資格）は重要である。「中身」はなかなかわからない。顔をみただけではわからない」（22頁）。

第Ⅴ章　会計プロフェッションと監査の意義を考える

SECが判定するときの第１テストである。監査人が特定の利害に立ち，それが共通の利害や相反する利害に該当するとすれば，SECは監査人に精神的独立性が欠けているとみなす」[423]。

> 「精神的独立性は監査人の・心・の・状・態・であるとする考え方に日米の捉え方に若干の差異はみられるものの基本的な考え方は共通である。わが国の監査基準でも，……SECの見解でも同様であるが，精神的に独立であるのかどうかが判定されるときには，外観的独立性が遵守されていることを前提としている。つまり，・外・観・的・独・立・性・が・守・ら・れ・て・い・な・け・れ・ば，・精・神・的・に・も・独・立・で・な・い，とみなされることが，監査実務の常識となっている」[424]。

監査人に対する精神的独立性の要求については，概念的には

---

① 心がぐらつかないように，どのような状況でも・ぐ・ら・つ・か・な・い・よ・う・な・心・を・も・て（特別の利害関係があっても独立性を保てるような強い心をもて）という要求
② ・心・が・ぐ・ら・つ・か・な・い・よ・う・に，・ぐ・ら・つ・く・よ・う・な・状・況・を・避・け・ろ（特別の利害関係があると独立性を保てないから，そうした関係はもつな）という要求

という二通りの理解がありえようが，どうやら，**一般に求められているのは「ぐらつかないような心」ではないらしい。**

もっとも，こうした点については「監査制度を構築する……という観点からは，とりわけ４つの点で……外観的独立性が重要になる」[425]として，「第２に，

---

[423] 高田『監査リスクの基礎』65頁。
[424] 同上，65～66頁。
[425] 弥永真生『監査人の外観的独立性』2002年，7頁。

精神的独立性を担保するために，外観的独立性を確保する制度が意義を有する。制度設計的な観点からは，通常の人であれば，そのような状況の下では精神的独立性を保持することができるという状況を設定することが必要であると考えるべきである……。すなわち，会計監査を行う者が通常の人よりも精神的独立性を脅かすような事象に耐え得ると考えるのは必ずしも適当ではない」とする指摘があり，「制度設計的な観点からは」そうかもしれないが，監査制度や会計プロフェッションの捉え方によっては必ずしもそうではないかもしれない。

　すなわち，これは，プロフェッション（ないしプロフェッショナル，あるいはプロフェッショナリズム）と制度の関係をどう捉えるか，**制度はプロフェッションの存在を前提にしているのか**，といったことにかかわる。

　別言すれば，たとえば，ちゃんとした監査ができるちゃんとした監査人の要件としては独立性と専門性（専門的知識・技倆を有すること。要は，会計のことが分かっているということ）の二つを挙げることができるが，独立性について「通常の人」を前提にするというなら，専門性についてもそうなのだろうか，ということである。監査制度は専門性についても「通常の人」，すなわち，会計のシロウト，を前提にしているのだろうか。

　監査の独立性を確保するために「通常の人」を前提にした制度を作り，監査の専門性を確保するために「通常の人」を前提にした制度を作るのだろうか。シロウトでもちゃんとした（実効のある）監査ができるような制度を作るのだろうか。

　それとも，専門家（expert）は前提にするが，プロフェッショナルは前提にしないのだろうか。

　専門性については「通常の人」ではない専門家も独立性については「通常の人」だが，**プロフェッショナルは（専門性についても）独立性についても「通**

426 　同上，9頁。
427 　友岡『会計の時代だ』19〜21頁。
428 　専門家とプロフェッショナルの違いについて「プロフェッショナリズムと倫理と判断」と題した第5節をみよ。

常の人」ではないはずである。
　しかし，そうしたプロフェッショナルの存在が前提とされないのであれば，プロフェッショナルの存在意義はどこにあるのだろうか。

第19節　外観的独立性と身分的・経済的独立性

　「外観的独立性」という概念については，ときにこれに近い（これと重なる）概念として，あるいはこれに含まれる概念として「身分的・経済的独立性」という概念があり，これについては，たとえば次のような記述がある。

> 「従来，監査人の独立性については，「身分的独立性：経済的独立性」，「実質的独立性：形式的独立性」，「主体的独立性：客体的独立性」等の概念によって研究されてきたが……[429]」。

　ここに看取されるように，「身分的・経済的独立性」はいささか旧い概念のようで，事実，たとえば四半世紀以上前の或るテキストには

> 「監査人の独立性はこれを精神的独立性，身分的独立性ならびに経済的独立性の３つの側面から把握することができよう。……後者の身分的関係ならびに経済的関係からの開放(ママ)といわれる独立性は，形式的独立性ともいわれるが，それらは形式的条件であるところから法令等で明確に規定され，いわば独立性の最低の条件であるとも解される。この身分的・経済的な独立性を基礎的条件として，さらに……精神的独立性を保持すること，いわば３種の独立性の条件をともに備えてこそ，信頼性のある財務諸表監査制度の確立が期待されると解する」[430]。

---

[429] 川北博（編著）『新潮流　監査人の独立性』2005年，11頁。なお，「：」の用法（意味）に一貫性がないのが気になるが，それはさておく。
[430] 會田義雄『現代会計監査』1983年，33〜34頁。

219

と述べられ，ここには「身分的・経済的独立性」があって「外観的独立性」はなく，要は［「身分的・経済的独立性」→「外観的独立性」］という概念の移行は次のように解説される。

> 「Ｈ３監査基準［平成３年に改訂された監査基準］では……「企業が発表する財務諸表の監査は……当該企業に対して独立の立場にある者によって行われなければならない」と規定され……独立の立場とは，経済的・身分的独立性を含意している，とされてきた[431]」。
> 「こうした意味内容をもつ形式基準としての独立性基準が，外観的独立性と呼ばれるようになったのは，従来の経済的・身分独立性，あるいは適格性基準と呼ばれていたときよりも，その意味するところが拡張してきたからである[432]」。

そして，こうして登場した「外観的独立性」については次のように述べられる。

> 「公認会計士制度委員会研究資料第１号「監査人の独立性について」……では，その冒頭に「一般的に監査人の独立性には，精神的独立性と外観的独立性があり，外観的独立性は，精神的独立性を確保するため，また外部利害関係者に対して独立性が保持されていることを示すために必要とされる」と定義し，精神的独立性と外観的独立性の両者の関係についても述べている[433]」。
> 「この文言の論理構造は，監査人の監査意見形成のために絶対に必要な規範は精神的独立性の確保であり，外観的独立性は，それを確保するための傍証要件として認識するとともに，外部の利害関係人に対する対抗要件で

---

431 高田『監査リスクの基礎』66頁。
432 同上，66頁。
433 川北『新潮流　監査人の独立性』10頁。

もある,とするものである」。[434]

どうやら,この,精神的独立性ではないほうの独立性,には二つの意義があるようだが,これを「外観的独立性」と称するのには違和感がある。

すなわち,「独立性が保持されていることを示すため」というそれは確かに「外観的独立性」と称されるべきだが,「精神的独立性を確保するため」というそれは,外観的独立性,なのだろうか。

第18節に示された,精神的独立性の要求,に関する②の理解を受け容れるならば,「精神的独立性を確保するため」というそれは,身分的・経済的独立性(特別の利害関係がないこと),なのではないだろうか。

一つ前の引用,すなわち[「身分的・経済的独立性」→「外観的独立性」]に関する解説には「その意味するところが拡張してきた」とあったが,果たして「拡張」といえるのだろうか。身分的・経済的独立性,と,外観的独立性,は次元を異にしているのではないだろうか。

ちなみに,或る標準的なテキストには次のように述べられているが,これはどう解するべきだろうか。

> 「外観的独立性が保持されているかどうかの判定には,被監査会社との間の身分的関係と経済的関係を用いるのがもっともわかりやすく,また一般的でもある」。[435]

第20節 独立監査の意味

独立監査とは何か。それは,独立監査人による監査,である,といったならば,当たり前に過ぎる,とされるかもしれない。がしかし,たとえば,外部監

---

434 同上,10頁。
435 盛田良久,蟹江章,友杉芳正,長吉眞一,山浦久司(編著)『スタンダードテキスト監査論(第2版)』2009年,186頁。

査と内部監査はどう違う，といった問題とは異なり，この独立監査の問題については，それはすぐれて監査人の属性の問題，ということができる。

たとえば，外部監査と内部監査はどう違う，という問題においては外部監査という種類があり，内部監査という種類があるが，独立監査についてはそうではない。独立監査という種類があり，非独立監査という種類があるわけではない。

むろん，実態として，独立性を欠く監査は存在するだろうが，そうした監査は監査としての意味をもたない。そもそも監査の存在理由は（その対象たる）会計というものが，自分のやったことを自分で説明する行為，であるところにこそある。いってみれば，会計がそのようなものであるために，会計の行為主体の利益とは無関係なだれかが何かをしなければならない，ということなのであって，この「何か」が監査ということになる。

ただし，実は，こうしたコンテクストにおいては，（会計をチェックするという）監査という行為それ自体よりもむしろ，会計の行為主体の利益とは無関係なだれかが何かをする，ということにこそ，まずもっての意味があるのである。

すなわち，監査はそもそも独立の立場からする行為として生ずるものなのである。

むろん，実態として，独立性を欠く監査は存在するだろうが，それを「非独立監査」などと呼んでみたところで無意味というよりほかなく，そもそも独立的なものたる（「独立的なものたるべき」ではない）監査が独立性を欠けば，それはもはや監査ではない，といってもよい。[436]

---

[436] ただし，もちろん，こうした捉え方を押し進めて，たとえば「監査」という概念それ自体の定義に「独立性」という概念を含ませるならば，何もことさら「独立監査」などという言い方をする必要もなくなる。とはいえ，そうであるとしても，いま述べられたような，監査の素性，を明示することにおいて，「独立監査」という言い方はあってよい。

第Ⅵ章
会計の歴史に学ぶ

第1節　歴史に学ぶ

　『会計学原理』と題する本書のテーマは，要は，会計とは何か，会計の目的・機能は何か，ということで，これは，別言すれば，会計の意義・意味ないし存在理由(レーゾン・デートル)は何か，であるといえよう。**存在するものにはすべて意味があり，存在にはすべて理由(わけ)がある。**そして，その意味は歴史のなかにある。或るものの存在理由はその歴史のなかにあり，すなわち，**われわれは或るものの意義をその歴史のなかに知ることができる**（逆にいえば，歴史がないと存在理由が分かりにくい）。歴史に学ぶとはそうしたことだろう。[437]

　われわれは会計の意義をその歴史に学ぶことができる。[438]

---

[437] たとえば，日本では会計士監査の意義が十分に認知されていない，といった指摘があるが，これについては，その原因の一つを「歴史的な背景がない，ということ」（友岡『会計士の誕生』34頁）に求めることができよう。第Ⅴ章の注記378にも述べられたように，「近代日本を構成する諸制度はその多くが明治維新期か第二次世界大戦後の時期に欧米から輸入されたものであり，したがって，歴史的な背景をもたず，したがって，意義の認知度が低い。……自分たちの手で歴史的につくり上げたものではないから，そのものの意義，重要性，必要性といったものがいまひとつ分からない（あるいは，観念的にしか分からない），ということである」（同上，34頁）。

[438] また，友岡『会計学はこう考える』いわく，「これは何も，会計，にかぎったことではありませんが，たとえば，今日の会計，は，かつての会計，と較べてかんがえてこそ，よく知ることができます。……こうした，かつて，と，今日，との比較は，それによって，**不易(ふえき)のところ，と，そうでないところ**，とを知ることができ，別言すれば，**何が変わって何が変わらないのか**，を知ることができ，それはまた，当該対象（会計なら会計）の理解を深めます。陳套な言い方をすれば，歴史を学び，歴史に学ぶ，ということです」（82頁）。

第2節 「会計史」という学問領域

「会計史」という領域については次のような記述がある。

○1987年

「社会科学では、法学、経済学、商業学、経営学に、それぞれ、法制史、経済史、商業史、経営史が大学の教授科目として、今日確立されているのに反し、簿記・会計学の歴史的研究は、先覚者達の努力にもかかわらず、学科目としての確立の過程は、遅々として進まない」[439]。

○1996年

「いま現在、どのくらいの数の大学に「会計史」といったタイトルの講義がもうけられているか正確には知らないが、それほど多くないことはたしかである。仄聞するところでは、たとえば、わが国における会計史学の代表的な先駆者小島男佐夫……は、長く教授をつとめた関西学院大学に「会計史」という講義がなく、「簿記論」などといった類いの講義においてもっぱら歴史を講じていた（その是非はさておくが）という。また、小島とならぶ斯学の泰斗茂木虎雄……は（やや古い記述ではあるが）つぎのように記している。「学部の講義として「会計史」があるのは、立教大学、専修大学ぐらいのものではないかとおもう。講義と専攻が一致して感謝している」[440]。

「会計史という学問領域は、ある意味において、いまだ発展途上にあるというか、ようやく形をなしてきたというか、いずれにしても、それほど成熟した学問領域ではなく、その手法であるとか、体系性であるとかいった点において、いわゆる歴史研究としては、他の領域に比してまだまだおくれているのが事実であろう。たとえば、（その是非はともかく）一般にヒ

---

439 小島男佐夫『会計史入門』1987年、1～2頁。
440 友岡『歴史にふれる会計学』i～ii頁。

第Ⅵ章　会計の歴史に学ぶ

ストリアンのとる，いわゆる１次史料至上（？）主義的な主張が広くきかれるようになったのも，ごくごく最近のことである（著者自身はこうした主張が好きではないが）。……こうしたことについては，そもそも会計学（会計を対象とする学問）自体が比較的に若い学問であって，いわば，ようやく歴史にも目をむける段階にまできた，といった理解をすることもできるかもしれない」[441]。

○2005年
「会計学の世界において，会計史——以前は簿記史あるいは簿記・会計史といわれていた——は，従来マイナーな分野であるといわれていた。事実，大学において，会計史を講じているところはごくわずかである。また，会計史家（研究者）も少ない。多くは，他の会計学の分野を研究の主要領域としており，いわば片手間に会計史の研究・教育をしているのが現状ではないだろうか」[442]。

「会計史」の学会，日本会計史学会が設立をみたのは1982年のことだった。
そもそも何をもって或る学問領域の確立とするか。これは，むろん，議論の分かれるところだろうが，一つのメルクマールとしては，学会の設立，を挙げることもできよう。
直上に述べられたように，わが国におけるこの領域の学会の誕生はあまり古いことではなかったが，これは海外にあってもそれほどの大差はなく，会計史家協会（Academy of Accounting Historians）がケベックで設立をみたのは1973年のことだった。これらは他の類似領域と較べてみると顕著に晩く，たとえば同じ社会科学の「歴史」を代表する「経済史」の場合は1930年に社会経済史学会が設立をみ，また，「経営史」についても，経営史学会が設立をみたのは1964年のことだった。さらにまた，ちなみに，「会計学」の学会，日本会計

---

[441] 同上，2～3頁。
[442] 平林喜博（編著）『近代会計成立史』2005年，(1)頁。

225

研究学会が設立をみたのは1937年のことだった。

とはいえ，いずれにしても，1982年はわが国における「会計史」にとって画期の年だった。

第3節 「会計史」の確立

本節では「会計史」の変遷が通史（全時代にわたって総合的に書かれた歴史）を手掛かりに概観される。これは，「会計史」に限らず，およそ歴史というものには，まずは①大摑みの通史（的なもの）が書かれ，その後，本格的な歴史研究へと深化し，そこでは②細分化された対象における緻密な歴史が書かれ，その後，本格的な研究の蓄積を踏まえ，③体系性をもった通史が書かれる，といった過程がみられるからである。また，③については「会計史研究の蓄積は会計通史を生み出すに至る。……これは会計史という分野が１つの学問体系を確立し，市民権を獲得したことを意味している」[443]ともされ，すなわち，○○史研究の蓄積は○○通史を生み出し，これは○○史という学問領域の確立を意味している。

海外に目を向けた場合，①の通史を代表するものとしては，R. ブラウン編の *A History of Accounting and Accountants*（1905年）とA. H. ウルフの*A Short History of Accountants and Accountancy*（1912年）がまずは挙げられ，リトルトンの *Accounting Evolution to 1900*（1933年）が続く。

なかでも「歴史のあさい会計史学においては，すでに古典中の古典ということもできるであろう」[444]ともされるブラウンの書はしかしながら，「ブラウンは……精力的な古書蒐集家としても知られ，現在のスコットランド勅許会計士協会のもつ古書コレクションの礎をきずいたが，その結実ともいうべきものが」[445]

---

443 同上，(1)頁。
444 友岡『歴史にふれる会計学』6頁。
445 同上，6頁。

この A History of Accounting and Accountants ともされ，また，「文献目録……には古書蒐集家ブラウンの面目躍如たるものがある」[446]などともされ，最初期のものながら，既にして高質の史書といえよう。事実，たとえば「わが国における会計史研究の第一人者……小島男佐夫の遺著『会計史入門』は，このブラウンの書物が•種•本になっているのではないか」[447]ともされるが，「日本のみならず，世界的な会計史家として知られている小島男佐夫博士は……全生涯を会計史の研究にささげられたその成果を集約され，この程，完成されたのが本書である。……「会計史通論」を目指して，これまでの研究成果を体系的に整理……我が国最初の「会計通史」であると同時に，教授の全生涯の総括決算書ともいうべきものである」[448]ともいわれるこの『会計史入門』が刊行されたのは1987年のことであって，すなわち，ブラウンの書は80年有余を経たのちにおいてなお，「会計史研究の第一人者」の「全生涯の総括決算書ともいうべきもの」の「•種•本」となりうるものだった[449]。

「ブラウン会計史はわが国に大きな影響をおよぼした」[450]とされるこのブラウンの書はただし，総計500頁超の大部だからか，訳書はなく，通史の和書は下記の書，すなわちリトルトン著の訳書をもって嚆矢とする。

　　　片野一郎（訳），清水宗一（助訳）『リトルトン会計発達史』1952年

　もう一つのウルフの書はその一部の訳が，片岡義雄（訳）『古代会計史』，として1947年に刊行されたものの，書名にみられる通り，これは通史ではなく，

446 　同上，7頁。
447 　平林『近代会計成立史』233頁。
448 　泉谷勝美「書評　小島男佐夫著『会計史入門』」『會計』第132巻第2号，1987年，269頁。
449 　ちなみに，友岡『会計の時代だ』も「本書のサブタイトルは……およそ一〇〇年まえに刊行されたスコットランドの会計士リチャード・ブラウン……による会計史の古典『会計と会計士との歴史』……のタイトルをもらった」（8頁）。
450 　茂木虎雄『近代会計成立史論』1969年，31頁。

全訳の通史は下記の書だった。

　　　片岡義雄，片岡泰彦（訳）『ウルフ会計史』1977年

　このウルフの書は「会計の歴史は概して文明の歴史である。……文明は商業の親であり，会計は商業の子供である。したがって，会計は文明の孫に相当することになる」という書き出しをもって知られ，また，「まことに会計……は時代の鏡であって……会計は文明と相並んで進歩し，かつ社会によって達せられた文化と発達の程度が高いほど，その会計方法が一層精巧であることが知られて来るであろう」という件はこれ「こそは，会計史の科学的追究のあらわれである」ともされる。

　ただし，ここに注目すべきは『ウルフ会計史』の刊行にかなり先行した下記の通史の刊行である。

　　　茂木虎雄『近代会計成立史論』1969年

　この茂木虎雄の書は「会計史学史の書」ともされ，「会計史学史の書」としても評価されているが，「光ははじめ十五世紀に，次いで十九世紀に射したのである。十五世紀の商業と貿易の急速な発達にせまられて，人は帳簿記入を複式簿記に発展せしめた。時うつつて十九世紀にいたるや当時の商業と工業の飛躍的な前進にせまられて，人は複式簿記を会計に発展せしめたのであつた」という「会計史家であれば誰もが口ずさむ」「リトルトンの言をうけて……15世

451　片岡義雄，片岡泰彦（訳）『ウルフ会計史』1977年，1頁。
452　同上，1頁。
453　茂木『近代会計成立史論』32頁。
454　平林『近代会計成立史』229頁。
455　片野一郎（訳），清水宗一（助訳）『リトルトン会計発達史』1952年，498〜499頁。
456　平林『近代会計成立史』234頁。

第Ⅵ章　会計の歴史に学ぶ

紀イタリアにおける複式簿記の生成，そして……19世紀イギリスにおける近代会計の生成」という「ふたつの要をどのように関連させ，位置づけるかという問題こそが世界史の流れに沿った会計史における根本問題である，として会計史の体系化をはかろうと」する「茂木の「会計世界一周論」」については「この指摘はわが国が世界に誇りうる会計史学の研究成果であって，会計史学史の1つの金字塔である」とまでいわれる。

後続の通史としては，M. チャットフィールドの *A History of Accounting Thought*（1974年）とO. テン・ハーベの *De Geschiedenis van het Boekhouden*（1973年）が挙げられ，チャットフィールドの書は「会計学専攻の学生を対象とし……さらに……基礎課程の一般的概論は修了している大学院生のための会計学の最初の過程を提供する」というテキストであって，「テキストとして書かれた「会計史」の書は……世界的にみても……1冊ぐらい……しかない」とされた「1冊」として意味をもつ。下記のように，このチャットフィールド著の訳書は原著の刊行後，さほどのときをおかず，『会計思想史』として刊行され，ときに大学院のテキストに用いられ，また，テン・ハーベの書はその英訳，A. バン・セベンター訳の *The History of Accountacy*（1976年）にもとづく『会計史』が刊行されている。

　　津田正晃，加藤順介（訳）『会計思想史』1978年
　　三代川正秀（訳）『会計史』1987年

③の通史としてはたとえば，J.R. エドワーズの *A History of Financial*

457　友岡『歴史にふれる会計学』30頁。
458　同上，30頁。
459　平林『近代会計成立史』231頁。
460　同上，231頁。
461　チャットフィールド／津田正晃，加藤順介（訳）『会計思想史』1978年，ⅰ頁。
462　友岡『歴史にふれる会計学』ⅲ頁。

229

Accounting（1989年）が挙げられる。「著者エドワーズは……現代を代表する会計史家のひとりといってよい。主として19世紀のイギリスについて質の高い研究をおこなってきているが，この書は，古代から今世紀までの通史的な内容となっている」[463]。叙上の「その後，本格的な研究の蓄積を踏まえ，体系性をもった通史が書かれる」に該当するこのエドワーズの書はなお，「一部をのぞいてイギリスの会計史となっている」[464]。ただし，このエドワーズ著に訳書はなく，③の通史の和書としては下記のP. ウォルトン編の *European Financial Reporting : A History*（1995年）の訳書がまずは挙げられよう。

　　　久野光朗（監訳）『欧州比較国際会計史論』1997年

さて，「かくて，会計史研究の蓄積は会計通史を生み出すに至る。……これは会計史という分野が１つの学問体系を確立し，市民権を獲得したことを意味している」[465]。

前述の「画期の年」からおよそ四半世紀後，ここに刊行された下記の書は③の通史の一つの到達点ともいえよう。

　　　平林喜博（編著）『近代会計成立史』2005年

編者いわく，「会計通史を意識し……しかし，執筆者は……会計史の時代・地域・問題別に分けた場合に，それぞれにおいてもっとも適任と考えられる方々にお願いした。その意味でいえば，現在のわが国会計史研究の最先端の水準を示していると自負している」[466]。

---

[463] 同上，12頁。
[464] 同上，13頁。
[465] 平林『近代会計成立史』(1)頁。
[466] 同上，(2)頁。

第4節　会計史の論点

進化論的な見方をもって会計の歴史を論ずる G. B. ウェイマイアーと S. バスーの論攷 *Accounting is an Evolved Economic Institution* は会計を「10,000年以上にわたって進化してきた経済制度［経済発展に重要な役割を担う制度］」[467]として捉え，そうした会計に関する歴史研究の意義をいくつかの根拠をもって主張しているが，その過程において，会計史の全体に及ぶ論点（big picture questions），いわば**会計の通史における論点**を次のように整理，列挙している。

- ○　会計の記録機能はどうして重要なのか。
- ○　複式簿記はどのようにして資本主義経済の発展をもたらしたのか。
- ○　会計基準は，設定機関が存在しない状況において，どのようにして生成したのか。
- ○　規制や課税は会計にどのような影響を与えてきたのか。
- ○　会計にはどうして広範な原則が存在するのか。
- ○　会計の進化はどうして断続的なのか。[468]

第5節　記録機能の重要性

「会計の記録機能はどうして重要なのか」という論点にかかわる出来事は次のように年表にまとめられる[469]。

---

[467] Gregory B. Waymire and Sudipta Basu, *Accounting is an Evolved Economic Institution*, 2008, p.135.
[468] *Ibid.*, pp.7-8.
[469] *Ibid.*, p.10（ただし，加筆等が施されている）。

B.C.8000年	取引を表わすために粘土製のトークンが用いられ始める。
B.C.3200年	データを保全するためにトークンを粘土製の球に入れて封印する，というやり方が始まる。
B.C.3200年	取引を記録するために文字が発明される。数字もほぼ同時期に発明された。
B.C.1750年	ハムラビ法典が商業上の紛争における証拠として取引の記録を要求。
B.C.250年	アテネで法的紛争の際に用いることができる財務記録，帳簿，賃貸借契約書，遺言書の公的な保管所が建設される。
1200年	イングランドの商人ギルドで監査が要求される。
1673年	フランスの商事王令が債権債務を証拠づける日記を要求。この要求は1807年の商法典に引き継がれた。
2002年	アメリカの企業改革法が取引記録における不正について刑事罰を設ける。

　取引を記録するという行為は複式簿記が登場をみる遥か昔からおこなわれてきている。ウェイマイアーらによれば，ここでの論点は，記録という機能はどうして会計の他の機能からは独立的に，単独でもって価値を有してきたのか，ということである[470]。

　会計は記録として始まった。まずはトークンのようなものが用いられ，その後，文字と数字が発明され，簿記がおこなわれるにいたるが，現行の会計のように，一定の方法にしたがって作成され，監査を受けた財務諸表をもっておこなわれる会計はまだ始まったばかりで，ここ数世紀だけにみられる[471][472]。

　会計の歴史は二つの期に分けることができ，その第1期は13世紀以降のイタ

---

[470] *Ibid.*, p.7.
[471] 「イランでの発掘品中にあった……どう見ても座薬にしか見えない，五つの謎の未焼成の円錐形をした土の物体……。シュマント・ベセラット……はそれを「トークン」と呼んだ。……広範囲にトークンを見ていくうち，それが見つかったのと同じ地層には，必ず初期の農業の痕跡があることを発見して，彼女は突然閃いた。「……それでつじつまが合います。農業をしていれば，穀物や他の主要産物を数えて記録する必要がありますから」……ベセラットによれば，トークンは世界最古の会計記録だという」（マイク・ブルースター／友岡賛（監訳），山内あゆ子（訳）『会計破綻』2004年，30〜32頁）。
[472] Waymire and Basu, *Accounting is an Evolved Economic Institution*, p.15.

第Ⅵ章　会計の歴史に学ぶ

リアに複式簿記が登場をみる前の時期である。地域によっては洗練された単式簿記も用いられていたとはいえ，この第1期にあって会計は主として記録だった。ただしまた，記録は，複式簿記にもとづく今日の会計においても，依然，重要な意味をもつ。[473]

記録は，人間の頭脳の外に過去の取引の記憶を提供することによって，取引の維持，拡大に寄与する。記録は，取引の複雑さや規模の増大とともに，記憶を助けるものとして出現し，洗練されてきた。したがって，記録の進化の程度は取引の複雑さや規模などによって決まるだろうし，他方，進化した（洗練された）記録は，より複雑でより利益をもたらす取引，と，取引を支える諸制度，の共進を促進する。[474]

第6節　記録の意味

けだし，記録には記憶という面と証拠という面があるだろう。

記憶の面はまずは管理のためであって，まずは自分の財産を管理するための記憶の必要から記録がなされる。

たとえば，牛がXX頭，だけなら記録は不要かもしれないが，牛がXX頭，馬がXX頭，羊がXX頭……，となってゆくと，管理のために記録が必要になる，ということが考えられる。あるいはまた，たとえば，A氏にXX円貸し，だけなら記録は不要かもしれないが，A氏にXX円貸し，B氏にXX円貸し，C氏にXX円貸し……，となってゆくと，債権の管理に記録が必要になる，ということが考えられる。

ただし，簿記における勘定（account）は［①人名勘定 → ②物財勘定 → ③名目勘定］の順に生成した，とされ，簿記は債権の備忘記録から始まった，とされる。

補説すれば，簿記において資産などの増減などを記すための細分された単位

---

473 *Ibid.*, p. 16.
474 *Ibid.*, p. 105.

を「勘定」というが，この勘定というものは，下の図に示されるように，実在勘定というものと名目勘定というものに大別され，また，実在勘定は人名勘定というものと物財勘定というものに分けられる。

勘定の分類と生成順序

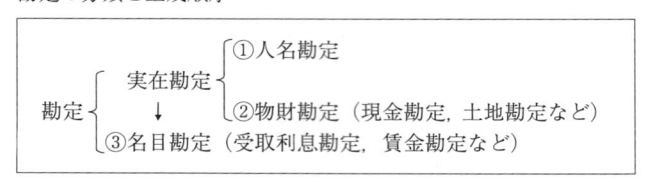

```
       ┌ 実在勘定 ┌ ①人名勘定
勘定 ┤      ↓   └ ②物財勘定（現金勘定，土地勘定など）
       └ ③名目勘定（受取利息勘定，賃金勘定など）
```

そして，歴史的にいえば，これらは［実在勘定 → 名目勘定］の順に生成した，とされ，細かくいえば，［①人名勘定 → ②物財勘定 → ③名目勘定］の順に生成した，とされる。また，人名勘定は，要するに，債権，債務の勘定であって，つまり，「A氏にXX円を貸した」や「Z氏にXX円を借りた」といった記録をするために，A氏勘定，や，Z氏勘定，を設けるということで，そして，簿記は債権の備忘記録から始まった，とされる。この，債権の備忘記録，とは，つまり，人にカネを貸した場合に，そのことを忘れてしまわないように「A氏にXX円を貸した」と記録しておく，ということである。これは貸し手としては当然におこなうべきことであって，また，カネ貸しという行為は古くからおこなわれていたために，こうした記録も古くからおこなわれていた，ということである。そうした意味において，まずもって生成をみたのは人名勘定だった（なお，他方，人にカネを借りた場合に，そのことを忘れてしまわないように「Z氏にXX円を借りた」と記録しておく，という債務の備忘記録も，借り手として当然におこなうべきことかどうか，また，古くからおこなわれていたかどうか。これについてはなんともいえない）。

というわけで，すなわち，牛がXX頭，馬がXX頭，羊がXX頭……，よりも，A氏にXX円貸し，のほうがさきに記録されるようになったということになる。この場合の物財（牛，馬，羊等）はまずは手許にあるため，そうした意味では

記憶の必要はなく，また，数を知りたい場合には数えればよい。他方，債権はいわば手許を離れたカネであるため，手許にないものはみることができないという意味において記憶の必要があり，また，みることができないものは数えることもできず，そうした意味でも記憶の必要がある。

さらにまた，証拠という面についても，記録は債権において意味をもつ。証拠の面は，むろん，他者の存在が前提となり，すなわち，証拠は他者（この場合は債務者）との関係においてこそ意味をもつからである。[475]

敷衍すれば，**記録はその記憶という面において，債権の記録が物財の記録に先行し，また，その証拠という面においては，まずは債権の類いだけが対象として意味をもつ**，ということである。こうして，どちらの面からみても，人名勘定が物財勘定に先行することになる。

ただしまた，物財についても，牛が30頭，とか，牛が10頭，馬が10頭，羊が10頭，とかだけなら，手許にあるそれを数えればよく，記録は不要かもしれないが，牛が3,000頭，とか，牛が1,000頭，馬が1,000頭，羊が1,000頭，とかになると，手許にあるそれを数えるというわけにはゆかなくなり，記録の必要が生ずる。別言すれば，［数えるというわけにはゆかなくなった状態 ＝ もはや手許にはない状態］ということだろう。

第7節　備忘と証拠

しかしながらまた，債権の記録における備忘の面と証拠の面をどう捉えるかについては，第6節に述べられたものとは違う，次のような考え方もありえよう。

---

475 なお，取引の証拠を残すための記録については，工藤『会計記録の基礎』第2章，第3章，が興味深い。

記録の目的別の生成順序と債権の記録の意味

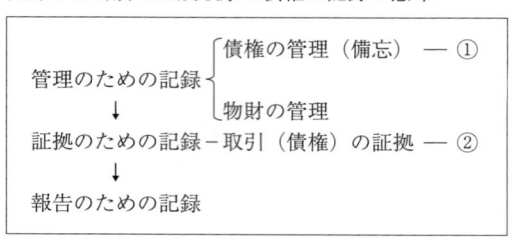

```
                        ┌ 債権の管理（備忘） ── ①
    管理のための記録 ┤
         ↓          └ 物財の管理
    証拠のための記録 ─ 取引（債権）の証拠 ── ②
         ↓
    報告のための記録
```

　第6節に述べられた捉え方との違いは①と②を峻別しているかどうかである。すなわち、①の場合は，既述のように，自分が忘れてしまわないように記録しておく，ということだが，他方，②の場合は，債務者に返済を求める際などに証拠となるように記録しておく，ということで，このような記録はたとえば取引先に対して「当社は貴社にXX円の売掛金がある」ということの証拠として示されることになる[476]。

　ちなみに，取引の証拠を残すための記録については，まずは「中世後期にイタリアで登場する公証人[477]」がこれをおこなっていたが，「13世紀末から会計記録の担い手として公証人が退出し，その代わりに商人が自然に登場」，「おそくともすでにルネサンス初期のイタリアにおいては，商人は自らペンをとって記録をおこなっていたことがうかがえ[478]」，「また，商人の主観的な記録が社会的信用を持ちえた理由についてであるが，その記録様式が公証人によるそれと類似していたためと思われる[480]」ともされる。①の場合は自分で記録すればよいが，②の場合は第三者（客観性）が必要となり，まずは公証人という

476　なお，第6節では「債務の備忘記録……についてはなんともいえない」としたが，とはいえ，むろん，資金管理のための備忘として「Z氏にXX円を借りた」と記録しておくことはありうるし，また，証拠のための記録についても，債務者の側から「当社は貴社にXX円の買掛金しかない」ということの証拠として示されることもありえよう。

477　工藤『会計記録の基礎』23頁。
478　同上，30頁。
479　同上，35頁。
480　同上，62頁。

第Ⅵ章　会計の歴史に学ぶ

「professional[481]」がこれをもたらした，ということになろうが，ただし，この引用文の執筆者自身は「商人自身による会計記録は，備忘のため，すなわち業務管理やとりわけ証拠機能のために勘定記録として生成した[482]」としているように，備忘と証拠を峻別していない。

第8節　名目勘定の意味

ところで，実在勘定とは何か，名目勘定とは何か。

一般に実在勘定は，その名の通り，実在するものを記録する勘定で，もう少しもっともらしい言い方をすれば，実在する価値を表わす勘定などとされ，他方，名目勘定は，実在する価値を表わすものではなく，財産の増減をもたらす名目的な原因事項を記録するもので，要するに，収益・費用の勘定とされるが，はたしてそうなのか。**名目勘定とは何か。**

実在勘定と名目勘定は vs. の関係にあるものとして捉えられているが，実在の vs. は非実在であることから，「名目」は非実在を意味すると捉えると，たとえば純資産も名目ではないかとともされる。「純資産」はあくまでも差額概念であって，したがって純資産は非実在，すなわち名目，ということである。

しかし，叙上のように，一般に名目勘定は原因を表わすとされる。しかし，実在の vs. は原因ではなく，また，原因の vs. は結果である。

```
①　名目 ＝ 非実在　→　vs. 実在　　非実在勘定 vs. 実在勘定
②　名目 ＝ 原因　　→　vs. 結果　　原因勘定 vs. 結果勘定
```

上図の①と②はどちらが適当か。言葉としては非実在を「名目」と呼ぶことにはあまり違和感がなく，したがって①の場合には「名目勘定 vs. 実在勘定」

481　同上，23頁。
482　同上，63頁。

にもあまり違和感がないが，原因を「名目」と呼ぶことには抵抗がある。

　純資産は［名目 ＝ 非実在］とした場合には名目となるが，［名目 ＝ 原因］とした場合には名目とはならない。差額としての純資産は「名目」と称されるに相応しくもあるが，純資産を積極的に捉えてその中身をみれば，払い込み資本は，借入金と同様，債務として捉えることができ，したがって実在として捉えられる。

　なお，第Ⅲ章に述べられた会計主体論と関係づけていえば，［資産 － 負債 ＝ 資本（純資産）］という資本等式が採られる資本主説の場合，純資産は差額として捉えられようが，他方，［資産 ＝ 負債 ＋ 資本］という貸借対照表等式が採られる企業主体説の場合，払い込み資本も借入金も同様に捉えられよう。

第9節　資本主義経済の発展と複式簿記

　「**複式簿記はどのようにして資本主義経済の発展をもたらしたのか**」という論点にかかわる出来事は次のように年表にまとめられる。[483]

B.C.3200年	データを保全するためにトークンを粘土製の球に入れて封印する，というやり方が始まる。
1150年	荘園において責任負担・責任解除会計がおこなわれる。
1200年	イングランドの商人ギルドで監査が要求される。
1299年	フィレンツェの史料に複式簿記が存在。なお，1211年のフィレンツェの史料には複式簿記の萌芽がみられ，また，異論のない複式簿記の最古の史料は1340年のジェノバの市の帳簿。
1555年	イギリスで最初の株式会社が勅許を受け，ロシアとの貿易の独占権を与えられる。
1600年	イギリス東インド会社が設立される。この会社は株式が公開され，資本と経営の分離の初期の事例となった。

---

483 Waymire and Basu, *Accounting is an Evolved Economic Institution*, pp.10-11 (ただし，加筆等が施されている).

第Ⅵ章　会計の歴史に学ぶ

1720年	イギリスで南海会社の株価が大暴落し，C. スネルの監査によって経営者の不正が発見される。これは投資者保護のために会計士が用いられた最初の事例となった。
1838年	ボストン＆ウースター鉄道が設備の減価について準備金を設ける。
1860年	ペンシルバニア鉄道が資本的支出を処理するために更新・取替会計を開発。このやり方は鉄道業界に普及した。
1902年	U.S. スティールが連結貸借対照表を公表。
1907年	ゼネラル・エレクトリックが，特許権等について，支出はすべて費用処理し，貸借対照表には1ドルで記載する，というやり方を始める。このやり方は第1次世界大戦の戦費調達のための所得税率の引き上げが原因となって普及した。
1919年	ドイツの経済学者 W. ゾンバルトが，複式簿記が資本主義経済の登場をもたらした，という仮説を立てる。その後，M. ウェーバー，L. フォン・ミーゼス，J. A. シュンペーターがこの仮説を発展させた。

　経済と会計の関係については，経済が会計を変える，という面と，会計が経済を変える，という面がある。第5節に述べられた「記録は，取引の複雑さや規模の増大とともに，記憶を助けるものとして出現し，洗練されてきた」といったことは，一見，前者に該当しそうだが，ゾンバルトは，資本主義がその発展のツールとして複式簿記を創造したのか，複式簿記が資本主義を創造したのかは分からない，としている。経済の複雑化は会計の複雑化をもたらしてきたが，他方，ゾンバルトらの仮説は，資本主義の発展にとっては複式簿記が不可欠だった，としており，そこには経済と会計の間には双方向的な因果律があることが窺われる。[484]

　一般的なテキストの類いでは，会計の機能について，受託責任（stewardship）にかかわる機能が強調されている，とするウェイマイアーらはしかしながら，経営管理意思決定の支援こそが会計の根本的な機能であると主張する。というのは，諸取引を記録し，それらの財務的な意味を要約するシステムは，自己資金で事業をおこなう企業家，すなわち，資本と経営の分離がない企業の経営者，

484　*Ibid.*, pp. 17-19.

にとっても依然として有用であるからである。別言すれば，会計は企業における経営管理意思決定の支援という機能を果たし，この機能は，複式簿記にもとづく会計が資本主義の発展を可能にした，という仮説の根拠を提供する。[485]

これは，要するに，会計の経営管理意思決定支援機能は事業の効率化をつうじて資本主義の発展をもたらすが，そうした機能は複式簿記にもとづく会計によってこそよく果たされる，ということだろうか。

また，ウェイマイアーらによれば，ゾンバルトらの仮説に最も懐疑的な歴史家がB. S. ヤーメイであって，かれは，複式簿記は利益計算に必須ではない，ということや，複式簿記がなくとも長期間，機能することができた資本主義的企業もある，ということなどを指摘しているが，他方，ゾンバルトの仮説を修正の上，肯定する論者も少なくなく，たとえば，複式簿記は経済行動の合理化に繋がった，といった関係を「会計と行動の関係は一方的なものではなかった。すなわち，複式簿記は事業の取引を説明するために考案されたが，一度(ひとたび)，確立されると，それは，事業家たちが取引を解釈，理解する方法を変えることによって，そうした取引を変えた」[486]といったように捉える向きもある。[487]

筆者とすれば，経済と会計の間には双方向的な因果律がある，とすることには異存がないが，[経済の変化 → 会計の変化]の因果律と[会計の変化 → 経済の変化]の因果律を同様のものとみるかどうか，はこれを論点として挙げておきたい。この「→」を単に「もたらす」とすれば，経済の変化は会計の変化をもたらし，また，会計の変化は経済の変化をもたらす，ということになるが，「もたらす」の意味はどちらも同じか，ということである。

---

485 Ibid., p. 110.
486 Bruce G. Carruthers and Wendy Nelson Espeland, Accounting for Rationality, *The American Journal of Sociology*, Vol. 97, No. 1, 1991, p. 36.
487 Waymire and Basu, *Accounting is an Evolved Economic Institution*, pp. 112-114.

第Ⅵ章　会計の歴史に学ぶ

　たとえば「経済発展によってもたらされる新しい情況が新しい会計を必要とする」[488]といった理解によれば，[経済の変化 → 会計の変化] は，経済の変化が会計の変化を求める，ということになろうが，逆も同様に，会計の変化が経済の変化を求める，といった関係にあるのだろうか。たとえば会計を経済の手段・道具と捉える場合には，まずは，会計の変化（手段・道具の進化）が経済の変化を可能にする，といった関係が考えられよう。双方向的だが，意味は違う，ということである。

　[経済の変化 → 会計の変化] を，経済の変化が会計の変化を求める，とする場合，これは一般には [経済の発展 → 会計の進化] のことであって，経済の発展が会計の進化を求める，と換言することができ，管理会計的には，ビジネスの複雑化・大規模化がそうしたビジネス（複雑化・大規模化したビジネス）を管理することができる会計への進化を求める，といったことになり，また，財務会計的には，ビジネスの複雑化・大規模化がそうしたビジネスを表わすことができる会計（複雑化・大規模化したビジネスについて報告・説明することができる会計）（複雑化・大規模化したビジネスを構成する新しい取引・商品等を表わすことができる会計）への進化を求める，といったことになろう。

　他方，[会計の変化 → 経済の変化] を，会計の変化が経済の変化を可能にする，とする場合，これも一般には [会計の進化 → 経済の発展] のことであって，会計の進化が経済の発展を可能にする，と換言することができようが，これは上述の（経済の観点からの）「求める」を会計の観点から「可能にする」と述べているにしか過ぎず，要は同じことでしかない。

　とすれば，会計が手段・道具の域を超えて（すなわち「可能にする」の域を超えて）[会計の変化 → 経済の変化] となるのはどういう場合か，別言すれば，会計が経済を変える，というのはどういうことか，が問題となろうが，こ

488　友岡『会計の時代だ』32頁。
　　なお，こうした理解が「経済発展のプロセスにおいて会計の変遷をみる」（同上，32頁）場合の [14・15世紀イタリア → 16・17世紀ネーデルラント → 18・19世紀イギリス] というシェーマに繋がる（友岡『歴史にふれる会計学』29〜35頁，をみよ）。

241

れについては，まずは，後述されるような規制や課税の影響の介在が考えられよう。会計が手段・道具の域を超えて経済を変えるのは規制や課税の影響が介在する場合である。

また，「国際会計基準が「社員第一主義」を揺るがした」として，会計基準の変化が経営の考え方の変化をもたらす，といった次のような指摘もみられるが，これは「会計が手段・道具の域を超えて」の一例だろうか。

> 「欧米流の経営手法や考え方が津波のように押し寄せてきていた中で，日本において「現場第一主義」という言葉が，廃れることはなかった[490]」。
> 「だが，大きな波が日本企業を飲み込んだ。二〇〇〇年三月の国際会計基準の導入だ。これはつまり，今まで現場第一，社員第一でやってきた日本企業に，「一番大事なのはやっぱり株主なんじゃないの？」という問いを突きつける，まさにビッグ・ウェーブであり，黒船であった[491]」。
> 「例えば，配当性向。……もっと企業は配当をしっかり出さなきゃいけない，ということになってきた[492]」。

これは，或る企業観を背後にもつ会計方法（ないし会計基準）の導入が当該企業観の導入を随伴する，といったことで，要は，或る会計方法が入ってくると，その背後の企業観も入ってくる，ということだろうが，この場合の会計方法は，或る企業観から考えて好ましい状況をもたらすべく，演繹的に選択された会計方法，として捉えられ，敷衍すれば，たとえば，企業は出資者のもの，という企業観の場合であれば，そうした企業観から考えて好ましい状況をもたらすような会計方法，すなわち，出資者の利益が最優先されるような状況をもたらすような会計方法，が演繹され，そうした会計方法は特定の状況（この場

---

489 野口吉昭『コンサルタントの「現場力」』2006年，10頁。
490 同上，11頁。
491 同上，11頁。
492 同上，11頁。

合は，出資者の利益が最優先されるような状況）をもたらす，という目的にいたる手段として捉えられよう。とすれば，これはやはり（当該会計方法の導入の直接の理由はさておき）「手段・道具の域」内の例かもしれない。

第10節　基準の生成

「会計基準は，設定機関が存在しない状況において，どのようにして生成したのか」という論点にかかわる出来事は次のように年表にまとめられる。[493]

1494年	L. パチョーリの *Summa* が刊行される。この書は初期の印刷本で，また，数か国語に訳された。
1645年	スコットランドのG. ワトソンが会計士業だけで生計を立てる。
1796年	W. ミッチェルがアメリカ初の簿記のテキストを著わす。
1853年	エディンバラで最初の会計士団体が設立される。
1860年	ロンドンでプライス・ウォーターハウスが設立される。[494]
1867年	スコットランドの3会計士団体が共通試験試験委員会を設ける。[495]
1882年	ニューヨークで会計士・簿記係協会が設立され，イングランドで初めて勅許会計士の試験がおこなわれる。
1896年	ニューヨークで試験による公認会計士の資格付与制度が設けられる。
1897年	ニューヨークで初の州の公認会計士協会が設立される。
1905年	*Journal of Accountancy* が創刊される。
1909年	H. R. ハットフィールドの *Modern Accounting* が刊行される。
1922年	W. A. ペートンの *Accounting Theory* が刊行される。この書で初めて明示された企業主体論はただし，この書の刊行の3世紀以上前に起源がある。
1939年	証券取引委員会（SEC）が会計原則を設定する権限を会計プロフェッションに委譲したことを受け，アメリカ会計士協会（AIA）の会計手続委員会（CAP：Committee on Accounting Procedures）にこの権限が与えられる。

---

493 Waymire and Basu, *Accounting is an Evolved Economic Institution*, pp. 11-12（ただし，加筆等が施されている）．
494 「1860年」ではなく，「1849年」ないし「1874年」が適当（友岡『会計士の誕生』105頁，をみよ）。
495 「1867年」ではなく，「1892年」が適当（同上，165頁，をみよ）。

	1940年	ペートンとA.C.リトルトンの *An Introduction to Corporate Accounting Standards* が刊行される。この書によって実務における実現原則，対応原則，歴史的原価による測定に根拠が与えられた。
	1959年	会計手続委員会の公表物における理論的根拠の欠如が批判されたことを受け，アメリカ公認会計士協会（AICPA）が会計手続委員会に代えて会計原則審議会（APB：Accounting Principles Board）を設ける。また，この欠如の問題を解決すべく，アメリカ公認会計士協会内に研究部門が設けられ，翌年，M. ムーニッツが初代の部門長に選任された。
	1972年	アメリカ公認会計士協会のホイート委員会が基準設定プロセスの再構築を提案。翌年，会計原則審議会に代えて財務会計基準審議会（FASB）が設けられた。
	2001年	国際会計基準審議会（IASB）が設立される。翌年，財務会計基準審議会と国際会計基準審議会のノーウォーク合意が成立。

　ウェイマイアーらによれば，会計は，だれかによる基準の設定，ということがなかった状況においても秩序立ったものとしておこなわれており，すなわち，基準設定者が存在しない時代には，教育やプロフェッショナルのネットワークを通じておこなわれる会計知識の普及が会計実務に秩序をもたらしていた。ただし，その後，基準設定者によって基準が設けられるようになってからは会計のやり方（practice）の生じ方や広まり方に変化がみられる[496]。

　アメリカにおける基準設定の担い手はアメリカ会計士協会の会計手続委員会をもって嚆矢とするが，会計の基準はこうした機関が登場する前から存在していた。最良のやり方（best practice）を真似る，という一般的傾向の結果，コンベンションが自然発生的に形成されることになるが，そこには，先導的な企業のやり方を模倣する，という事象と，プロフェッショナルの間で共有された知識がプロフェッショナルのネットワークを通じて諸企業に伝わる，という事象が作用し，また，会計の革新と伝播には会計プロフェッションに大きな貢献がみられる[497]。

---

496 Waymire and Basu, *Accounting is an Evolved Economic Institution*, p. 19.
497 Ibid., pp. 20, 117.

第Ⅵ章　会計の歴史に学ぶ

　たとえば商品の価格が上昇しているときには後入先出法の選択が有利とされようが，それは，課税について後入先出法を用いるためには財務報告においてもこの方法を用いることを要する，という後入先出法conformityルールがあるからである。このように，税，あるいは規制の影響がある場合には，会計方法の選択において，どれが最適な方法か，はかなり明白だろうが，他方，そうした影響がない場合にはあまり明らかではない。税や規制の影響がない場合，たとえば減価償却方法の選択は，たとえば製品価格の決定や設備投資の意思決定などと較べれば，重要性が低く，すなわち，そうした影響がない場合，会計方法の選択の影響はそれほど大きなものではない。[499]

　また，新しい会計方法はどのようにして生まれ，そして普及するのか，という問題については，新しいビジネス（transaction）の形態が新しい会計方法をもたらす，といったことが考えられよう。具体的には，たとえば19世紀後半，諸合併による大規模なエンティティの創造が連結会計をもたらし，大規模な設備資産を有する永続的組織の一般化が減価償却の採用をもたらした，といったことが挙げられ，また，こうした新しい方法の伝播については，同様の形態を採用し，したがって同様の問題に直面した企業が，既存の最良のやり方の知識，を求めるときに，当該会計方法の伝播が生ずる，といえよう。換言すれば，会計のやり方はビジネスのやり方とともに真似され，また，当該会計方法は，同様のビジネスをおこなおうとする他者にとっては，基準，となる。[500]

　これは要するに，［新しいビジネスのやり方の登場　→　新しい会計のやり方（ベスト・プラクティス）の案出　→　ベスト・プラクティスの知識の伝播　→

498　アメリカの内国歳入法は「一九三九年に……所得計算に後入先出法を採用している納税者は会計報告にも後入先出法を用いなくてはならないというルール」（毛利敏彦「会計ルールとしてのConformityをめぐる裁判」『會計』第178巻第5号，2010年，128頁）を設けた。このルールが設けられた経緯については，同上，129～130頁，をみよ。
499　Waymire and Basu, *Accounting is an Evolved Economic Institution*, pp. 117-118.
500　*Ibid.*, pp. 118-119.

ベスト・プラクティスの模倣 → コンベンションの形成］ということだろうが，むろん，ここで一つ問題となるのはベスト・プラクティスの意味である。

　ベスト・プラクティスの意味とは，すなわち，だれにとってのベストか，ということであって，もしそれが，会計をおこなう者にとってのベスト，ということなら，ベスト・プラクティスの模倣は当然に生じえようが，そうでない場合，ベスト・プラクティスの模倣はどのように生じうるのだろうか。

　雑駁にいえば，たとえば管理会計の場合なら，まずは［ベスト・プラクティス ＝ 会計をおこなう者にとってのベスト］であって，［新しいビジネスのやり方の登場 → 新しいビジネスを管理するためのベスト・プラクティス（新しい会計のやり方）の案出……］となり，そうしたベスト・プラクティスは当然に模倣されようが，ひるがえって，財務会計の場合には，そもそも［ベスト・プラクティス ＝ 会計をおこなう者にとってのベスト］とは限らず，［ベスト・プラクティス ＝ 財務諸表の利用者にとってのベスト］とすれば，企業の状態を最も適切に表わす財務諸表をもたらす会計のやり方がベスト，ということになり，少なくとも直接的・短期的には，そうしたベスト・プラクティスを模倣する動機が会計をおこなう者（会計のやり方の選択者）にない。[501] いずれにしても，財務会計の場合は，第11節に述べられるような規制や課税の影響がなければ，ベスト・プラクティス模倣の誘因はあまりなく，模倣が生ずるのは，プロフェッショナルが伝播において積極的に介在する（模倣を促す）場合か，のちに「進化の断続性」と題する第13節に言及されるように，市場の力が作用する場合だろう。

　ちなみに，叙上のように，会計をおこなう者がベスト・プラクティスを追求（開発・模倣）するかどうか，が財務会計と管理会計の大きな違いともいえよう。もっとも管理会計においても，H. I. ジョンソンとR. S. キャプランの *Relevance Lost* によって，適合性の喪失（relevance lost）が指摘され，すなわち，新しい管理会計手法の開発はそのほとんどが1925年までにおこなわれた

---

501 間接的・長期的な動機（長期的にみた場合のベスト・プラクティス）はさておく。

第Ⅵ章　会計の歴史に学ぶ

ものであって，それ以降の管理会計には革新がみられないともされ，しかも，このジョンソンらの指摘はこの喪失問題の責めを管理会計研究（者）だけに負わせるものではないが，他方，「ここ60年間をみれば，会計研究者［academic accountants］は，財務会計情報の中から経営管理上の適合性を捏造することに多くの勢力を注いだ」とも断じており，さらに，この指摘については「実務に有効な研究をしてきていないと指摘……管理会計は実務と乖離して研究が進められてきたと批判……この批判は，管理会計研究が経営管理者への管理会計情報の提供にあるという本来の役割を担っていないという警鐘である」といった捉え方もある。また，1925年までの管理会計の革新もその代表的な担い手はデュポンやゼネラル・モーターズの実務家とされ，要は，**管理会計のベスト・プラクティスは会計をおこなう者によって追求され，その意味において，実務が学に先行する**。しかも，管理会計には，財務会計とは違い，役に立たなければ（relevantでなければ）意味がない，といった認識がみられ，そうした認識があるからこそ，適合性の喪失が意識され，実務に先行された学は，適合性の喪失，と，実務の後塵を拝していること，を重ねて強く意識する。ひるがえって，**財務会計は会計をおこなう者にベスト・プラクティス追求の動機がなく，その意味において，学が実務に先行する**。

また，如上の議論においては原価計算の位置づけにも言及したくなる。叙上のジョンソンらによる適合性喪失の指摘も「原価管理から原価計算へ」という章題をもって1925年以降の喪失問題について述べているが，この場合の「原価計算」は狭義のそれであって，広義のそれを用いれば，［原価管理目的の原価計算　→　財務諸表作成目的の原価計算］の移行ということになろう。授業科目・試験科目等の分類においては管理会計の一部とされることがむしろ多い原

---

502 H. Thomas Johnson and Robert S. Kaplan, *Relevance Lost*, 1987, pp. 12-18.
503 H. T. ジョンソン，R. S. キャプラン／鳥居宏史（訳）『レレバンス・ロスト』1992年，133頁。
504 伊藤和憲「管理会計の40年」『専修商学論集』第88号，2008年，17頁。
505 Johnson and Kaplan, *Relevance Lost*, chs. 4, 5.
506 *Ibid.*, ch. 6.

価計算はしかしながら，如上の狭義には財務会計の一部とされ，要は［原価管理 → 狭義の原価計算（財務会計の原価計算）］ということになり，また，広義には［管理会計の原価計算 → 財務会計の原価計算］ということであって，いずれにしても，この移行によって，管理会計上の適合性の喪失，が生じたということである。

　さらにまた，「財務会計と管理会計と簿記」と題する第Ⅱ章第20節に述べられた「財務会計のない時代にも簿記や管理会計はあった」といった理解からすると，［管理会計（の誕生）→ 財務会計（の誕生）］ということになり，したがって，原価計算についても，［管理会計の原価計算（の誕生）→ 財務会計の原価計算（の誕生）］ということになる。他方，［狭義の会計 ＝ 財務会計］とする場合，［管理会計の原価計算 → 財務会計の原価計算］は［管理のための原価計算 → 狭義の会計のための原価計算］と換言することができる。ちなみに，これは［簿記（の誕生）→ 狭義の会計（の誕生）］ないし［簿記（の誕生）→ 財務会計（の誕生）］ないし［簿記（の誕生）→ 管理会計（の誕生）→ 財務会計（の誕生）］[507]についても同様であって［管理のための簿記 → 狭義の会計のための簿記］ということになる。

　管理会計の原価計算の場合，ベスト・プラクティスは原価計算をおこなう者によって追求されようが，財務会計の原価計算はそうではなく，そこに規制の必要が生ずる[508]。また，その規制は当然に財務会計の規制の存在が前提となり，

---

507 「財務会計と管理会計と簿記」と題した第Ⅱ章第20節をみよ。
508 なお，前述のように，管理会計のベスト・プラクティスは会計をおこなう者によって追求され，したがってまた，管理会計には規制の必要がない，と一般にはいえようが，たとえば非営利組織においてはこれが妥当しないケースもありえよう。
　敷衍すれば，非営利組織においては，非営利であるがゆえに，あるいはまた，税金ないし税金を財源とする補助金等に支えられているために，あるいはまた，その他の特殊事情により，**経営の効率化等の動機がなく，**したがって，**管理会計のベスト・プラクティス追求の動機がない場合もありえよう**し，そうした場合には，税金の無駄遣い防止や消費者保護などといったことから，**監督官庁等が管理会計の規制をおこなうということもありえよう**。
　たとえば厚生労働省の病院会計準則は，むろん，「病院管理会計準則」と称されているわけではなく，なおまた，医療法人等ではなく病院という施設の会計を対象 ↗

第Ⅵ章　会計の歴史に学ぶ

そうした状況は日本の会計史においても，たとえば次のような1934年公表の財務諸表準則と1937年公表の製造原価計算準則の関係にみることができる。

「一九三四年（昭和九年）の財務管理委員会による「財務諸表準則」の公表は，日本近代会計制度史の発展過程における最初の大きな成果であり，企業の会計実務および会計教育の上にもすくなからぬ影響を与えた点で，そのパラダイム効果（paradigmatic effect）を高く評価しなければならないと思う」[509]。

「「財務諸表準則」のも一つ別の歴史的意義は，その三年後に公表された「製造原価計算準則」設定のための基礎をつくったことである。けだし「製造原価計算準則」は，「財務諸表準則」の延長線上において現われたのであって，前者なくして後者は生まれることが困難であったと言うべきであった。……「製造原価計算準則」の発端をなすものは，すでに「財務諸表準則」作成の過程において，正確な貸借対照表および損益計算書を作成するためには，原価計算を実施する必要性が理解されており……」[510]。

↘　としているが，「「準則」の特質は……病院の経営体質の強化および改善向上に資することを目的としていることにある。つまり……内部管理のために用いることが想定されている会計基準であると考えられ，積極的に……外部の利害関係者に対するディスクロージャーのために用いることは想定されていない」（廣橋祥「医療法人の会計ディスクロージャーに関する課題」『経理知識』第88号，2009年，119頁）といった解釈によれば，その一例ともいえよう。

　　ただし，これについては次のような指摘もある。「病院会計準則は……内部管理に……財務報告にと，2面的に有用であるといえる。……問題は2004年改正の病院会計準則の説明において，病院会計準則が管理会計的基準であることを表明していることである。……病院会計準則が管理会計的基準である論拠のひとつは，病院会計準則が強制的でないこと，自主的適用であることにある」（井出健二郎「改革が進む医療法人の会計」大塚宗春，黒川行治（責任編集）『体系現代会計学［第9巻］政府と非営利組織の会計』2012年，434頁）。

509　黒澤清『日本会計制度発展史』1990年，258頁。
510　同上，259頁。

しかしながら,「準則は,製造活動の記録計算としての原価計算の目的を次の三つであるとする[511]」という点に留意を要する。

> (イ)　原価要素の消費量および価格を管理統制すること
> (ロ)　製品の価格決定の基礎たらしめること
> (ハ)　会計の補助手段として損益計算を明瞭正確ならしめること[512]

　問題は,原価管理目的,価格決定目的,財務諸表作成目的,という順序である。この点については「ここに列挙した諸目的のうちどこに重点がおかれているかも明らかでないきらいがある[513]」ともされ,「元来この「製造原価計算準則」は,「財務諸表準則」の展開の線上に出現したものであるから,財務諸表目的をもって重点的に指向すべきであったと考えられる[514]」ともされているが,他方,周知の通り,現行の原価計算基準が原価計算の主目的として5目的を挙げるなか,「㈠企業の出資者,債権者,経営者等のために,過去の一定期間における損益ならびに期末における財政状態を財務諸表に表示するために必要な真実の原価を集計すること」として財務諸表作成目的を最初に挙げていることにも留意を要しよう。
　むろん,順序には意味がないということも考えられようが,もし意味があるのであれば,すなわち,製造原価計算準則においては管理会計の原価計算が重視されていたのであれば,そこには産業の振興や企業の育成などといったことが企図されていたとみるべきだろうか。

511　同上,275頁。
512　同上,275頁。
513　同上,276頁。
514　同上,276頁。

第Ⅵ章　会計の歴史に学ぶ

第11節　規制や課税の影響

「規制や課税は会計にどのような影響を与えてきたのか」という論点にかかわる出来事は次のように年表にまとめられる。[515]

B.C.8000年	納税を表わすために粘土製のトークンが用いられ始める。
B.C.1750年	ハムラビ法典が商業上の紛争における証拠として取引の記録を要求。
1433年	メディチの銀行が管理と財産税のために定期的に貸借対照表を作成。
1673年	フランスの商事王令が債権債務を証拠づける日記を要求。この要求は1807年の商法典に引き継がれた。
1817年	イギリスで会計士が破産事件について裁判所の手助けを始める。
1844年	イギリスで株式会社法が設けられる。この法は登記による会社の設立を認め，会社登記官に対する情報提出を要求，また，1855年には有限責任法が設けられ，これらは1862年の会社法にまとめられた。
1845年	イギリスで会社約款統一法が設けられる。この法は鉄道に十分かつ真実な財務諸表を要求し，また，株主監査を強制した。
1849年	イギリスでバーンズ対ペンネルの判決が下される。この判決は利益以外からの配当を禁ずるルールの最初の根拠となった。
1869年	マサチューセッツで鉄道の会計を規制する委員会が設けられる。それまでもマサチューセッツの鉄道は他州の鉄道よりも減価償却の実施が多かったが，その原因は超過利得税の存在にあった。
1887年	アメリカで州際通商法が設けられる。この法は州際通商委員会（ICC: Interstate Commerce Commission）を設け，鉄道の運賃および会計を規制した。
1898年	アメリカの連邦最高裁判所がスミス対アメスにおいて，適正な運賃は投下資本の公正価値に対する公正な報酬にもとづいて定められる，という原則を示す。
1906年	アメリカでヘップバーン法が設けられる。この法は州際通商委員会の権限を強化し，州際通商委員会は減価償却等に関するルールを設けた。
1909年	アメリカで所得にもとづく法人消費税が導入される。1913年には所得税が導入され，貸借対照表重視から利益測定重視へのシフトが進んだ。
1929年	カリフォルニアの規制当局が企業買収の際の取得資産を被買収企業における簿価で記録することを要求。これは持分プーリング法的なやり方の初期の例となった。

---

[515] Waymire and Basu, *Accounting is an Evolved Economic Institution*, pp.12-13（ただし，加筆等が施されている）．

1933年	アメリカで証券法が設けられる。翌年には証券取引法が成立し，証券取引委員会が設けられた。
2002年	アメリカの企業改革法が取引記録における不正について刑事罰を設ける。

　ウェイマイアーらによれば，規制や課税は長年にわたって会計に影響を与えてきているが，その影響は特にこの150年間に増大をみてきている。そうした規制や課税の影響は，これが［取引 → 会計］とは逆の［会計 → 取引］という因果律をもたらしている可能性がある。[516]

　規制や課税はさまざまな面において企業の会計のやり方に影響を与える。会計のやり方に対する直接的な規制はいうまでもなく，たとえば国内産業保護のための価格規制などの場合にも，国内企業がそうした保護を受けるために利益を過少計上する（そうした会計のやり方をする）といった現象がみられる。また，上掲の年表に示された持分プーリング法の例のように，規制は，課税と同様，新しい会計のやり方を生み，そのやり方は最終的には株主宛の財務報告に用いられるようになる。[517]

　第10節では，新たなビジネスのやり方とともに会計の革新が普及し，企業が他の企業の真似をすることで会計の基準が発展する，といったことが述べられたが，これは，或る会計のやり方が企業の将来にどのような影響を及ぼすかを識別することは難しい，ということに起因している。すなわち，会計方法の選択の影響は，たとえば製品価格の決定や設備投資の意思決定などと較べれば，それほど大きなものではない，ということだった。しかしながら，一度，規制や課税によって，特定の会計方法に実際的な影響力が付与されると，会計方法の選択の重要性，影響の大きさは劇的に変わる。規制や課税の直接的な影響は，たとえば，課税の存在によって，経営者は納税額が最小になるような会計方法を選択する，といったことだろうが，他方，規制や課税の最終的な影響は，ビ

---

516 Ibid., p. 7.
517 Ibid., pp. 21-22.

第Ⅵ章　会計の歴史に学ぶ

ジネスのやり方と会計のやり方の関係を逆にする，ということかもしれない。敷衍すれば，通常は，取引は会計処理に先行するが，規制や課税の存在によって，取引がのちの会計処理を見越して組み立てられたり，止められたりする，ということである。[518]

　こうした規制や課税の強化は会計の進化に重要な意味をもつ。会計はますます，企業の管理のための測定以外のもの，に左右されることになるだろう。会計の進化は規制や課税の変化に後れをとるようになり，上掲の年表に示された持分プーリング法の例のように，会計のやり方自体が規制や課税に起源をもつようになるだろう。[519]

　また，取引形態の選択（transaction structuring）と会計基準の関係も重要な問題である。もしも会計が有益な取引を促進するために進化するものであれば，会計の変化は取引の変化からもたらされるはずであって，ここで重要なことは，会計は対象となる取引をできるだけ邪魔しないようにする，ということである。しかしながら，基準が過度に厳格だったり，規制や課税の影響が非常に大きかったりすると，取引がその会計処理を見越して組み立てられたりする可能性が大きくなるだろう。規制がない場合には不利なはずの取引が（規制がある場合には）おこなわれ，規制がない場合には有利なはずの取引が（規制がある場合には）おこなわれない，といったことがみられ，こうした会計基準の厳格さや規制や課税の影響による取引形態の選択の増加は，新しい取引機会の発見を目的とするビジネスの革新を妨げることになろう。[520]

　けだし，会計のやり方が異なれば，もたらされる利益数値も異なる，というコンテクストにおいて注目すべきは，利益数値の大小によって何かが決まる，というケースである。叙上の国内産業保護のための価格規制の場合がこれに該当し，保護を受けるべく，利益額が小さくなるような会計のやり方が用いられ

518 　*Ibid.*, p. 121.
519 　*Ibid.*, pp. 121-122.
520 　*Ibid.*, p. 122.

253

る。

　また，第10節に言及されたアメリカの内国歳入法における後入先出法conformityルールの場合も，後入先出法という会計のやり方を用いれば利益数値が小さくなり，その利益数値の小ささによって税負担が軽くなる，ということならこのケースに該当し，したがって，日本の法人税法における確定決算主義の場合も，そこでは，利益が少なければ，税負担が軽くなるので，税負担を軽くすべく，利益が少なくなる会計のやり方が用いられる，という逆基準性の問題が生じ，これまた，いうまでもなく，如上のケースに該当する。なお，後入先出法conformityルールには「後入先出法を用いると税負担は小さくできるが，業績利益はよくない。後入先出法を用いなければ税負担は大きいが，業績をよく見せることができる」というディレンマがあり，これは確定決算主義の場合も同様のはずながら，実はそうではない（ディレンマがない）ので逆基準性の問題が生ずる，という筋合いにある。

　しかしながら，「後入先出法という会計のやり方を用いれば利益数値が小さくなり，その利益数値の小ささによって税負担が軽くなる，ということならこのケースに該当」と上述された後入先出法conformityルールには「内国歳入法は所得計算に後入先出法を用いたとして，会計報告に後入先出法の評価のみを求めるのか，それとも自主的に多元的開示が可能なのか，という問題」があり，これについて裁判所は多元的開示を可としている。すなわち，「歳入庁長官は……Conformityルールは納税義務者が後入先出法での報告を守るべき義務であると解釈した……。これに対して，裁判所は内国歳入法によると義務ではなく，後入先出法を選択した際の会計利益を明示するようにいうにすぎないと解

521　注記498をみよ。
522　毛利「会計ルールとしてのConformityをめぐる裁判」『會計』第178巻第5号，131頁。
523　確定決算主義とこれにおけるディレンマの不在については，友岡『会計学はこう考える』197〜205頁，をみよ。
524　毛利「会計ルールとしてのConformityをめぐる裁判」『會計』第178巻第5号，131頁。

釈した。ただ，納税義務者はその証拠を提出すればよい。ということは先入先出法で報告してもよく，その際に後入先出法による会計報告をあわせて示せばよい」[525]。となると，利益数値の大小によって何かが決まる，というケースには該当しなくなる。

他方，昨今は利益の重要性が低下をみているとされ[526]，これは，利益数値の大小によって何かが決まる，というケースが減っていることを意味する。また，第Ⅱ章に述べられたように「利益の計算は会計の専売特許」ともされるなか，昨今における［利益計算 → 企業価値測定］という移行は，企業価値数値の大小によって何かが決まる，というケースが増えていることを意味し，これは第Ⅰ章冒頭の「プロローグ」に述べられた「企業価値の測定へとシフトした会計はもはや会計ではない」といった立場からすれば，**会計のやり方をどうするかによって何かが決まる，というケースの減少**を意味しようが，これも「プロローグ」に述べられたように，そうした「会計」の定義は無意味かもしれない。

第12節　広範な原則の存在

「会計にはどうして広範な原則が存在するのか」という論点にかかわる出来事は次のように年表にまとめられる[527]。

1299年	フィレンツェの史料に発生主義と損益計算をともなう複式簿記システムが存在。
1406年	フィレンツェの史料における低価法の適用に保守主義が存在。
1849年	イギリスでバーンズ対ペンネルの判決が下される。この判決は利益以外からの配当を禁ずるルールの最初の根拠となった。

---

525 同上，138～139頁。
526 「利益の機能」と題した第Ⅱ章第18節をみよ。
527 Waymire and Basu, *Accounting is an Evolved Economic Institution*, pp. 13-14（ただし，加筆等が施されている）．

	1898年	アメリカの連邦最高裁判所がスミス対アメスにおいて，適正な運賃は投下資本の公正価値に対する公正な報酬にもとづいて定められる，という原則を示す。
	1909年	アメリカで所得にもとづく法人消費税が導入される。1913年には所得税が導入され，株式市場の急速な発展を受けて既に進みつつあった利益測定重視へのシフトがさらに進んだ。
	1921年	アメリカで歳入法が低価法を認める。
	1922年	W. A. ペートンの *Accounting Theory* が刊行される。この書で初めて明示された企業主体論はただし，この書の刊行の3世紀以上前に起源がある。
	1939年	K. マクニールの *Truth in Accounting* が刊行される。この書は，近年，財務会計基準審議会が推進しているような，公正価値測定をともなう貸借対照表中心の会計を支持するアメリカ書の嚆矢。
	1940年	ペートンとA.C.リトルトンの *An Introduction to Corporate Accounting Standards* が刊行される。この書によって実務における実現原則，対応原則，歴史的原価による測定に根拠が与えられた。
	1953年	リトルトンの *The Structure of Accounting Theory* が刊行される。この書は会計原則の確立における演繹と帰納の役割を検討している。
	1962年	アメリカ公認会計士協会が会計研究叢書の第3号としてR.スプラウズとM.ムーニッツの *A Tentative Set of Broad Accounting Principles for Business Enterprises* を刊行。会計における現在価値の利用を支持したこの書の主張はしかし，急進的に過ぎたため，会計原則審議会には用いられなかった。
	1978年	財務会計基準審議会が最初の概念ステートメント *Objectives of Financial Reporting by Business Enterprises* を公表。
	2004年	財務会計基準審議会と国際会計基準審議会が，共通の概念フレームワークの開発，という共同プロジェクトを行動計画に追加。

　ウェイマイアーらによれば，会計においては選択の指針として，広範に適用しうる質的な原則，が用いられてきているが，その理由としては，規制や課税の影響がない場合，会計上の選択の多くはその適否が容易には判然としない，ということが挙げられよう。たとえばマーケティングにおける選択であれば，或るマーケティング手法の評価はその実際の効果を観察することによっておこなうことができようが，会計上の選択はそういうわけにはゆかない。[528]

---

528 Ibid., pp. 7, 22-23.

第Ⅵ章　会計の歴史に学ぶ

　会計の原則は，当初は原則とは認識されていなかったとしても，上掲の年表に示された発生主義や保守主義の例のように，かなり古くに起源をもち，その後，法廷や規制者や会計教育者によって帰納的に示され，さらには，実務の欠点を正そうとする規範的，演繹的なアプローチが，会計の概念的基礎を明らかにしようとする基準設定団体の設立をもたらした。[529]

　会計原則の確立には二つのアプローチがある。一つは帰納にもとづいて実務から原則を導出するものであって，たとえばペートンとリトルトンによる，歴史的原価にもとづく利益測定の正当化，がこれに該当する。もう一つは会計の目的に関する諸前提から原則をもたらす演繹アプローチであって，たとえば財務会計基準審議会の，貸借対照表における測定を最重視しての公正価値会計への動き，がこれに該当する。[530]

　会計原則はその多くがかなり古くに起源をもち，たとえばエンティティ概念や継続企業や収益の実現などといったそれらは19世紀末までには英米において長年のコンベンションにもとづく原則となった。実務におけるコンベンションからもたらされた原則，実務からの帰納によって導出された原則は，発見されたのであって作られたのではない，という意味において，コモン・ローに似ている。[531]

　会計原則は，特定の会計方法を選択させる圧力があまりない場合に，選択の指針として意味をもち，前述のように，マーケティングにおける選択とは違って，最良の方法が明らかでないという状況において意味をもつ。[532]

　けだし，**実務からの帰納によって導出される原則は実務における革新（ベスト・プラクティスの案出）がなければ存立することができず**，たとえば「今日，イギリスの会社の計算書類上の情報は厳しく規制されており，革新の余地も残

529 　*Ibid.*, p. 23.
530 　*Ibid.*, p. 123.
531 　*Ibid.*, pp. 123-124.
532 　*Ibid.*, p. 124.

されているとはいえ，およそ外部からの規制が存在しなかった19世紀の場合と較べると，行動の自由は相当に制限されている」とされるような状況においてはなかなか存立しえず，**したがって，演繹法が用いられる**のかもしれない。ただしまた，昨今における原則主義の台頭，すなわち原則主義を採用する国際会計基準（国際財務報告基準）をもってする会計基準の収斂の動きは判断の重要性を高め，また，革新の余地を広げる。原則主義はベスト・プラクティスの追求へと繋がり，これは帰納による原則の存立の可能性を高めることになる。

第13節　進化の断続性

「**会計の進化はどうして断続的なのか**」という論点にかかわる出来事は次のように年表にまとめられる。

	1720年	イギリスで南海会社の株価のバブルがやがて恐慌をもたらし，C. スネルの監査によって経営者の不正が発見される。このバブルを受けて設けられたバブル会社禁止法は会社の設立について特許主義を採用した。
	1844年	イギリスで株式会社法が設けられる。この最初の会社法は，その後の改正法と同様，広範な事業破綻をもたらした恐慌期を受けて設けられた。
	1909年	J. ムーディが *Moody's Analyses of Railroad Investments* を刊行。この刊行物における社債と株式の定量的な格づけは1907年の恐慌において投資銀行と保険会社が犯した忠実義務違反を受けて案出された。
	1927年	W. Z. リプリーの *Main Street and Wall Street* が刊行される。企業の報告実践の痛烈な批判者として知られるリプリーの著書は1929年の恐慌を受けて1930年代に設けられた諸証券法の根拠の多くを提供した。

533　J. R. Edwards and K. M. Webb, Use of Table A by Companies Registering Under the Companies Act 1862, *Accounting and Business Research*, Vol. 15, No. 59, 1985, p. 194.
534　原則主義における判断について第Ⅴ章第4節～第6節をみよ。
535　Waymire and Basu, *Accounting is an Evolved Economic Institution*, pp. 14-15 （ただし，加筆等が施されている）。

第Ⅵ章　会計の歴史に学ぶ

1929年	ニューヨーク証券取引所（NYSE：New York Stock Exchange）で株価が大暴落。
1932年	ニューヨーク証券取引所が上場会社の監査を要求。
1933年	アメリカで証券法が設けられる。翌年には証券取引法が成立し，証券取引委員会が設けられた。
2001年	エンロンが破産を申請。
2002年	ワールドコムが利益の過大計上を公表。
2002年	アメリカの企業改革法が原則主義の会計基準の採用を勧告。
2003年	証券取引委員会がニューヨーク証券取引所におけるガバナンスに関する要件を承認。この要件は1998年に証券取引委員会の委員長A．レビットがおこなった企業の利益操作に関するスピーチを受け，ニューヨーク証券取引所が率先して監査委員会の独立性の向上を図ったことからもたらされた。

　会計の進化には経済危機による断続平衡（punctuated equilibrium）[536]がみられる。ウェイマイアーらによれば，この断続平衡の原因としては，会計方法の問題点は，多くの企業に影響が及ぶような危機的状況でもなければ明らかにならない，といったことが考えられる。[537]

　生物学における進化は，すこぶる長期にわたる漸進的なプロセス，として捉えられ，また，文化的な進化も，生物学における進化よりも遥かに速いとはいえ，同様のものとみられている。さらにまた，近年の観察によれば，生物の進化には急激に変化する時期（とそうではない時期）（すなわち断続平衡）がみられるが，会計の進化も同様であって，経済危機からもたらされる断続性に特徴づけられる。[538]

　経済危機はその多くが厳しい会計規制をもたらし，危機的状況における政治的行動はときに保守的な抵抗を抑え，普通の状況であれば考えられないような規制の導入を結果する。また，コーポレート・ガバナンスや会計についての規

---
[536] 進化には急速に進む時期とほとんど進まない時期があり，環境変化などによって，比較的短い或る時期に急激な変化がみられるが，その他の時期は平衡状態（安定的な状態）にある，とする説を「断続平衡説」という。
[537] Waymire and Basu, *Accounting is an Evolved Economic Institution*, p. 8.
[538] Ibid., pp. 23-24.

制と金融市場の発展の間には緊密な関係がみられるが，これは，適切な会計のやり方に関する有用な知識は危機を通じてこそ明らかになる，ということを意味しているのかもしれない。敷衍すれば，会計の進化には，危機からもたらされる規制や危機に対する市場の反応による急激な変化がみられ，換言すれば，断続平衡がみられる。たとえば19世紀のイギリス会社法の改正は恐慌期を受けておこなわれ，また，1930年代のアメリカにおける諸証券法や近年の企業改革法は経済危機における株主の大損害を受けて設けられた。[539] 急激な変化に関するこうしたエピソードは会計の進化における断続平衡の考えと一致している。すなわち，会計の進化は多くの場合に漸進的だが，経済危機ののちには比較的急速な変化を示す，ということである。[540]

もしも経済危機が会計システムと概念フレームワークの問題点に関する情報をもたらし，また，もしも規制者がより良い会計システムの普及をもたらす概念フレームワークの改変に成功しうるならば，会計規制は安定性を向上しうるだろう。明らかに，今日の会計を規定する主なコンベンションはその大半が事業破綻を通じて確認されてきており，一例としては資本と利益を峻別しての利益測定を挙げることができる。[541]

アメリカ公認会計士協会とアメリカ会計学会（AAA）がともに会計原則の検討に着手した1930年代のアメリカにも同様の状況がみられ，この両者の動きは，明らかに，1929年の恐慌やその後の諸証券法の制定の産物だった。アメリカ公認会計士協会とアメリカ会計学会は，実務から広範な原則を識別すべき，

---

[539] なお，株価の大暴落ののち，諸証券法が設けられ，証券取引委員会が設けられ，やがて（第10節の年表にも示されたように）会計原則を設定する権限が会計プロフェッションに委譲される，という1930年代のアメリカの状況について，大石桂一「1930年代の米国における会計規制の展開」『会計史学会年報』第28号，2010年，が興味深い。いわく，「本稿は，1930年代の米国において，なぜ……会計プロフェッションによる会計基準設定という体制が確立されたのかを明らかにするための……研究構想の一部をなすものである」（51頁）。

[540] Waymire and Basu, *Accounting is an Evolved Economic Institution*, pp. 24-25, 127.

[541] *Ibid.*, p. 131.

第Ⅵ章　会計の歴史に学ぶ

ということには同意したものの，進め方については同意せず，実務を原則に近づけるアグレッシブな変化を選好するアメリカ会計学会に対して，アメリカ公認会計士協会はより漸進的なアプローチを選好した。[542]

　会計の進化に対する規制の影響はいくつかの理由によって複雑である。第一に，それは規制の性格に依存する可能性がある。たとえばベスト・プラクティスを採用する誘因を企業にもたらすような規制は好ましい影響をもつ可能性が高いが，それは規制者が行動の柔軟性を認める漸進的な方針を採用するからである。強制的な開示の要求を廃し，その代わりに，模範的な財務報告の例を定めたイギリスの1856年株式会社法の成功はその一例といえよう。柔軟性は認められているものの，ベスト・プラクティスが知られている，という場合，市場を通じてそのやり方が強制されるということが考えられる。1930年以前のアメリカの証券市場の発展と報告の改善にはそうした状況が認められる。[543]

　他方，厳格で硬直的な会計規制は，結局は，その意図とはかなり異なった長期的な影響をもつ可能性がある。第一に，広範な力をもった規制機関の設立は，規制から利益を得ることができる人々によるレント・シーキングの誘因をもたらす。たとえば大手会計士事務所による証券取引委員会や財務会計基準審議会への働き掛けにはこれに該当するものがある。第二に，厳格な規制は規制の好ましくない影響を回避する強い誘因を企業にもたらす。たとえば取引形態の選択は今日における基準設定の所産として一般的にみることができ，たとえば，非公開会社になることによって証券関係の新規制の影響を回避する，といった企業行動がこれに該当する。[544]

　経済危機と会計の急激な変化の関係については，日本の会計史においても，たとえば「現代財務諸表制度史の潮流のなかで，最も顕著の出来事は，昭和二年（一九二七年）の金融恐慌である」などとされる。[545] 敷衍すれば，1934（昭和

---

[542]　*Ibid.*, p. 132.
[543]　*Ibid.*, p. 132.
[544]　*Ibid.*, pp. 132-133.
[545]　黒澤『日本会計制度発展史』191頁。

9）年に公表された財務諸表準則を「現代会計制度史の前段階において一つの大きな頂点を形づくるもの」[546]と評し，「財務諸表準則の設定によって，日本独自の企業会計制度がようやく生成する端緒があたえられた」[547]といったように捉える向きは，下記のように，上掲の年表にも示されたアメリカの状況を引き合いに出しつつ，すなわち，「アメリカでは，一九二九年の株式恐慌の苦い経験によって経済的混乱を脱出する目的で，一九三三年，三四年の証券二法による資本市場の改革，SECの創設による会計革命ともいうべき財務諸表制度の改革が行われた」[548]ということを引き合いに出しつつ，恐慌が財務諸表準則をもたらしたとする。

> 「現代財務諸表制度史の潮流のなかで，最も顕著の出来事は，昭和二年（一九二七年）の金融恐慌である。この日本全土をまきこんだ恐慌の勃発によって，わが国は深刻な経済不況と長期停滞の時代に落ちこんだことは，人の知るところであるが，それはわが国だけの問題ではなくて……周知のようにアメリカでは，一九二九年の株式恐慌の苦い経験によって経済的混乱を脱出する目的で，一九三三年，三四年の証券二法による資本市場の改革，SECの創設による会計革命ともいうべき財務諸表制度の改革が行われた」[549]。

> 「そうした時代的な激流のなかで，わが国の現代財務諸表制度史の流れの新しい芽生えが生じたのである。いうまでもなくこれらの経済的恐慌，不況，長期停滞については，外的および内的の複雑な要因があり……財務諸表や会計制度に関する問題は，主として企業の内的要因に係るものであるが……これらの内的要因こそ，むしろ経済恐慌の勃発に対する最も重大な原因であることに，多くのひとは気づかなかったのである。これらの財務諸表制度や会計制度の欠陥に根ざす内的要因に着目することによって，や

---

[546] 同上，221頁
[547] 同上，191頁。
[548] 同上，191頁。
[549] 同上，191頁。

がて企業会計制度の改革，とくに財務諸表制度の改善統一，特に重要な財務情報の開示（ディスクロージャー）の制度化が出現するにいたったのである」。[550]

また，概して緩やかな会計規制のほうを評価していることが窺われるウェイマイアーらは「ベスト・プラクティスを採用する誘因を企業にもたらすような……好ましい影響をもつ」規制の例として1856年株式会社法のやり方を挙げているが，イギリスではこの1856年法によって会計・監査関係の強制的な規定がなくなり，以来，そうした状態が暫く続いた。会計・監査法制度史上，この時期を「任意規定期」などともいうが，それは，この株式会社法には，会社が独自の通常定款を作成しない場合に（のみ）用いられることになる模範通常定款というものが示され，会計・監査関係の規定はすべてこの模範通常定款に収められたからである。[551]

しかし，第10節に言及されたように，**財務会計の場合にベスト・プラクティス模倣，ベスト・プラクティス採用の誘因はどのようにもたらされるのか，はなかなかに難しい。**

この1856年株式会社法を含むいくかの法を整理して設けられ，体系的な会社法の嚆矢とされる1862年会社法には[552]，1856年法と同様，模範通常定款が示されていたが，この1862年法の模範通常定款についてはその採用状況を吟味した興味深い論攷がある。[553] 大まかにいえば，当時，この定款をそのまま採用した会社

550　同上，191～192頁。
551　詳しくは以下をみよ。
　　友岡賛『近代会計制度の成立』1995年，25～28頁。
　　友岡『歴史にふれる会計学』163～166頁。
552　同法については以下をみよ。
　　友岡『近代会計制度の成立』26頁。
　　友岡『歴史にふれる会計学』163頁。
　　友岡『会計士の誕生』209頁。
553　Edwards and Webb, Use of Table A by Companies Registering Under the Companies Act 1862, *Accounting and Business Research*, Vol. 15, No. 59.

はかなり少なかった，という調査結果を述べるこの論攷はあらまし次のように
コメントしている。現在とは違って財務会計について厳しい規制がなかった19
世紀に，それにもかかわらず，それなりの財務会計がおこなわれていたことは
興味深いが，まずもって考えられるその理由は，資本調達のために経営者が支
払わなければならないコストとしての財務会計，といった考え方にあり，通常
定款にはそうした経営者が負った会計責任の詳細が示されていた。調査によれ
ば，会社が独自に作成した通常定款のほうが1862年会社法の模範通常定款より
も軽い責任を経営者に負わせていた。このことは，エージェンシー理論によれ
ば，株主が要求した会計責任は立法者が考えたものよりも軽く，違法コストを
最小にすべく，独自の定款が作成される，ということを意味している[555]。

　思うに，如上のイギリス会社法のやり方は，模範通常定款によって株主等が
ベスト・プラクティスを知ることができる，という点に意義があるのかもしれ
ない。株主がそれを要求するかしないかはさておき，知らないものは要求でき
ない。

554　*Ibid.*, pp. 181-194.
555　*Ibid.*, p. 194.

文献リスト

會田義雄『現代会計監査 各国の監査事情篇・資料篇付』慶應通信，1983年。

American Accounting Association, Committee on Accounting Concepts and Standards, Accounting and Reporting Standards for Corporate Financial Statements 1957 Revision, *The Accounting Review*, Vol. 32, No. 4, 1957.

American Accounting Association, 1964 Concepts and Standards Research Study Committee - The Realization Concept, The Realization Concept, *The Accounting Review*, Vol. 40, No. 2, 1965.

American Accounting Association, Committee to Prepare a Statement of Basic Accounting Theory, *A Statement of Basic Accounting Theory*, 1966.

American Accounting Association, 1973-73 Committee on Concepts and Standards - External Reporting, Report of the 1973-73 Committee on Concepts and Standards - External Reporting, *The Accounting Review*, Supplement to Vol. 49, 1974.

American Accounting Association's Financial Accounting Standards Committee, The FASB's Conceptual Framework for Financial Reporting：A Critical Analysis, *Accounting Horizons*, Vol. 21, No. 2, 2007.

Robert N. Anthony, *A Review of Essentials of Accouting*, 5th ed., Addison-Wesley, 1993.

青木脩『時価主義会計』中央経済社，1982年。

新井清光『財務会計論（増補改訂版）』中央経済社，1980年。

マイク・ブルースター／友岡賛（監訳），山内あゆ子（訳）『会計破綻——会計プロフェッションの背信』税務経理協会，2004年。

Bruce G. Carruthers and Wendy Nelson Espeland, Accounting for Rationality：Double-Entry Bookkeeping and the Rhetoric of Economic Rationality, *The American Journal of Sociology*, Vol. 97, No. 1, 1991.

メアリー・バフェット，デビッド・クラーク／峯村利哉（訳）『史上最強の投資家バフェットの財務諸表を読む力——大不況でも投資で勝ち抜く58のルール』徳間書店，2009年。

チャットフィールド／津田正晃，加藤順介（訳）『会計思想史』文眞堂，1978年。

醍醐聰『会計学講義(第4版)』東京大学出版会,2008年。

J. R. Edwards and K. M. Webb, Use of Table A by Companies Registering Under the Companies Act 1862, *Accounting and Business Research*, Vol. 15, No. 59, 1985.

Financial Accounting Standards Board, Statement of Financial Accounting Concepts No. 1, *Objectives of Financial Reporting by Business Enterprises*, 1978.

Financial Accounting Standards Board, Statement of Financial Accounting Concepts No. 3, *Elements of Financial Statements of Business Enterprises*, 1980.

Financial Accounting Standards Board, Statement of Financial Accounting Concepts No. 6, *Elements of Financial Statements*, 1985.

Matthew Gill, *Accountants' Truth : Knowledge and Ethics in the Financial World*, Oxford University Press, 2009.

アラン・グリーンスパン／山岡洋一,高遠裕子(訳)『波乱の時代 下巻――世界と経済のゆくえ』日本経済新聞出版社,2007年。

林總『世界一わかりやすい会計の授業』中経出版,2010年。

平林喜博(編著)『近代会計成立史』同文舘出版,2005年。

平松一夫,広瀬義州(訳)『FASB財務会計の諸概念(増補版)』中央経済社,2002年。

平野智久「貸借対照表の貸方を検討するための基本的視座」『慶應商学論集』第25巻第1号,2012年。

廣橋祥「医療法人の会計ディスクロージャーに関する課題」『経理知識』第88号,2009年。

広瀬義州『財務会計(第9版)』中央経済社,2009年。

広瀬義州『IFRS財務会計入門』中央経済社,2010年。

Charles T. Horngren, Gary L. Sundem, John A. Elliott, and Donna R. Philbrick, *Introduction to Financial Accounting*, 10th ed., Prentice Hall, 2011.

細川孝,桜井徹(編著)『現代社会を読む経営学④ 転換期の株式会社――拡大する影響力と改革課題』ミネルヴァ書房,2009年。

井出健二郎「改革が進む医療法人の会計」大塚宗春,黒川行治(責任編集)『体系現代会計学[第9巻] 政府と非営利組織の会計』中央経済社,2012年。

飯野利夫『財務会計論』同文舘出版,1977年。

飯野利夫『財務会計論(改訂版)』同文舘出版,1983年。

今福愛志『企業統治の会計学――IFRSアドプションに向けて』中央経済社,2009年。

Institute of Chartered Accountants of Scotland, *Principles not Rules : A Question of Judgement*, 2006.

石川純治『変貌する現代会計』日本評論社,2008年。

文献リスト

伊藤和憲「管理会計の40年」『専修商学論集』第88号, 2008年。
伊藤邦雄『ゼミナール現代会計入門（第8版）』日本経済新聞出版社, 2010年。
泉谷勝美「書評 小島男佐夫著『会計史入門』」『會計』第132巻第2号, 1987年。
H. Thomas Johnson and Robert S. Kaplan, *Relevance Lost : The Rise and Fall of Management Accounting*, Harvard Business School Press, 1987.
H. T. ジョンソン, R. S. キャプラン／鳥居宏史（訳）『レレバンス・ロスト —— 管理会計の盛衰』白桃書房, 1992年。
加護野忠男, 角田隆太郎, 山田幸三, 上野恭裕, 吉村典久『取引制度から読みとく現代企業』有斐閣, 2008年。
金子晃『会計監査をめぐる国際的動向 —— 監査の公正性, 独立性および誠実性の促進のために』同文舘出版, 2009年。
蟹江章「インセンティブはねじれているか？」『企業会計』第62巻第3号, 2010年。
笠井昭次『現代会計論』慶應義塾大学出版会, 2005年。
片野一郎（訳）, 清水宗一（助訳）『リトルトン会計発達史』同文舘, 1952年。
片岡義雄, 片岡泰彦（訳）『ウルフ会計史』法政大学出版局, 1977年。
川口勉『最新監査事情 —— 監査実務 「エンロン後」の進化』税務経理協会, 2009年。
川北博（編著）『新潮流 監査人の独立性』同文舘出版, 2005年。
Donald E. Kieso and Jerry J. Weygandt, *Intermediate Accounting*, Wiley, 1974.
Donald E. Kieso, Jerry J. Weygandt, and Terry D. Warfield, *Intermediate Accounting*, 11th ed., Wiley, 2004.
D. E. キエソほか／平野皓正, 鉄燿造（訳）『アメリカ会計セミナー 本編（本文完訳版）』シュプリンガー・フェアラーク東京, 2004年。
企業会計基準委員会「討議資料 財務会計の概念フレームワーク」2006年。
古賀智敏「国際会計基準と公正価値会計」『會計』第174巻第5号, 2008年。
小島男佐夫『会計史入門』森山書店, 1987年。
久保克行『コーポレート・ガバナンス —— 経営者の交代と報酬はどうあるべきか』日本経済新聞出版社, 2010年。
工藤栄一郎『会計記録の基礎』中央経済社, 2011年。
久野光朗（訳）『ギルマン会計学 上巻』同文舘出版, 1965年。
黒澤清（編）『會計學』青林書院, 1954年。
黒澤清『新版 近代会計学』春秋社, 1960年。
黒澤清『財務諸表論』中央経済社, 1976年。
黒澤清『日本会計制度発展史』財経詳報社, 1990年。
桑原正行『アメリカ会計理論発達史 —— 資本主理論と近代会計学の成立』中央経済社,

2008年。
Ken McPhail and Diane Walters, *Accounting and Business Ethics: An Introduction*, Routledge, 2009.
松本敏史「今，もう一度会計の本質を考える」『會計』第177巻第5号，2010年。
森實『会計士監査論（増補版）——近代監査思考の展開』白桃書房，1975年。
森實『監査要論（改訂版）』中央経済社，1984年。
森川八洲男，佐藤紘光，千葉準一『会計学』有斐閣，1989年。
盛田良久，蟹江章，友杉芳正，長吉眞一，山浦久司（編著）『スタンダードテキスト監査論（第2版）』中央経済社，2009年。
茂木虎雄『近代会計成立史論』未來社，1969年。
毛利敏彦「会計ルールとしてのConformityをめぐる裁判」『會計』第178巻第5号，2010年。
中島省吾（訳）『A. A. A. 会計原則（増訂版）』中央経済社，1964年。
中村忠『新版　現代会計学』白桃書房，1970年。
中村忠『新稿　現代会計学』白桃書房，1995年。
日本公認会計士協会「上場会社のコーポレート・ガバナンスとディスクロージャー制度のあり方に関する提言——上場会社の財務情報の信頼性向上のために」2009年。
日本取締役協会金融資本市場委員会「公開会社法要綱案　第11案」2007年。
西野嘉一郎『現代会計監査制度発展史——日本公認会計士制度のあゆみ』第一法規出版，1985年。
野口吉昭『コンサルタントの「現場力」——どんな仕事にも役立つ！ プロのマインド＆スキル』PHP研究所（PHPビジネス新書），2006年。
大石桂一「1930年代の米国における会計規制の展開——証券二法の制定過程」『会計史学会年報』第28号（2009年度号），2010年。
奥村宏『粉飾資本主義——エンロンとライブドア』東洋経済新報社，2006年。
ペイトン，リトルトン／中島省吾（訳）『会社会計基準序説（改訳版）』森山書店，1958年。
斎藤静樹『会計基準の研究』中央経済社，2009年。
斎藤静樹「コンバージェンスの岐路とIFRSの求心力」『企業会計』第62巻第2号，2010年。
酒井治郎『会計主体と資本会計——会計学基本問題の研究』中央経済社，1992年。
桜井久勝『財務会計講義（第11版）』中央経済社，2010年。
佐々木隆志『監査・会計構造の研究——通時態の監査論』森山書店，2002年。
白石伸一『ドキュメント　会計監査12か月 PART 1（改訂増補版）』税務研究会出版局，2009年。
染谷恭次郎『現代財務会計（増補改訂版）』中央経済社，1982年。
反町勝夫『士業再生』ダイヤモンド・ビジネス企画，2009年。

文献リスト

末村篤「一目均衡　株主総会で受託責任を考える」『日本経済新聞』第44331号，2009年。
田口聡志「笠井学説におけるメタ理論と会計機能論」笠井昭次先生古稀記念論作集編集委員会（編）『笠井昭次先生古稀記念論作集　第3巻　笠井昭次先生の人と学問』笠井昭次先生古稀記念論作集編集委員会，2009年。
高田敏文『監査リスクの基礎』同文舘出版，2007年。
武田隆二『会計学一般教程（第7版）』中央経済社，2008年。
田中弘『新財務諸表論（第2版）』税務経理協会，2006年。
鳥羽至英「監査公準一般論」『企業会計』第29巻第9号，1977年。
鳥羽至英『財務諸表監査── 理論と制度　基礎篇』国元書房，2009年。
鳥羽至英『財務諸表監査── 理論と制度　発展篇』国元書房，2009年。
冨塚嘉一「IFRS導入でどうなる!?　日本の会計　第1回　会計基準のあり方── 原則主義 vs. 細則主義」『会計人コース』第45巻第1号，2010年。
友岡賛『近代会計制度の成立』有斐閣，1995年。
友岡賛『歴史にふれる会計学』有斐閣，1996年。
友岡賛『株式会社とは何か』講談社（現代新書），1998年。
友岡賛（編）『会計学の基礎』有斐閣，1998年。
友岡賛『会計の時代だ── 会計と会計士との歴史』筑摩書房（ちくま新書），2006年。
友岡賛「三田の会計学── 慶應義塾大学商学部創立50周年記念」『三田商学研究』第50巻第1号，2007年。
友岡賛『なぜ「会計」本が売れているのか？──「会計」本の正しい読み方』税務経理協会，2007年。
友岡賛『会計学はこう考える』筑摩書房（ちくま新書），2009年。
友岡賛『会計士の誕生── プロフェッションとは何か』税務経理協会，2010年。
友杉芳正「監査の本質とインセンティブのねじれ問題」『税経通信』第65巻第1号，2010年。
上村達男，中村直人「対談　公開会社法とは何か〔第1回〕〜〔第3回・完〕」『企業会計』第61巻第12号〜第62巻第2号，2009年〜2010年。
脇田良一「公認会計士・監査審査会の活動」『税経通信』第65巻第5号，2010年。
渡邉泉「現代会計の落し穴── 歴史からみる会計の本質」『会計史学会年報』第27号（2008年度号），2009年。
渡邉泉「歴史から見る時価評価の位置づけ」『會計』第180巻第5号，2011年。
渡邉泉「行き過ぎた有用性アプローチへの歴史からの警鐘」大阪経済大学ワーキングペーパー・シリーズ，Working Paper No. 2012-1，2012年。
Gregory B. Waymire and Sudipta Basu, *Accounting is an Evolved Economic Institution*,

Now, 2008.
山桝忠恕『近代監査論』千倉書房，1971年。
山桝忠恕（編著）『文献学説による会計学原理の研究』中央経済社，1984年。
山桝忠恕，嶌村剛雄『体系財務諸表論　理論篇』税務経理協会，1973年。
山本昌弘『会計とは何か ── 進化する経営と企業統治』講談社，2008年。
弥永真生『監査人の外観的独立性』商事法務，2002年。

著者紹介

友岡　賛（ともおか　すすむ）

慶應義塾大学卒業。博士（慶應義塾大学）。
慶應義塾大学教授を経て慶應義塾大学名誉教授。
横浜商科大学教授。

著書等（分担執筆書の類いは除く。）
『近代会計制度の成立』有斐閣，1995年
『アカウンティング・エッセンシャルズ』（共著）有斐閣，1996年
『歴史にふれる会計学』有斐閣，1996年
『株式会社とは何か』講談社現代新書，1998年
『会計学の基礎』（編）有斐閣，1998年
『会計破綻』（監訳）税務経理協会，2004年
『会計プロフェッションの発展』有斐閣，2005年
『会計士の歴史』（共訳）慶應義塾大学出版会，2006年
『会計の時代だ』ちくま新書，2006年
『「会計」ってなに？』税務経理協会，2007年
『なぜ「会計」本が売れているのか？』税務経理協会，2007年
『会計学』（編）慶應義塾大学出版会，2007年
『六本木ママの経済学』中経の文庫，2008年
『会計学はこう考える』ちくま新書，2009年
『会計士の誕生』税務経理協会，2010年
『就活生のための企業分析』（編）八千代出版，2012年
『ルカ・パチョーリの『スムマ』から福澤へ』（監修）慶應義塾図書館，2012年
『歴史に学ぶ会計の「なぜ？」』（訳）税務経理協会，2015年
『会計学の基本問題』慶應義塾大学出版会，2016年
『会計の歴史』税務経理協会，2016年（改訂版，2018年）
『会計と会計学のレーゾン・デートル』慶應義塾大学出版会，2018年
『日本会計史』慶應義塾大学出版会，2018年
『会計学の考え方』泉文堂，2018年
『会計学の地平』泉文堂，2019年
『会計学の行く末』泉文堂，2021年
『会計学を索ねて』慶應義塾大学出版会，2022年

会計学原理

2012年11月1日 初版第1刷発行
2024年4月1日 初版第8刷発行

著　者　　友岡　　賛
発行者　　大坪　克行
発行所　　株式会社 税務経理協会
　　　　　〒161-0033東京都新宿区下落合1丁目1番3号
　　　　　http://www.zeikei.co.jp
　　　　　03-6304-0505
印刷所　　有限会社　山吹印刷所
製本所　　牧製本印刷株式会社

本書についての
ご意見・ご感想はコチラ

http://www.zeikei.co.jp/contact/

本書の無断複製は著作権法上の例外を除き禁じられています。複製される場合は，そのつど事前に，出版者著作権管理機構（電話03-5244-5088，FAX03-5244-5089, e-mail: info@jcopy.or.jp）の許諾を得てください。

JCOPY ＜出版者著作権管理機構 委託出版物＞
ISBN 978-4-419-05880-7　C3034

© 友岡　賛 2012 Printed in Japan